国内外经典教材辅导系列·教育类

王道俊《教育学》（第7版）笔记和典型题（含考研真题）详解

主编：圣才考研网
www.100xuexi.com

中国石化出版社

内 容 提 要

本书是王道俊主编的《教育学》(第7版)的学习辅导书。本书遵循该教材的章目编排，共分17章(含绪论)，每章由两部分组成：第一部分为复习笔记，总结本章的重难点内容；第二部分是典型题(含考研真题)详解，精选部分与教材相关的典型习题及参考价值较高的考研真题(含全国统考和高校自主命题)，并提供详细解答。

圣才考研网(www.100xuexi.com)提供王道俊《教育学》网授精讲班【教材精讲+考研真题串讲】、电子书、题库。购买本书享受大礼包增值服务【本书电子书+配套题库(手机版，电脑版)】。手机扫码(本书封底)领取本书大礼包。

图书在版编目(CIP)数据

王道俊《教育学》(第7版)笔记和典型题(含考研真题)详解/圣才考研网主编.—北京:中国石化出版社,2021.4
国内外经典教材辅导系列·教育类
ISBN 978-7-5114-6236-7

Ⅰ.①王… Ⅱ.①圣… Ⅲ.①教育学-研究生-入学考试-自学参考资料 Ⅳ.①G40

中国版本图书馆CIP数据核字(2021)第069173号

中国石化出版社出版发行
地址:北京市东城区安定门外大街58号
邮编:100011 电话:(010)57512500
发行部电话:(010)57512575
http://www.sinopec-press.com
E-mail:press@sinopec.com
武汉市盛宏源印务有限公司印刷
全国各地新华书店经销
*
787×1092毫米 16开本 12.5印张 311千字
2021年6月第1版 2021年6月第1次印刷
定价:48.00元

序　言

我国各大院校一般都把国内外通用的权威教科书作为本科生和研究生学习专业课程的参考教材，这些教材甚至被很多考试(特别是硕士和博士入学考试)和培训项目作为指定参考书。为了帮助读者更好地学习专业课，我们有针对性地编著了一套与国内外教材配套的复习资料，并提供配套的名师讲堂、电子书和题库。

王道俊主编的《教育学》(第7版)是我国高校采用较多的教育学经典教材。作为该教材的配套辅导书，本书具有以下几个方面的特点：

1. 整理名校笔记，浓缩内容精华

每章的复习笔记以王道俊主编的《教育学》(第7版)为主，结合其他教育学经典教材，并参考了国内名校名师讲授《教育学》的课堂笔记，对本章的重难点知识进行了整理，因此，本书的内容几乎浓缩了经典教材的知识精华。

2. 解析典型习题，巩固重点知识

本书精选部分与王道俊《教育学》(第7版)相关的典型习题，并进行了详细的分析和解答，对相关重要知识点做了一定的延伸和归纳。

3. 精选考研真题，培养应试能力

为了强化对重要知识点的理解，本书精选部分参考价值较高的考研真题(含全国统考和高校自主命题)，并提供详细解答。这些题目基本体现了各个章节的考点和难点。

要深深牢记：考研不同一般考试，概念题(名词解释)要当作简答题来回答，简答题要当作论述题来解答，而论述题的答案要像是论文，有的论述题的答案简直就是一份优秀的论文(其实很多考研真题就是选自一篇专题论文)，完全需要当作论文来回答。总之，答得多不扣分，答得少则可能漏掉采分点！

圣才考研网编辑部

目　录

绪 论

0.1 复习笔记

【知识框架(庖丁解牛)】

- 绪论
  - 教育学的研究对象
    - 教育现象
    - 教育规律
  - 教育学的产生和发展
    - 萌芽阶段
    - 独立形态阶段
    - 多样化阶段
    - 理论深化阶段

【考点难点归纳(厚积薄发)】

考点一、教育学的研究对象

表 0－1 教育学的研究对象

要点	具体内容
教育现象	教育的外在表现，反映教育的外部联系，是教育比较表面、零散和多变的方面，包括各种教育问题
教育规律	教育现象内部各构成要素之间、教育现象同其他社会现象之间固有的、本质的、必然的联系，包括教育的价值及艺术等

【习题精选】

教育学的研究对象是什么？为什么说教育学与教育方针政策、教育经验汇编有所不同？

答：(1)教育学的研究对象

参见本章复习笔记考点一。

(2)教育学与教育方针政策、教育经验汇编不同的原因

①教育方针政策是国家根据一定的需要制定出来的，教育学则是一门揭示教育规律的学科。

②教育经验汇编只是表面的、局部的、感性的、零碎的经验，教育学则从经验中总结出教育规律。

考点二、教育学的产生和发展

表0－2　教育学的产生和发展

要点	具体内容
萌芽阶段	还没有从哲学、政治学、伦理学中分化出来
独立形态阶段	①夸美纽斯1632年出版《大教学论》，是近代第一本系统的教育学著作。 ②赫尔巴特1806年出版《普通教育学》，是现代第一本教育学著作；他被认为是“现代教育学之父”或“科学教育学的奠基人”
多样化阶段	19世纪50年代以来，出现实证主义教育学、实验教育学、文化教育学、实用主义教育学、马克思主义教育学、制度教育学、批判教育学等理论形态
理论深化阶段	20世纪60年代以来，形成了许多分支学科、交叉学科和新兴学科

0.2　典型题(含考研真题)详解

一、单项选择题

1. 以教育现象和教育规律为共同研究对象的各门教育学科总体，就是我们所称的(　　)。

A. 教育学　　B. 教育科学

C. 普通教育学　　D. 教育原理

【答案】B

【解析】教育科学是研究现象和教育规律的各门学科的总称，既包括研究教育一般规律的教育学，也包括研究教育领域某一方面规律的各门教育学科。

2. 下列说法不正确的是(　　)。

A. 教育问题的提出是推动教育学发展的内在动力

B. 教育问题的转换表明教育学研究传统和范式的变革

C. 教育学研究的任务就是通过对教育现象的研究，来探索和揭示教育的客观规律，从而为教育实践活动提供科学理论依据

D. 教育学研究要有“问题意识”，防止“虚假问题”的出现，不断地深化问题

【答案】A

【解析】推动教育学发展的内在动力是教育问题的不断发现、发展和解决。因此A项错误。

3. 强调教育学的心理学和伦理学基础，奠定了科学教育学基础的教育家是(　　)。

A. 康德　　B. 第斯多惠

C. 赫尔巴特　　D. 福禄培尔

【答案】C

【解析】赫尔巴特是19世纪德国哲学家、心理学家，是科学教育学的奠基人。他在哲学的基础上建立起了教育目的论，在心理学的基础上建立起了教学理论，在伦理学的基础上建立了道德教育理论，从而奠定了科学教育学的基础。

4. 我国最先以马克思主义观点阐述教育问题的著作是(　　)。

A.《新教育大纲》　　B.《教育漫话》

C.《教育过程》　　D.《论语》

【答案】A

【解析】我国新民主主义革命时期，杨贤江于1930年以李浩吾的化名撰著的《新教育大纲》出版，这是我国第一本试图用马克思主义的观点论述教育的著作。

二、概念题

1.《普通教育学》[南京师范大学2014年研；首都师范大学2006年研；华东师范大学2003年研]

答：《普通教育学》是“现代教育之父”赫尔巴特于1806年出版的一本教育专著。这本书是现代第一部系统的教育学专著，它的发表标志着教育学成为一门独立的学科。赫尔巴特在书中全面系统地阐述了自己的教育理论：由儿童的管理、教学和道德教育所构成的教育过程，兴趣的多方面性，教学形式阶段，教育性教学原则，由单纯提示的教学、分析教学和综合教学所构成的教学进程等等。值得注意的是，《普通教育学》主要侧重在伦理方面的探讨，而在心理方面相对薄弱，这与赫尔巴特早期以伦理学为中心的学术活动是密切相关的。

2. 调查研究法

答：调查研究法是一种描述研究，是通过对原始材料的观察，有目的、有计划地搜集研究对象的材料，从而形成科学认识的一种研究方法。它是在一定的理论指导下，通过观察、列表、问卷、访谈、个案研究以及测验等科学方法，搜集研究资料，从而对研究对象的现状做出科学的分析和认识，并提出具体工作建议的一整套实践活动。调查研究属于经验性方法，在搜集科学事实，获取经验材料的基础上进行研究。它具有如下特点：①着重研究的是现实情况，因而区别于以过去发生的历史事实为研究对象的历史研究法。②搜集的是自然状态下反映实际情况的材料，对研究对象不加任何干涉，从而区别于实验研究法。

三、简答题

1. 简述教育学的发展历程。[西南大学2004、2003年研]

相关试题：

①简述教育学产生和发展的几个阶段。[北京航空航天大学2007年研]

②简述教育学发展的历史。[北京邮电大学2008年研]

③简述教育学发展的几个阶段并说出代表作品。[河南师范大学2017年研]

答：教育学的发展历程大致分为四个阶段：

(1)教育学的萌芽阶段

在奴隶社会和封建社会里，教育学处于萌芽阶段，还没有成为一门独立的学科。这一时期以教育经验和不系统的教育思想为表征，教育学还与哲学、伦理学等结合在一起，尚未形成独立的学科。古代的一些思想家、政治家的教育思想和教育经验，都混杂在他们的哲学著作或政治著作、语言记录中。

（2）教育学的独立形态阶段

随着资本主义生产的发展和科学的进步，资产阶级为了培养他们所需要的人才，在教育上提出了他们的主张，采取了一些新的措施。资产阶级教育家为了阐明他们的教育主张，总结教育方面的经验，写出了一些教育著作，出现了理论系统比较完整的教育学，教育学逐渐成为一门独立的学科。

这一时期，教育学以哲学、心理学、伦理学为基础，形成自己的初步理论，并作为一门独立的学科出现于大学讲台。康德、赫尔巴特等人在对教育的一些基本原理进行阐述的同时，对教育学的核心内容——教学法理论的发展做出了突出贡献。这一时期，赫尔巴特的《普通教育学》的出版标志着科学教育学的诞生。

（3）教育学的多样化发展阶段

随着科学技术的发展，心理学、社会学、政治学等经验学科的兴起对教育学发展起了巨大的作用。甚至一些自然学科，如数学、生物学等，也成为阐述教育理论的依据与前提。世界上出现了各种各样的教育学理论和思潮，打破了传统教育学一统天下的局面，不同的理论流派在相互对峙中逐渐发展，并形成了众多门类。教育科学如实验教育学、实用主义教育学等迅速地发展起来。

（4）教育学的理论深化阶段

自20世纪60年代以来，各国的教育学在不同的思想体系指导下都有了新的发展，在理论上都进一步深化，出现了众多的教育分支学科。教育学科的分化成为当代教育学发展的主流，与此同时，研究者更多地对教育学本身进行反思。

总之，教育学发展过程中存在着“源”与“流”的关系问题。教育学发展的“源”是教育实践。教育实践不仅是教育理论的源泉，而且是检验教育理论正确与否的标准。教育学是在实践和理论相互作用、不断反复中螺旋式上升和发展着的。

2．简述古代学校教育的基本特征。［北京航空航天大学2009年研；中山大学2005年研］

答：古代学校教育的基本特征有：

（1）等级性。不同的阶级地位具有不同的教育权利和等级，贵族与平民、主人与仆人之间有着不可逾越的鸿沟。

（2）道统性。统治阶级的政治思想和伦理道德是唯一被认可的思想，天道、神道与人道往往合为一体。

（3）专制性。教育过程是管制与被管制、灌输与被动接受的过程，道统的威严通过教师、牧师的威严，通过招生、考试以及教学纪律的威严予以保证。

（4）刻板性。教育方法、学习方法刻板，死记硬背，机械模仿。

（5）教育的象征性功能占主导地位。教育的功用性价值不受重视，即受教育的目的主要不是为了获得实用的知识，而是受教育本身。能不能受教育和受什么样的教育是区别社会地位的象征；经典、教义的教育处于社会较高的地位，习得实用知识的教育处于较低的地位。

3. 简述形式教育论和实质教育论的基本观点。［北京航空航天大学2007年研］

相关试题：

①形式教育与实质教育［名词解释，北京师范大学2004、2001年研；武汉理工大学2006年研］

②形式教育论［名词解释，北京航空航天大学2008年研］

答：从17世纪以后就出现了以传授知识为主还是以发展智力为主的认识分歧，形成所谓的"形式教育论"和"实质教育论"之争。"形式教育论"和"实质教育论"的基本观点如下所述：

（1）"形式教育论"的基本观点

形式教育论起源于古希腊，纵贯整个中世纪，形成于17世纪，盛行于18～19世纪，衰落于20世纪。这一派因重视研究形式的学科而得名，它的主要代表人物是洛克和裴斯泰洛齐，主要观点是：①教育的目的在于发展学生的各种官能或能力。②形式学科（如希腊文、拉丁文、数学、逻辑学等）或古典人文课程最有发展价值。③教学原则、方法以学生心理官能的内在发展秩序为依据。

（2）"实质教育论"的基本观点

实质教育论起源于古希腊和古罗马，在中世纪受压制，形成于18世纪，兴盛于19世纪，20世纪初衰落。实质教育因重视自然科学和实用知识而得名，其主要代表人物是赫尔巴特和斯宾塞，主要观点是：①教育的目的是向学生传授与生活相关的广泛知识。②与人类的世俗生活密切相关的实质学科（如物理、化学、天文、地理、法律）或实科课程最有价值。③教学原则与方法应适应儿童身心发展规律，是愉快的和有效的。

（3）对"形式教育论"和"实质教育论"的评价

形式教育论和实质教育论各有自己的哲学、心理学及社会基础，因而各有合理与偏颇之处。这两种理论都将掌握知识与发展智力对立起来，都具有各自的片面性。形式教育把思维的内容和形式割裂开来，错误地认为形式可以离开内容而得到发展，片面强调智力训练而轻视掌握学科知识，使学生得不到应有的教育和应得到的系统科学知识。实质教育的片面性在于对发展智力的任务认识不足，看不到知识与智力的区别，错误地认为掌握了知识，智力会自然而然地得到发展，对智力发展采取自发、放任自流的态度。在教学中，掌握知识与发展智力的关系的争论一直延续了几个世纪，直到现代才开始走上相互融合的道路。

4. 作为一门独立学科的教育学至少要回答哪些基本问题？［华东理工大学2006年研］

相关试题：

①简述教育学的研究对象和任务。［深圳大学2016年研］

②简述教育学研究的对象和任务，为什么教育学要研究这些问题？［湖南师范大学2017年研］

答：教育学是研究教育现象及其一般规律的学科，是从总结教育实践经验的过程中逐渐形成理论，经过长期积累而发展起来的。作为一门独立学科的教育学至少要回答以下几个基本问题：

（1）教育的本质问题。所谓教育的本质，是指教育的内在要素之间的根本联系和教育作为一种社会活动区别于其他社会活动的根本特征。教育的本质特点是客观存在的，但对教育本质的认识由于人的立场观点不同而存在差异。

(2)教育的功能问题。教育的功能是指教育对整个社会系统的维持和发展所产生的作用和影响，主要涵盖人的发展和社会发展两个方面。

(3)教育与社会发展以及儿童身心发展的关系问题。教育作为整个社会的一部分，与社会政治、经济以及其他方面是密切相关的。与此同时，教育作为影响儿童身心发展的重要外部条件，与儿童身心的发展也是紧密相连的。

(4)教育的目的问题。教育目的是培养人的总目标，是把受教育者培养成为什么样的社会角色和具有什么样素质的根本性质问题，是教育实践活动的出发点。因此，这也是独立形态的教育学要研究的基本问题之一。

(5)教育制度和管理的问题。教育制度是指一个国家中各种教育机构的体系，包括学校教育制度(即学制)和管理学校的教育行政机构体系。教育制度是一定社会历史阶段的产物，受一定社会的政治、经济、文化影响和学生身心发展特点的制约。

(6)教师和学生的关系方面的问题。教师和学生作为教育者和受教育者，其关系到底是以教师为主导，以学生为主体，还是双主体。这个问题也是独立的教育学必须做出回答的问题。

除了以上基本问题以外，作为独立形态的教育学还应该对教育教学的方式方法、模式以及途径等问题进行探讨。

5. 请谈谈你对学习教育学的认识和要求。

答：(1)对学习教育学的认识

①学习教育学是为了指导教育的实践。教育学是教育实践的高度概括和科学的抽象，它是教育实践深刻的、正确的、完整的反映。因而，它对于教育实践具有指导作用。

②学习教育学为学习其他的教育学科课程打下了坚实的基础。教育学作为教育学科中的基础课，它反映了教育现象中最基本最本质的东西，并对教育这种矛盾运动的基本规律做出了概括和总结。只有学好了教育学，才能更好地深入研究和理解其他教育学科的课程。

③学习教育学使人们逐步学会对教育的现象和实践做出科学的分析，把教育的实际经验提到应有的理论高度，为发展适合于我国国情的马克思主义教育学，从事创造性劳动，做好必要的准备。

(2)学习教育学的要求

①学习教育学首先要处理好理论与实践的关系。学习教育学，要求把主要精力放在认真钻研教育理论上，特别是要深入领会本门课程的基本知识和基础理论。同时，还应当根据学习的需要，适当地参加一定的教育实践活动，以加深对理论知识的领会，并学会将理论知识运用于实践，培养相应的技能，在今后的教育实践中能够做到理论与实践的统一。

②学习教育学要求处理好学习本门学科和其他学科的关系。教育这种现象并不是孤立的，它与其他各种社会的、自然的现象发生着密切的联系。因此，反映教育这种现象的教育学也必然要与其他各门学科知识发生密切的联系。同时，教育学又是在不断综合其他学科的知识中发展起来的。要深入领会和掌握教育学的理论，就必须同时具备其他有关学科的知识，如哲学、政治经济学、社会学、伦理学、心理学、教育史、各科教学法等。

③要处理好学习与思考的关系，学习要与思考相结合。在学习中，一方面要认真读书，努力汲取前人已取得的教育科学方面的成果；另一方面还要充分发挥学习者本身的主动性和积极性，进行独立思考，把培养创造性的思维、分析问题和解决问题的能力，作为学习的一项重要任务。目前，我国的教育学还处于初创阶段，许多教育理论上的重要问题，还正通过各种试验、总结和学术讨论，逐步取得统一的认识。因此，学习教育学更应将读书与思考结合起来，不为传统观念和现成结论所困，勇于探索本门学科中的各种新问题。

第1章 教育的概念

1.1 复习笔记

【知识框架(庖丁解牛)】

- 教育的概念
  - 教育概述
    - 教育的概念
    - 教育类型
    - 教育功能
  - 教育活动的基本要素
    - 教育者
    - 学习者
    - 教育中介系统
  - 教育的历史发展
    - 古代教育
    - 现代教育
    - 未来教育

【考点难点归纳(厚积薄发)】

考点一、教育概述

表1-1 教育概述

要点	具体内容	
教育的概念	广义	是指以影响人的身心发展为直接目的的社会活动
	狭义	主要指学校教育，是教育者根据一定的社会要求，有目的、有计划、有组织地通过学校教育工作对受教育者的身心施加影响，促使他们朝着所期望的方向变化的活动
教育类型	家庭教育、学校教育、社会教育等	
教育功能	保证人类延续、促进人类发展的功能；促进社会发展的功能；阶级斗争功能；选择功能	

考点二、教育活动的基本要素

表1-2 教育活动的基本要素

要点	具体内容
教育者	对受教育者在知识、技能、思想、品德等方面起到教育影响作用的人，主要是教师
学习者	在各种教育活动中从事学习的人，既是教育的对象，又是学习的主体
教育中介系统	是教育者和学习者联系与互动的纽带，是开展教育活动的内容和方式

【习题精选】

什么是教育的质的规定性？它和教育过程基本要素有何关系和意义？

答：(1)教育的质的规定性

教育是有目的地培养人的社会活动，这是教育的质的规定性。这一规定性是教育这一社会现象与其他社会现象的根本区别。这一质的规定性主要包括以下几个方面的内容：

①教育是一种社会现象，它产生于社会生活的需要，而归根到底产生于生产劳动。

②教育是人类社会所特有的一种现象，在其他动物界是没有的。

③教育作为培养人的一种社会活动，是有目的的。是否有目的地培养人是教育活动与其他社会活动的根本区别。

④教育是人类社会的永恒范畴，与人类社会共始终，对人的发展和社会的发展尤为重要，且随着时代的发展，教育的这种作用也会越来越显著。

(2)和教育过程基本要素的关系和意义

教育的质的规定性对教育的基本要素有着重要的意义，教育的质的规定性——有目的地培养人——指出了教育活动的性质(社会活动)、主体(培养者和被培养者)、客体(活动内容和方式)、目的(培养人)，这蕴含着教育的基本要素。因此，教育的基本要素与教育的质的规定性之间有着密切的关系。

①教育者是教育活动的主体，缺失了教育者，教育活动不可能展开，学习者也不可能得到有效的指导，无法实现教育的质的规定性——有目的地培养人。

②受教育者是教育的对象、学习的主体。教育者的教育活动只能引导和促进受教育者的发展，不能替代受教育者的发展。缺失了受教育者，教育活动就失去了对象，无的放矢，无法实现教育的质的规定性——有目的地培养人。

③教育内容包含书本知识和实际经验两个相互联系的方面，缺失了教育内容，教育活动就成了无米之炊、无源之水，再好的教育意图、发展目标，都无法实现，遑论有目的地培养人。

④教育方式对于教育的质的规定性的意义在于，教师引导学生学习的教育内容需要经过教育活动的中介作用才能转化为个体素质，实现培养人的目的。

考点三、教育的历史发展

表1-3 教育的历史发展

要点	具体内容
古代教育	①学校教育为奴隶主阶级和地主阶级所垄断，具有鲜明的阶级性，是统治阶级统治人民的工具。 ②学校教育与生产劳动的脱离
现代教育	①学校教育逐步普及。 ②教育的公共性日益突出。 ③教育的生产性不断增强。 ④教育制度逐步完善
未来教育	以人为本，促进人的全面而自由的发展

【习题精选】

古代教育与现代教育有哪些异同?

答:古代教育包括原始社会、奴隶社会和封建社会的教育,现代教育包括资本主义社会和社会主义社会的教育,其异同具体分析如下:

(1)古代教育与现代教育的相同之处

①二者都是为了传递生产经验和社会生活经验,促进新一代的成长。在教育内容方面,古代教育和现代教育都是为了将已有的知识和经验传授给下一代,维系和延续人类社会,同时使新生一代成长为社会化的人。

②二者都是根据当时社会阶级或是国家的教育目的来培养人的。在人类历史的各个阶段,不同的社会具有不同的教育目的,而无论什么时候的教育都要根据当时阶级或政府的教育目的来培养人。

③二者都包含教育者、受教育者和教育中介系统。教育者、受教育者和教育中介系统在古代和现代的教育中都是存在的。虽然其教育者、受教育者和教育中介各不相同,但基本的功能和作用都是一样的。

(2)古代教育与现代教育的不同之处

①教育目的不同。在古代社会,教育主要是培养生产者和各种官吏,关注人某一方面的发展。而现代教育不仅培养管理者,还要培养技术人员和具有文化技能的熟练工人,同时更加注重人的全面发展。

②教育内容不同。教育内容是随着社会政治经济的发展而不断发展的。古代的教育内容往往比较浅显、狭窄,这与当时的社会发展水平是相一致的。而到了现代,伴随着社会的发展,教育内容也丰盈而科学。

③教育方式方法不同。原始社会是口耳相授,奴隶社会和封建社会大多采用灌输式教学,而到了现代,人们逐渐认识到科学教育方法的积极作用,诸如启发引导、因材施教等一系列方式方法得到应用。

通过以上的分析,可以清晰地了解古代教育与现代教育的异同,从而在了解过去教育状况的基础上,进一步展望未来。

1.2 典型题(含考研真题)详解

一、单项选择题

1. 联合国教科文组织为了便于统计和比较各国教育事业的发展状况对“教育”及其相关变量进行了操作性界定。根据谢弗勒有关教育定义的分类,这种界定属于(　　)。[统考2020年研]

A. 描述性定义　　B. 纲领性定义　　C. 功能性定义　　D. 规定性定义

【答案】D

【解析】谢弗勒把教育的定义分为描述性定义、纲领性定义和规定性定义。其中,描述性定义是指对被定义对象的适当描述或对如何使用定义对象的适当说明,如“教育是一种培养人的活动”或“教育是发展人的智力的最好途径”。纲领性定义是指对有关定义对象应该是什么的界定，如“教育是社会借以发展年轻一代认识生活中的善和价值的能力的手段”。它指向实践，是教育中常见的定义。规定性定义是指为了叙述和表达的方便而指定用某一词语代替某些词语，或者规定某一词语所代表的意义。规定性定义有创造性和非创造性之分。创造性规定定义是指作者自己所创制的定义，其内涵在作者的某种话语情境中是同一的。非创造性规定定义是指历史上人们已经规定的定义，如用“甲”代表“优秀”。三种定义的功能不同，描述性定义的功能是说明定义的用途；规定性定义的功能是使该定义表达出下定义者想要表达的含义，从而使该定义能在群体之间进行沟通和交流；纲领性定义的功能是指明一种价值取向。

2. “教育与生产生活相融合，教育内容主要为生产生活经验”反映了(　　)的特征。

A. 原始形态的教育　　B. 古代形态的教育

C. 现代形态的教育　　D. 封建社会的教育

【答案】A

【解析】原始社会的教育具有非独立性，教育和社会生活、生产劳动紧密相连；原始社会的教育还具有原始性，教育内容简单，主要是传递生产经验。

3. 教育是年轻一代成长和社会延续与发展不可缺少的条件，为一切社会所必需，与人类社会共始终。从这个意义上说，教育具有(　　)。

A. 生物性　　B. 永恒性　　C. 历史性　　D. 阶级性

【答案】B

【解析】教育的社会属性包括永恒性、历史性和相对独立性。永恒性是指教育是人类所特有的社会现象，只要人类存在，就在存在教育，与题干描述相符因此选B。历史性是指在不同的社会或同一社会的不同历史阶段，教育的性质、目的、内容等各不相同，因为教育既受当时生产力的制约，同时也受生产关系的制约。相对独立性是指教育具有自身的运行规律和发展特点。

4. 广义的教育包括社会教育、学校教育和(　　)。

A. 初等教育　　B. 中等教育　　C. 高等教育　　D. 家庭教育

【答案】D

【解析】广义的教育泛指一切有目的地影响人的身心发展的社会实践活动，包括家庭教育、学校教育和社会教育。狭义的教育是指专门组织的教育，即学校教育。

5. 教育的本质属性是(　　)。

A. 人类的本能活动　　B. 人类认识世界的活动

C. 儿童的天生模仿　　D. 培养人的社会活动

【答案】D

【解析】教育的本质属性是指教育区别于其他事物最本质的特征，即：教育是有目的地培养人的社会活动。首先，教育是培养人的，动物界不存在教育现象；其次，教育是一种有目的的活动，而无目的的、无意识的或本能的都不是教育；最后，教育是一种社会活动，也就是由构成社会关系的人与人所进行的活动才是社会活动。

二、概念题

1. 学校教育[江西师范大学2017年研；江苏师范大学2016年研；华中师范大学2012年研；华南师范大学2012年研；南京师范大学2012年研；杭州师范大学2011年研；河南师范大学2010年研；南开大学2004年研]

答：学校教育是指狭义的教育，是教育者(主要是教师)根据一定的社会要求，有目的、有计划、有组织地对受教育者的身心施加影响，期望他们发生某种变化的活动。学校教育的特点为：有固定的场所、专门的教师和一定数量的学生，有一定的培养目标、管理制度和规定的教学内容。学校教育含有目的、内容、制度、方法等方面的因素，又有学前教育、初等教育、中等教育、高等教育等不同的层次，它是一个多因素、多层次的整体系统。构成学校教育活动的基本因素有三个：教育者、受教育者和教育措施。学校教育活动通常是在教育者主导下，掌握教育目的，采用教学手段，创设必要的教学环境，调控受教育者和整个教育过程，从而促进受教育者的身心发展，使其达到预期的目的。

2. 教育的质的规定性[北京航空航天大学2003年研]

答：教育的质的规定性是指对教育本质的探讨。教育的本质属性就是根据一定社会的需要所进行的培养人的活动，或者说是培养人的过程。人们在表明教育的本质属性时，基本上是从两个侧面来表述其内涵的：一是从教育者培养人的过程来谈，如教育是培养人、造就人、训练人的过程；二是从受教育者身心发展变化来谈，如教育是发展，是生长，是对生活的适应，是经验的积累与重新组合，是个体社会化的过程。总之，对教育的普遍的本质的概括，就是教育者与受教育者活动的统一，就是教育者促使受教育者身心发展的过程。

三、简答题

1. 简述教育的构成要素及各要素之间的规律性联系。[北京邮电大学2006年研]

相关试题：

简述教育的构成要素及各要素之间的相互联系。[北京师范大学2015年研]

答：教育是一种培养人的社会活动。作为在一定社会背景下发生的促使个体的社会化和社会的个性化的实践活动，教育是一种相对独立的社会子系统。这个子系统包括三种基本要素——教育者、学习者和教育影响。这三种构成要素及各要素之间的规律性的联系如下：

(1)教育的构成要素

①教育者。即从事教育活动的人，是指能够在一定社会背景下促使个体社会化和社会个性化活动的人。一个真正的教育者必须具有明确的教育目的，理解他在实践活动中所肩负的促进个体发展及社会发展的任务或使命。教育者是“引导”“促进”“规范”个体发展的人。

②学习者。即教育的对象。与教育者相比，学习者有其自身的特征：a. 不同的人有不同的学习目的；b. 不同的人有不同的学习背景或基础；c. 不同的人在学习过程中所遭遇

的问题与困难不同；d. 不同的学习者对于自身学习行为反思和管理意识与能力不同，从而影响到他们各自的学习效率和质量。

③教育中介系统是教育者和受教育者的纽带，又会影响他们的工作和学习。教育内容和教育方法是教育者用于影响受教育者的，是开展教育活动的内容和方式。同时，教育中介系统亦会根据教育者和受教育者的需求进行相应的调整和修改。

(2)各要素之间的联系

教育的三要素之间既相互独立，又相互规定，共同构成一个完整的实践活动系统。

①没有教育者，教育活动就不可能展开，学习者也不可能得到有效的指导。

②没有学习者，教育活动就失去了对象，无的放矢。

③没有教育中介系统，教育活动就成了无米之炊、无源之水，再好的教育意图、再好的发展目标，也都无法实现。

因此，教育是由上述三个基本要素构成的一种社会实践活动系统，是上述三个基本要素的有机结合。各个要素本身的变化，必然导致教育系统状况的改变。不同教育要素的变化及其组合，最终形成了多样的教育形态，担负起促使个体社会化和社会个性化的神圣职责。

2. 在现代教育的发展过程中，人的地位和价值将会发生什么样的变化？

答：(1)现代教育的发展趋势

现代教育一方面是指教育发展历史进程中的一个阶段，是从古代教育发展而来；另一方面是指它体现了教育现代化过程中教育呈现出的一些趋势，是现代教育一些特征的集中反映。其发展趋势主要包括以下几个方面：

①现代教育更倾向为现代经济发展、社会发展服务。现代教育是现代化生产的产物，为现代生产和经济社会发展服务，全面推进素质教育，培养为其服务的、具有创新能力的高素质人才。

②现代教育倾向发展终身教育。体系完整的、先进的终身教育思想逐步代替了一次性的传统学校教育观念，并以此作为主导教育思想，从而促使现代教育向终身教育发展。

③现代教育正朝着未来理想教育的方向发展。理想教育强调教育要以人为本、为人的发展服务，要促进人的全面而自由的发展，已经成为世界现代教育改革和发展的重要趋势。

总之，现代教育正随着社会生产力的发展而不断地改进和完善，使现代教育能够满足社会发展的需要，为社会培养合格的接班人和建设者。

(2)现代教育发展过程中人的地位和价值的变化

现代教育的发展趋势使人的地位和价值发生相应的变化，主要是人的主体地位更被关注，强调以人为本、为人的发展服务，从而促进人的全面自由的发展。

四、论述题

现代教育应如何面对新的科技革命的挑战，请谈谈自己的看法。[北京科技大学2007年研]

答：在以高新技术为先导的知识经济时代来临之际，现代教育面临着新的挑战，针对这些挑战以及应对挑战的方法具体评述如下：

(1)现代教育面临的挑战

①教育观念面临的挑战。当今世界科学技术突飞猛进，知识经济时代已经到来，我国正处在社会主义初级阶段，这样的时代背景和基本国情对教育观念提出了挑战。一直以来，教育理论争论得最多的，也是分歧最大的，是教育功能问题。争论的焦点是，教育到底是“经济发展的工具”，还是要“以人为本”，即“工具论”和“人本论”之争。这就要求人们要充分认清知识经济时代与我国社会主义初级阶段国情的关系，从教育与经济、科技紧密结合的现实出发，重点研究社会主义现代化建设和知识经济新时代对人自身发展的新要求，研究社会主义市场经济和高新技术革命对未来人才培养规格质量的新要求。要在教育观、人才观、质量观、发展观等方面既解放思想，又实事求是，坚持不断实践探索。在理论研究和总结实践经验的基础上，树立正确的人才观、质量观，确定未来人才的知识结构、能力结构和素质要求，制定出人才培养的目标和要求。

②教育的培养目标面临的挑战。知识经济是一种人才经济，因为知识经济是以生产、分配、利用知识及信息为基础的，人才的重要性将进一步凸显出来。知识经济显著的特征之一是创新，“创新是不断进取的灵魂”，因此，知识经济同时又是一种创新经济。它要求人才拥有的不仅仅是一般继承性的知识，还要求人才拥有更多的能适应并服务于社会经济大发展的创新性的知识。这就对教育的培养目标提出了新的挑战，要求学生除掌握一定的现成知识外，还要懂得怎样去寻找适合的工具获取新的知识，特别是自己所需要的知识，同时懂得如何把知识加以分解、合成，使得瞬息万变的知识得到合理的利用。

③课程面临的挑战。知识经济时代，人们面对的是瞬息万变的知识创新的局面，传统的以学科为中心的课程模式所形成的学生的知识结构、智能结构已不能适应知识经济时代对人才的需要。课程结构和课程体系的建构，必须处理好知识传授与培养能力、培养素质的关系，要有利于学生随着社会需要的变化而实现知识的自我更新，把社会近期需要和长远需要结合起来，使课程对学生现在有用，将来更有用。

④教师面临的挑战。时代的飞跃发展，对教师提出了更高的要求。当今世界，席卷全球的信息化浪潮和高科技的迅猛发展，将使人们面临数字化、网络化、智能化的全新环境，它必然对教育思想、教育内容、教育手段乃至教学模式产生巨大的冲击和影响。未来的教师，不仅要有良好的思想政治素质、高尚的品德情操和娴熟的职业技能技巧，而且要掌握现代科学的最新知识，要有深厚的理论素养和合理的知识结构，能够熟练地运用现代化教学手段去指导学生发现信息、捕捉信息、处理信息、研究问题和增长知识，使学生成为创造型的人才。因此，作为教师，也要继续学习，不断更新知识，更新观念，提高自身素质。

(2)应对挑战的方法

①转变教育观念。从知识经济的发展实际需要来分析，教育既是经济发展的工具，又必须“以人为本”。因为知识经济就是以知识为基础的经济，知识就是财富，就是资本，不但是资本，而且与物质资本相比，它所创造的价值要大很多。知识又是靠人去掌握的，教育归根结底培养的是人，而知识经济所谓的“知识”范围也很大，它不仅包括通过语言文字、符号图形等载体表现出来的“显性”的科学知识，还包括许多可以意会、不可言传的深埋在社会中的“隐性”经验类的知识，以及理想、情感、意志、思想观念等个体非智力因素，这些对经济发展也起着“一只看不见的手”的作用。如果从以上这些“知识”的角度看教育，教

育就应该“以人为本”，就应该使受教育者更加完善地发展自己，健全人格，引导他们更有价值地生活。

②培养目标必须定位在“创新人才”的培养上。面对知识经济，应该把教育目标定位在“创新人才”的培养上。这就需要教师必须尊重学生的个性，调动学生的主动性和积极性，培养学生的主体性和创造性，使学生实现创新性学习，成为创新性人才。课堂教学必须更有利于学生生动活泼、主动地学习；考试必须更有利于考核出学生综合灵活地运用知识、解决问题的能力；学校管理必须更有利于营造创新人才成长的良好环境。这样，才能培养出大批能够适应知识经济时代的高素质人才。

③课程改革必须加快步伐。课程是教育改革的实质和核心环节，只有构建起面向 21 世纪、面向知识经济的课程体系，才能孕育出知识经济时代高素质的人才。要加强基础课教学，给学生留有今后发展的更大的余地和空间；拓宽知识范围，扩大学生视野和知识面，以利于形成他们萌发新知识的生长点；适当扩大选修课程的比重，使大、中、小学生能根据自己的兴趣、特长进行选择；最终还要通过课程体系和课程的设置使各级各类学校实现由专业素质教育向综合素质教育转变，实现由侧重获取知识教育向增加创新能力教育的转变。

④全方位提高教师素质。教师要有全新的教育观，为学生的发展创造机会。只有不断创造机会，才能使教育活动获得可持续发展。教师应该站在全球经济与科技发展的高度去思考教育教学改革，增强积极进取的意识，提高为教育改革与发展服务的成功率。教师还应该教育学生学会做人，与他人共处，将做事与做人结合起来，这也是教育的核心所在。此外，由于合作是时代发展的必然选择，教师既要处理好与社会的合作，又要处理好与同事之间的合作。

⑤实施终身教育，构建学习型社会。知识经济的发展要求实施终身教育。构建学习型社会，为社会成员提供多层次、多形式、多规格、多功能的受教育机会将成为国家发展的重要支持系统，使社会成员自觉地学习和更新知识将成为社会生活中不可或缺的重要内容。知识经济必然产生终身化学习的需求，也必将带动学习型社会的形成。

第 2 章　教育与人的发展

2.1　复习笔记

【知识框架(庖丁解牛)】

- 教育与人的发展
  - 人的发展概述
    - 人的发展的概念
    - 人的发展的特点
    - 人的发展的规律性
  - 影响人的发展的基本因素
    - 遗传
    - 环境
    - 个体能动性
    - 教育

【考点难点归纳(厚积薄发)】

考点一、人的发展概述

表 2－1　人的发展概述

要点	具体内容	
人的发展的概念	人在生命过程中所发生的一系列生理、心理和社会适应的变化过程	
人的发展的特点	未完成性	人是一种具有发展潜能的、可塑造的动物
	能动性	人通过自觉的选择和自我的塑造，实现自我转化，获得自我发展
人的发展的规律性	顺序性	人的身心发展遵循由低级到高级、由量变到质变的方向性和顺序性
	不平衡性	不同年龄阶段身心发展和同一年龄阶段不同方面的发展是不平衡的
	阶段性	不同年龄阶段表现出一些不同的特征
	个别差异性	每个人的发展优势、发展速度、发展水平千差万别
	整体性	在人的发展过程中，人的生理、心理和社会性等方面密切联系并相互作用

【习题精选】

人的发展有哪些规律和特点？教育怎样适应人的发展规律和特点？

答：(1)人的发展规律和特点

①人的发展的特点：未完成性、能动性。

②人的发展的规律：顺序性、不平衡性、阶段性、个别差异性和整体性。

(2)教育适应人的发展规律和特点

人是教育的对象，又是教育的主体，因此，教育要适应人的发展规律和特点，应做到以下几点：

①用发展的眼光来看待学生。人是未完成的动物，蕴涵着发展的不确定性、可选择性和可塑性，潜藏着巨大的发展可能，因此，切不可因学生一时表现不佳，而做出否定性的评价。

②培养学生的能动性。人的发展是一个自觉能动的过程，在发展过程中表现出自主、自觉、自决和自我塑造等方面的能动性，因而，要注意启发、引导、规范学生的能动性。

③循序渐进。由于人的发展具有一定的方向性和先后顺序，既不能逾越，亦不能逆向发展，因此，教育要遵从人的发展的顺序性，循序渐进，适时施教。

④因材施教。人的发展是存在个别差异的，每个人在发展方向、发展速度、高度等方面都有所不同。这就要求教育要深入了解学生，针对学生不同的发展水平和个性特点因材施教。

⑤体智德美诸方面全面教育。人是一个复杂的整体，学生在德智体美等方面要得到全面协调的发展。

可见，教育只有遵从和适应了人的发展规律和特点，才能更好地发挥教育的作用，培养出完整的完善的人。

考点二、影响人的发展的基本因素

表 2－2　影响人的发展的基本因素

<table>
<tr><th>要点</th><th colspan="2">具体内容</th></tr>
<tr><td>遗传</td><td colspan="2">人从上代继承下来的机体的结构、形态和神经系统等生理解剖上的特点是人身心发展的生理前提和制约因素，但无限度地夸大遗传素质的作用(以高尔顿为代表的遗传决定论)则是错误的</td></tr>
<tr><td>环境</td><td colspan="2">包括自然环境和社会环境，是人身心发展的外部客观条件，对人的发展起着一定的制约作用，但无限夸大环境的作用(以华生为代表的环境决定论)则是错误的</td></tr>
<tr><td>个体能动性</td><td colspan="2">人的社会实践(认识客观世界和改造客观世界)对于客观世界的积极作用是个体发展的决定性因素</td></tr>
<tr><td rowspan="3">教育</td><td>在人的发展中起着引领作用</td><td>教育有意识地为个体成长选择、建构、调控良好的环境，对其生活、交往、学习与实践等活动进行正确的教导、示范和辅助，从而使个体由生物人发展成为社会人，确保人类文化的传承和发展</td></tr>
<tr><td>传授文化知识</td><td>教育经过选择、重组把人类长期积累的文化知识传授给新生代，促进人们改造客观世界的实践能力</td></tr>
<tr><td>促进现代性转变</td><td>教育通过其影响力促进人们的价值、态度、行为方式现代性转变</td></tr>
</table>

【习题精选】

为什么说教育对人的发展具有引领作用？如何充分发挥教育的引领作用？有人说，没有教不好的学生，只有教不好的老师。又有人说，再好的教师也不可能教得顽石点头。我们应当怎么看待这一争议？

答：(1)教育对人的发展具有引领作用的原因

在现实生活中，影响人的发展的因素除了遗传、环境和个体活动，还有教育这一因素。

教育尤其是学校教育，使得影响人的发展过程中加入了教育者这一主体，使环境成为通过选择和设计的环境，使受教育者的学习和身心发展活动成为有指导、讲成效的活动，从而引领青年由生物人发展成为社会人，成为社会所需要的人才，以确保人类文化的传承和发展。

(2)充分发挥教育引领作用的方法

由于教育是有目的地培养人的社会活动，因此，其对人的发展具有主导作用。要充分发挥教育的主导作用应从以下几方面着手：

①强调知识的重要作用。鉴于知识具有认识、能力、陶冶和实践等多方面价值，教育需引导学生尊重知识、热爱知识、主动学习、创造性地理解和运用知识，并在这个过程中使儿童的智能、品德和个性都获得发展。

②按照人身心发展的规律施教。由于人的发展具有一定的方向性和先后顺序，而且人的发展是存在个别差异的。因此，教育要遵从人的发展的顺序性和差异性，循序渐进，适时施教，因材施教。

③培养学生的能动性。人的发展是一个自觉能动的过程，在发展过程中表现出自主、自觉、自决和自我塑造等方面的能动性，因而，要注意启发、引导、规范学生的能动性。

④开展体智德美全方面教育。人是一个整体，而且整体的变化必然会影响各个方面的变化，因此教育要把学生看作一个复杂的整体，促进学生在德智体美等方面全面和谐地发展。

可见，从以上四个方面着手，可以强化教育功能的实现，从而更充分地发挥教育的主导作用，为社会培养更多的合格的人才。

(3)对于两句话的分析

①第一句话既不符合事实，也不符合逻辑，只是给老师增加了巨大的无形压力，但是这句话可以作为教师努力的方向，不少优秀教师用实践证实了这句话的真理性。“没有教不好的学生，只有不会教的老师”一说出自著名教育家陈鹤琴老先生。这应该是他的重要教育理念之一。“没有教不好的学生”，反映的是学生观——学生都是可以“教好”的。任何学生作为教育对象，首先要承认他是可以教育的，是可以通过教育促使他成长进步的，不是“朽木不可雕”的。这无疑是正确的。“教好”是一个过程。一方面，昨天没有“教好”，不等于今天不能“教好”；今天没能“教好”，不等于明天不能“教好”。另一方面，昨天有进步，还没达到“好”的标准；今天有进步，还是没达到“好”的标准；但坚持下去，不断进步，就能达到“好”的标准。这个过程，是“教学相长”的过程，既是学生不断进步的过程，也是老师不断提高的过程。

②第二句话也是片面的。个人的主观能动性在教育中起着十分重要的作用，教育的过程要求学生必须自觉主动地参与，才能将人类社会的精神财富转化为自己的财富。在同样的环境和教育条件下，每个学生发展的特点和成就，主要取决于他自身的态度，取决于他的能动性的发挥状况。但是，优秀的教育者可以引导和激起学生的能动性，用情感去感化他。

对于这两句话我们要正确地看待，教育活动离不开教育者和受教育者双方的共同努力，只有双方都积极地参与到教育中来，才能取得良好的教育效果。

2.2 典型题(含考研真题)详解

一、单项选择题

1．教育工作需要循序渐进，主要依据的是儿童身心发展的(　　)。［统考2018年研］

A．差异性和阶段性　　B．差异性和顺序性

C．不均衡性和差异性　　D．阶段性和顺序性

【答案】D

【解析】儿童身心发展的基本特点有：①阶段性。皮亚杰的认知发展阶段理论指出，儿童在不同的年龄阶段有不同的身心特点，教育要遵照儿童不同发展阶段的身心特点，在教育内容、教育方法等方面依据儿童的身心特点进行适当调整。②顺序性。儿童的发展总体来讲是按照一定的顺序进行的，教育中要做到不"凌节而施"，教育就应当遵循儿童发展之自然。③不平衡性。不同的儿童的发展在总体一致的基础上又有各自的特殊性，同一儿童在发展的不同阶段也有不同的发展特点。④个体差异性。每个儿童都有各自身心发展的规律，有各自的优缺点，因此教育者必须因材施教，因势利导。综上，循序渐进是依据顺序性和阶段性，这二者都说明教育发展有其内在的顺序，教育工作不可以逾越这个顺序，因此答案选D。

2．有人把教育隐喻为"塑徒"，称教师是"人类灵魂工程师"，这种观点在人的发展影响因素问题上倾向于(　　)。［统考2016年研］

A．遗传决定论　　B．成熟论

C．外铄论　　D．内因与外因相交互用论

【答案】C

【解析】题干中把教育隐喻为"塑徒"，强调了教师的作用，认为教育是塑造，人的发展依靠的是学校的教育，依靠的是教师，体现了外铄论的观点。

3．在教育过程中，与学生的创造力、个性、学习动机的发展联系最为密切的是(　　)。

A．价值因素　　B．遗传因素　　C．情意因素　　D．品德因素

【答案】C

【解析】学习过程是以人的整体的心理活动为基础的认知活动和情意活动相统一的过程。认知因素和情意因素在学习过程中是同时发生、交互作用的，它们共同组成学生学习心理的两个不同方面，从不同角度对学习活动施予影响。认知因素的参与保证了学习任务的完成；而情意因素的参与则对学习活动的发生和维持起着重要作用。因此，情意因素与学生的创造性问题解决和学习动机的激发有着密切关系。

4．人的个性品质形成的中介是(　　)。

A．社会交往　　B．社会生活　　C．社会存在　　D．人际关系

【答案】A

【解析】个体素质(遗传素质)与环境是人的发展的内部的与外部的条件。在人的个性的

形成过程中，生理、心理因素都以社会因素也就是社会交往为中介发挥作用。

5. 下列因素中对人的发展起着主导作用的是( )。

A. 主体因素　　B. 主观努力　　C. 环境　　D. 教育

【答案】D

【解析】影响人发展的因素中，教育对人的发展特别是对年轻一代的发展起着主导作用。正如康德所说：“人只有通过教育才能成为一个人。人是教育的产物。”

6. 夸美纽斯说过：“只有受过教育之后，人才能成为一个人。”这句话表明的观点是( )。

A. 教育是万能的　　B. 教育规定着人的发展方向

C. 教育对人的发展具有主导作用　　D. 教育要适合个体的身心发展规律

【答案】C

【解析】教育有意识地为年轻一代的成长选择、建构、调控良好的环境，对他们的生活、交往、学习与实践等活动进行正确的教导、示范和辅助，并注重尊重他们的主体地位和激发、引导他们内在的学习动力与自我发展的能动性、自主性和自为性，从各方面引领、关怀、维护他们的发展。因此，教育在年轻一代的发展中起着极其重要的引领和主导作用。

7. 在良好的环境中，有的人却没有什么成就，甚至走向与环境所要求的相反道路；在恶劣的环境中，有的人却出污泥而不染。这种现象说明( )。

A. 人的发展不受环境的影响

B. 人们接受环境不是消极被动的，而是积极能动的实践过程

C. 好的环境不利于人的发展，坏的环境更对人的发展有利

D. 人是环境的奴隶，个人发展是好是坏，完全由环境来决定

【答案】B

【解析】在活动中，人不仅反映客观环境，而且也改造环境，人可以充分发挥环境中的有利因素，克服消除环境中的不利因素，创造一种积极的环境，以促进自身的发展。人才成长中的逆境定律充分说明了人的发展不是消极被动地接受环境的影响，而是积极主动的过程。

8. 一些事例显示，对“兽孩”进行的补救教育都不很成功。这表明人的发展具有( )。

A. 顺序性　　B. 可逆性　　C. 模仿期　　D. 关键期

【答案】D

【解析】个体在发展过程中的关键期中，在适宜的环境影响下，行为习得特别容易，发展也特别迅速，但如果在这一时期缺乏适宜的环境影响，就可能阻碍日后的正常发展。“兽孩”错过了某一行为形成的关键期，后期无法弥补。

二、概念题

1. 遗传决定论[北京邮电大学2009年研；北京师范大学2003年研；浙江大学2006年研]

答：遗传决定论是一种单一因素决定论，又称“生物因素决定论”。该观点认为人的机

体构造、形态、神经系统机制以及能力和性格的发展及差异的形成都是由遗传决定的。英国人类学家高尔顿在 1869 年发表的《遗传的天才》一书中，首先提出“天才是遗传”的观点。他认为儿童的智力和品质在生殖细胞的基因中就已决定，后天的环境和教育只能影响这些由遗传决定的能力和品质，使之或迟或早的实现，而不能加以改变。奥地利心理学家比勒持同样观点，认为儿童心理发展是儿童内部素质向自己的目的有节奏地运动的过程。遗传决定论最大的局限是贬低了环境和教育在个体发展中的作用。

2．教育的个体享用功能［首都师范大学 2004 年研］

相关试题：

试论述教育的谋生和个体享用功能。［论述题，首都师范大学 2015 年研］

答：教育的个体享用功能是一种教育个体功能，是指教育成为个体生活的需要，受教育过程是需要满足的过程，在满足需要的过程中，个体可以获得自由和幸福，获得一种精神上的享受。从广义的教育来讲，人的成长必须接受教育。教育教人成为人，是满足人的生命需要的最基本形式。从学校教育而言，受教育过程是一个通过促进个体发展不断追求自由的过程。教育通过知识的传授，教人“求真”“向善”“粹美”，促进人的知情意、德智体等全面发展，从而造就一种自由人格，造就活动中的自由人。受过教育的人，是自由之人，也是幸福之人。教育通过使受教育者人格得到提升和完善，使他们体验到精神上的幸福。教育的享用功能是教育个体发展功能的必然延伸。

3．发展关键期［北京邮电大学 2009、2008 年研］

答：发展关键期，又称发展最佳期，是指身体或心理的某一方面技能和能量最适宜于形成的时期。它是由心理学家根据个体身心发展的不平衡性而提出来的一个概念。发展关键期的特点是：在这个时期，人对某种行为、技能和知识的掌握速度最快，如果在此时施以正确的教育和引导，会起到事半功倍的效果；但是，如果错过发展关键期，学习就需要花费几倍的努力才能弥补，甚至将永远无法弥补。

三、辨析题

1．教育应与人的天性合作。［统考 2015 年研］

答：此观点正确，具体分析如下：

（1）教育应与人的天性合作是指教育应遵循人的身心发展规律。

（2）人的身心发展规律包括：顺序性、不平衡性、阶段性、个别差异性、整体性。人的发展的顺序性要求教育要循序渐进地促进学生的发展；不平衡性要求教育要掌握和利用人的发展的成熟机制，抓住发展的关键期，不失时机地采取有效措施，促进学生健康地发展；阶段性要求教育要从学生的实际出发，尊重不同年龄阶段学生的特点，进行有针对性的教育；个别差异性要求对学生因材施教，促进学生自由的发展；整体性要求教育从整体上把握教育对象的特征，促进学生在体、智、德、美等方面全面和谐的发展，把学生培养成为完整和完善的人。

2．有人说：“给我一打健康的婴儿，我可以用特殊的方法任意加以改变，或者使他们成为医生、律师、美术家，或者使他们成为乞丐、强盗……”［四川大学 2004 年研］

答：此观点错误，具体分析如下：

(1)环境决定论的代表是华生，此观点否定人的生物遗传素质在儿童发展中起决定作用，确信在儿童发展过程中，是其后天的生活经历和环境影响在起决定作用，因而环境决定论又被称为养育论。

(2)环境决定论关注儿童生长的环境条件、后天教养内容和教育方法在儿童成长与发展中的重要影响作用。就这一点而言，应该承认，与遗传决定论相比，它发现了对儿童发展影响力更大的一项变量。因此，环境决定论对儿童教育实践的影响也远远大于遗传决定论。在某些时候，环境决定论甚至成了教育对儿童发展进行影响与控制的唯一合理、合法性的依据。

(3)环境决定论的盛行直接导致了传统教育实践具有重视教师权威、书本知识和学校纪律等特点。其目的就是希望通过控制儿童学习活动的环境、内容和方式来达到控制儿童发展的目的。“严师出高徒”“棍棒底下出孝子”等谚语在我国广为流传，就是环境决定论对人们教育方式选择的潜移默化影响的结果。

环境决定论在肯定了儿童发展具有可塑性的同时，也将儿童个体的发展过程牢牢地固定在失去自主性的被塑造地位上。

四、简答题

1. 列举三种利用个体身心发展的差异性特点的教育措施。［统考2016年研］

答：(1)因材施教

因材施教是针对学生不同的特点与不同阶段学生不同的身心发展规律采取的一种有差别的教学，可以促进每个学生的潜能获得最佳的发展，促进学生个性的形成。

(2)长善救失

长善救失要求教师懂得教育的辩证法，坚持正面教育，重视因材施教，善于因势利导，利用积极因素克服消极因素，将缺点转化为优点。长善救失原则强调教师不对学生进行一概而论，不对学生采用整齐划一的评价，而是帮助学生发扬自身的优点，克服缺点，促进学生个体身心的发展。

(3)量力性

量力性要求教师在教学中从学生实际情况出发，选择的教学内容与教学方法等在学生可接受的范围内。教学不能是学生轻而易举就可以完成的，根据学生的发展水平，确定适当的难度，以激发学生学习的积极性。在教学中要根据学生自身的发展水平和规律，循序渐进，由易到难地进行教育。

2. 我们如何理解人的发展潜能？教育应当如何对待与开发人的发展潜能？

答：(1)人的发展潜能的含义

人的潜能是存在于每个人身上的尚未实现的心理能力，即人所具有的主动发展的动力和机制，是相对于人的实现能力而言的。事实上每个人都有无穷的发展潜能，这是人与动物的区别之一。人的发展潜能决定了人是需要教育的，同时，人的发展潜能决定了人是可以教育的。

(2)教育开发人的潜能的方式

①知识的传授。通过系统地传授知识，促使学生内化知识，并激发其学习的兴趣，从而促使其思维、记忆、想象等方面的发展，达到开发潜能的目的。

②教育中的其他活动。教育中的其他活动也包含开发潜能的因素，如体育活动或锻炼可以开发人的运动潜能，美术课之类的艺术课有助于开发人的审美潜能，等等。

综上所述，人是具有发展潜能的，人的发展潜能决定了人的需教育性和可教育性，而教育又对潜能的开发起到了重要的作用。

五、论述题

1. 试论遗传和环境对人的发展的影响及相互关系。［上海交通大学 2001 年研］

相关试题：

①论述影响人的发展的诸因素及其作用。［哈尔滨师范大学 2016 年研］

②简述遗传因素的概念以及对人身心发展作用。［简答题，江苏师范大学 2016 年研］

答：人的发展是指个体身体和心理不断发展变化的过程，它包括两个方面：生理的发展和心理的发展。生理的发展指机体的正常生长发育和体质的增强，这两者密切相关。心理发展指认识能力和个性心理的发展，它包括感觉、知觉、注意、记忆、思维、想象、情感、意志、性格等方面的发展。人的发展受到很多因素的影响，遗传和环境是其中重要的两个方面，二者相互影响、相互制约。

（1）遗传对人的发展的影响

遗传素质是指个体从上代继承下来的一些天赋特点，具有与生俱有的解剖生理特征，如机体的特点、形态、感官和神经系统的特征等。遗传素质对人的身心发展的作用表现在：

①遗传素质是人的身心发展的生理前提，为人的身心发展提供了可能性。

②遗传素质的发展过程制约着年轻一代身心发展的年龄特征。

③遗传素质的差异性对人的身心发展有一定的影响作用。

④遗传素质具有可塑性，会随着环境、教育和实践活动的作用而逐渐地发生变化。

（2）环境对人的发展的影响

环境是指环绕在人们周围并对其产生影响的外部世界，是影响人的一切外部条件的总和，它包括自然环境和社会环境。

①人总是生活在一定的环境中，环境中的各种因素时时刻刻都在作用、影响于人，并使人在不知不觉被同化的同时，心理也在不断地发生变化，从而促进了人的身心发展。可见，环境对人的发展所起的作用是很明显的。

②环境对人的身心发展虽然有重大作用，但对一个人的发展和成熟，一般来说不能起决定性作用。这不仅是因为环境仅为人发展的外因，而且环境对人的影响是自发的、无计划的、无系统的，只具有耳濡目染、潜移默化的性质。

（3）遗传和环境的关系

遗传和环境相互影响、相互制约，共同作用于人的发展过程，具体分析如下：

①遗传是人的身心发展的生物前提，为人的身心发展提供了可能性，但它毕竟只是一个必要的条件，而不是决定条件。遗传为人的发展提供了可能性，这种可能性必须在一定的环境和教育的影响下才能转化为现实性。

②遗传本身也是可以随着环境和人类社会实践活动的改变而改变的。人在实践活动中，一方面作用于自然和社会，创造新的自然条件和社会条件，在这同时，也改变着人自己的本性。

③不能过分夸大遗传上的个别差异的作用。青少年儿童在发展中所出现的各种个别特点，并不完全是由先天条件决定的，它还包括教育和环境的影响，以及个人主观能动作用的发挥。

2. 用人本教育理论解释教育提升人的地位的意义。

答：人本教育理论认为，通过教育逐步提升人的地位表现在：发现人的价值，发掘人的潜能，发挥人的力量，发展人的个性。这四个方面反映了教育的基本功能，也体现了教育以人为本的基本性质。

(1)发现人的价值

所谓人的价值，就是人应有的地位、作用与尊严。人本主义在价值论上倡导人的价值。首先，人既不同于动物，也不是机器。每一个人不只肯定自己是人，更要把别人当人看。其次，人是改造自然、推进社会的巨大力量。每一个人都应有尊严，都力求获得相应的地位，都希望发挥其应有的作用。但是，人的价值并不是一下子就能被发现和认识的。在21世纪，必须通过教育，进一步深入地发现人的价值。而教育这一功能的充分发挥，自然有助于人的地位的不断提升。

(2)发掘人的潜能

人生来都具有各不相同的潜能，其潜能的充分实现依赖于教育。教育对潜能的开发，又必然受到种种条件特别是社会文化历史条件的限制。历史上的各阶段并没有把人的潜能充分发挥，没有很好地运用教育功能。现代社会应该通过教育，全面地发掘人的潜能。

(3)发挥人的力量

教育可以发挥人的力量。只有通过教育，才能使人的体力与脑力得到应有的培养与发挥。20世纪后，在教育“以人为本”即教育人本论的呼声中，人的力量受到了前所未有的重视。但也由于种种条件特别是社会条件的制约，人的真正的全面发展还不可能真正实现。因此，进入新时代，更需进一步通过教育，和谐地发挥人的力量，即人的体力与脑力，逐步使每一个人都获得真正的全面发展。

(4)发展人的个性

每个人都有自己的个性，而且都应该使自己的个性得到充分的发展。“个性”是人们在生理、心理、社会性诸方面的一系列稳定特点的综合。个性是共同性与差别性的统一。发展个性就是要在人的共同性基础上，充分地把人的差别性显示出来，从而使每一个人都具有高度的自主性、独立性与创造性。

3. 请阅读下面的资料，并对此进行评议。

在北京一家出版社工作的王女士有个正上小学的儿子，她信奉快乐教育、民主教育，认为培养一个独立、智慧、有个性的人比成绩好更重要。他的儿子虽然成绩出类拔萃，但由于比较“特立独行”而经常挨批，王女士也三天两头被学校请去。她告诉记者，自己非常反感老师对儿子的评价。

可多年担任班主任的李老师却认为，王女士这样的家长过于相信自己的孩子，总觉得老师对孩子的批评不公正、不全面，在教育过程中有意淡化教师的评价。

“很多家长民主教育的实质就是一种溺爱。”李老师说，这让本来应该成为“合力”的家庭教育和学校教育变成了“分力”，不利于孩子的成长。

记者在采访中发现，现在，很多学校和家长在互相抱怨，都认为是对方在弱化自己的教育效果，学校说是“5 + 2 = 0”——学校教育5天的效果还抵不上家庭教育2天的影响，而家长则认为是“2 + 5 = 0”——每周2天的家庭教育根本无法和5天的学校教育抗衡。

结果就是互相不信任，站在各自立场上“抢”孩子。

答：通过以上材料可以看出，由于学校和家长存在不同的教育理念和教育方法，使得学校教育和家庭教育无法形成合力，影响了各自的教育效果。而事实上，学校教育和家庭教育都是影响青少年身心健康发展的重要方面，其中学校教育是主导，家庭教育是重要的补充，二者应该形成教育合力，共同促进青少年的全面发展。

(1)学校教育和家庭教育都是教育的重要形式

①学校教育在人的发展过程中居于主导地位。学校教育根据一定社会的要求，按照一定的目的，选择适当的内容，利用集中的时间，有计划、系统地向学生传授科学文化知识，并进行一定的思想品德教育。而其他方面的教育，往往是自发的、偶然的，无法与学校教育相比。而且，学校教育中有专门的教育者即教师来培养学生，教师受过专门训练，明确教育目的，掌握教育内容，懂得教育方法，能有效地培养学生。

②家庭教育对个人的成长至关重要，是学校教育的有益补充。儿童出生后的第一所学校就是家庭，第一任教师是自己的父母。从时间上看，家庭教育是开始最早、持续最长的；从空间上看，家庭教育对子女影响的范围和深度往往也是其他教育所达不到的。血缘关系和经济联系，使家庭成为儿童和青少年最直接、最亲切、最可信赖的教育力量。孩子身体的发育、智慧的萌芽、能力的强弱、行为的好坏等往往要视家庭教育状况而定。学校教育是否能充分发挥作用，在很大程度上也取决于家庭教育的配合。

(2)学校教育必须与家庭教育形成教育合力

家庭教育和学校教育要通力合作，形成合力，营造功能互补的良好教育环境，才能够有效地促进孩子的发展。具体要求做到：

①树立平等的家校合作观念。在家校合作中必须摒弃学校是领导的观念，真正树立起平等的家校合作观，必须真正认识到家长与学校具有完全平等的关系。

②形成共同的目标。家校合作的根本目的是学生全面和谐地发展和更好地社会化，创造一个尽可能有利的环境和条件。此共同目标是开展家校合作的基础。

③构建畅通的家校信息交流渠道。除传统的家长会之外，要增加家庭和学校沟通方式的多样性和沟通时间的灵活性，如通过电话和网络等途径，从而保证家校及时沟通。

④建立多元主体的家校合作机构。目前，常见的家校合作组织是由学校负责组建的家长委员会，而多元主体的家校合作组织不是由学校负责组建的，是由社区或教育主管部门组建的与学校平行并列的组织。

总体而言，家庭教育和学校教育对于学生来说，都是必不可少的。在对学生的教育中，应该以学校教育为主导，家庭教育为补充，共同促进学生的健康发展。

第3章　教育与社会发展

3.1　复习笔记

【知识框架(庖丁解牛)】

- 教育与社会发展
  - 教育的社会制约性与相对独立性
    - 教育的社会制约性
    - 教育的相对独立性
  - 教育的社会功能
    - 教育的社会变迁功能
    - 教育的社会流动功能
  - 教育与我国社会主义建设
    - 我国教育现状
    - 教育在我国社会主义建设中的地位和作用
    - 教育发展的国家战略

【考点难点归纳(厚积薄发)】

考点一、教育的社会制约性与相对独立性

表3－1　教育的社会制约性与相对独立性

要点	具体内容	
教育的社会制约性	生产力的制约	教育的规模、速度、结构、人才培养规格以及教学内容、方法、组织形式都受生产力发展水平的制约
	社会经济政治制度的制约	教育的性质、宗旨、领导权、受教育权以及教育的内容、结构、管理体制都受社会经济政治制度制约
	文化的制约	教育的传统、背景、水平、内容、模式等受到文化的制约
教育的相对独立性	教育在一定范围内、一定程度上具有独立于政治、经济等其他社会现象，具体表现在以下几个方面： ①教育可反作用于一定社会的政治、经济和生产力等社会现象，促进或阻碍它们的发展。 ②教育是人类延续、社会发展必不可少的条件，其存在的必然性不因政治、经济制度的更迭而改变。 ③教育的发展要服从于自身内在的规律。 ④教育本身具有继承性。 ⑤教育具有与政治经济制度和生产力发展的不平衡性	

【习题精选】

什么是教育的社会制约性和相对独立性？怎样协调二者的关系？

答：(1)教育的社会制约性与相对独立性

参见本章复习笔记考点一。

(3)二者关系的协调

①关注教育的相对独立性

由于教育具有相对独立性，在分析研究教育问题时，不能单就生产力发展水平、经济与科技发展水平、政治制度与文化要求来考察教育；还应当重视教育的相对独立性，注重发挥教育特有社会功能，注意遵循教育自身的规律性和发展的连续性。

②不能把教育的相对独立性理解为绝对独立性

教育归根到底是受生产力的发展水平和政治经济制度的性质决定，受民族文化的发展状况与需求制约的，教育的社会制约性仍是其根本的特性。如果把教育的相对独立性当作绝对的独立性，就会使教育走向“超经济”“超政治”“超文化”的错误道路，丧失教育发展的社会基础和动力。

③在重视教育的社会制约性的基础上尊重教育的独立性

教育是一定社会中的教育，社会制约性是其根本特性，而教育又具有自身的特点和规律，具有相对独立性，因此，应在重视教育社会制约性的基础上，尊重教育的相对独立性，使教育适应社会的需要，符合自身的规律，健康、合理的发展。

总之，教育要与这一时代的生产力发展水平、政治经济制度状况和民族文化发展状况相适应，同时又要尊重教育的相对独立性，做到两者的辩证统一。

考点二、教育的社会功能

表3－2　教育的社会功能

要点	具体内容	
教育的社会变迁功能	概念	教育通过提高人的素质、开发人的潜能、促进人的社会化、引导人的社会实践，从而强化人的社会适应，推动社会的改革与发展
	分类	①经济功能：提供劳动力、提升劳动生产率。 ②政治功能：塑造社会公民、推动民主建设、培养管理人才、影响政治时局。 ③生态功能：树立生态文明理念、普及生态文明知识、引导生态文明建设。 ④文化功能：选择、传递、发展文化
教育的社会流动功能	概念	社会成员通过教育的筛选、培养和提高，实现在不同的社会区域、职业岗位、社会层级、行业地位之间转换、调整和变动，从而更好地发挥其个性特长，实现其人生抱负
	分类	①横向流动功能：社会成员因受教育而实现社会区域、职业岗位的水平流动。 ②纵向流动功能：社会成员因受教育而实现社会层级、行业地位的提升

【习题精选】

什么是教育的社会变迁功能？怎样评价教育的社会变迁功能？在你看来，需要哪些条件才能让教育培养出来的人充分发挥在社会变迁中的积极作用？

答：(1)教育的社会变迁功能的含义

参见本章复习笔记考点二。

(2)对教育社会变迁功能的评价

教育的社会变迁功能主要是指向整个社会整体存在、延续、演变和发展的。而在社会变迁过程中，人是作为社会的工具来设计、培养的。具体而言，对教育的社会变迁功能评价如下：

①教育的社会变迁功能对社会的存在和延续具有重要作用。通过发展教育，特别是高等教育，能够在已有知识和技能的基础上，创造出大量的新知识、新技术，提出大量新的观念，从而促进社会的存在和延续。

②教育的社会变迁功能对社会的演变和发展具有重要作用。通过发展教育，可以提高社会成员的各种潜能，获得大量的人力资本，从而既可以推动经济的发展，也有利于社会文明的进步，从而促进社会的演变和发展。

③教育的社会变迁功能有助于促进人的全面发展。在社会变迁的过程中，人是作为社会的工具来审视、设计、培养和训练的。然而，在该过程中，人的知识、技能以及思维品质、个人潜能等都得到了锻炼和提高，从而为人的全面发展打下了基础，有助于促进人的全面发展。

(3)促进人在社会变迁中发挥积极作用的条件

①合理的社会制度。建立合理、科学的社会制度，有助于人们需求的满足、建议的表达和权利的实现，有助于社会的安定团结，有助于社会的存在和延续。

②健全的教育制度。建立健全的教育制度，提升教育质量，以便培养出合格的高素质的人才，有助于社会创造力的提升和社会整体文明素质的提高，为促进社会的变迁做好准备。

可见，健全的社会制度和良好的教育质量是促进人在社会变迁中发挥积极作用的有效条件。因此，要促进社会制度的合理性与有效性，以及教育的高质量性。

考点三、教育与我国社会主义建设

表3-3　教育与我国社会主义建设

要点	具体内容	
我国教育现状	取得的成绩	恢复高考；教育立法；推行素质教育；高校扩招；建立贫困学生的国家资助体系；普及义务教育
	面临的问题	教育投入偏低；教育公平堪忧
	努力的方向	办好人民满意的教育，具体可从巩固义务教育、发展中职教育、提升高等教育等方面入手
教育在我国社会主义建设中的地位和作用	①教育的总体发展水平和方向，决定着中国社会主义现代化建设的总体水平和方向。 ②教育关系着综合国力增强和国际地位的提高。 ③教育是社会主义民主法制建设的重要前提。 ④教育是社会主义精神文明建设的重要基础。 ⑤在知识经济时代，教育本身就是产业，教育的发展将成为国民经济发展的巨大动力	

续表

要点	具体内容	
教育发展的国家战略	以人为本的教育观	科学发展观要求教育的根本宗旨要促进人的全面发展
	教育优先发展	教育优先发展是经济社会发展的一项战略决策。中共十六大报告指出："教育是发展科学技术和培养人才的基础，在现代化建设中具有先导性、全局性作用，必须摆在优先发展的战略地位。"中共中央关于制定国民经济和社会发展第十一个五年规划的建议中对于"教育优先发展"做了明确的表述：全面实施素质教育，大力发展职业教育，提高高等教育质量，加大教育投入，发展现代远程教育，促进各级各类教育协调发展，建设学习型社会。
	科教兴国与国兴科教	①科教兴国：是指全面落实科学技术是第一生产力的思想，坚持教育为本，把科技和教育摆在经济、社会发展的重要位置，增强国家的科技实力及向现实生产力转化的能力，提高全民族的科技文化素质，把经济建设转移到依靠科技进步和提高劳动者素质的轨道上来，加速实现国家的繁荣强盛。 ②国兴科教：是指国家和政府用自身的权威，通过对教育与科学事业采取积极的、强有力的干预政策，促进教育与科学的昌盛，继而提高国民素质，推动经济发展并繁荣国家

【习题精选】

为什么要把教育摆在优先发展的战略地位？怎样落实这一战略决策？

答：(1)把教育摆在优先发展的战略地位的原因

教育在我国社会主义现代化建设中具有基础性、先导性、全局性意义。落实科学发展观，实现科教兴国战略和人才强国战略，就必然要求把教育摆在优先发展的战略地位。

(2)落实这一战略决策的具体措施

①加大教育公共投入。教育经费是各级各类教育顺利开展的保障，加大教育公共投入是实现教育优先发展的基础。因而，我国应加大教育的公共投入，使其占国民生产总值的比例不断上升。

②完善教育立法。政府应该不断完善各种教育法规、法令，使各级各类教育都有法可依，有章可循，实现教育的法治化。这将为优先发展教育提供了法律保证。

③健全各种机制。建立健全有效促进各级教育高效优质发展的各种机制和措施，如对贫困学生的国家资助体系的建立。这些机制都将有效地促进教育的优先发展。

总之，教育是利国利民之策，有助于国家经济的发展、科技的进步和人民生活水平的提高。

3.2　典型题(含考研真题)详解

一、单项选择题

1. 有学者强调，教育要根据一个民族的固有特性来进行，这种观点体现了(　　)。[统考 2016 年研]

A. 生产力对教育的影响和制约　　B. 政治制度对教育的影响和制约
C. 文化对教育的影响和制约　　D. 经济制度对教育的影响和制约

【答案】C

【解析】文化制约和影响教育的发展，民族特性属于文化范畴，因此答案选C。

2.《国家中长期教育改革和发展规划纲要(2010～2020)》指出，在普通高中深入推出课程改革，积极开展研究生学习、社区服务和社会实践，建立科学的教育质量评价体系，建立学生发展指导制度。采取这些措施的主要目的是(　　)。[统考2015年研]

A. 普通高中教育多样化　　B. 普通高中教育特色化
C. 全面普及普通高中教育　　D. 全面提高普通高中学生综合素质

【答案】D

【解析】《国家中长期教育改革和发展规划纲要(2010～2020)》中关于高中阶段的改革主要包括三个方面，分别是：①普通高中多样化发展，具体包括：促进办学体制多样化，扩大优质资源；推进培养模式多样化，满足不同潜质学生的发展需要；探索发现和培养创新人才的途径；鼓励普通高中办出特色等。②全面普及高中阶段教育，具体包括：注重培养学生自主学习、自强自立和适应社会的能力，克服应试教育倾向；到2020年，普及高中阶段教育，满足初中毕业生接受高中阶段教育需求。③全面提高普通高中学生综合素质，具体包括：深入推进课程改革，全面落实课程方案；创造条件开设丰富多彩的选修课；积极开展研究性学习、社区服务和社会实践；建立科学的教育质量评价体系；建立学生发展指导制度，加强对学生的理想、心理、学业等多方面指导等。因此答案选D。

3. 涂尔干说："教育是成年一代对社会生活尚未成熟的年轻一代所实施的影响。其目的在于，使儿童的身体、智力和道德状况都得到激励与发展，以适应整个政治社会在总体上对儿童的要求，并适应儿童将来所处的特定环境的要求。"这种论断正确地指出了(　　)。

A. 教育具有社会性　　B. 教育是社会复制的工具
C. 教育要促进人的个性化　　D. 儿童对成人施加的影响不是教育

【答案】A

【解析】涂尔干是教育目的社会本位论的代表人物。社会本位论认为满足社会需求是教育的根本价值，因此，题干表述的是教育具有社会性。

4. 关于生产力对教育的制约作用，说法错误的是(　　)。

A. 生产力的发展制约着教育事业发展的规模和速度
B. 生产力的发展水平制约着人才培养的规格和教育结构
C. 生产力的发展促进着教学内容、教学方法和教学组织形式的发展与改革
D. 生产力的发展决定着受教育的权利

【答案】D

【解析】ABC三项，生产力对教育的制约作用体现在：①制约教育事业发展的规模和速度。②制约人才的培养规格和教育结构。③生产力的发展制约教学内容、教学方法和教学组织形式的发展和改革。D项，受教育的权利是由社会经济制度决定的。

5. 教育不能脱离社会的物质生活条件而凭空产生，后来的教育要在以前教育的基础上向前发展。这说明教育具有(　　)。

A. 绝对独立性　　B. 相对独立性　　C. 历史继承性　　D. 生产性

【答案】C

【解析】教育历史继承性是指不同历史时期的教育都前后相继，后一时期的教育是对前一时期的继承与发展，主要表现为教育内容的继承和教育方法的继承。任何教育都具有历史继承性，教育要注意继承与发扬本民族传统。

6. 教育要解决的问题是把人类积累的生产斗争经验和社会生活经验转化为受教育者个体的精神财富，形成受教育者的个性。这说明(　　)。

A. 教育具有历史继承性

B. 教育是一种转化活动的过程

C. 教育具有相对独立性

D. 教育具有与政治经济制度和生产力发展的不平衡性

【答案】B

【解析】教育就是把人类积累的生产斗争经验和社会生活经验转化为受教育者的智慧、才能与品德，使他们的身心得到发展，成为社会所要求的人。这说明教育是一种转化活动。

7.《学会生存——教育世界的今天和明天》一书中，对世界教育发展的状况做了总结："现在，教育在全世界的发展正倾向先于经济的发展，这在人类历史上大概还是第一次。"教育的发展所以要超前于经济发展，这是因为(　　)。

A. 教育的周期性长，未来经济建设需要的人才，必须提前培养

B. 教育是发展科学的一个重要手段

C. 教育通过传播思想、形成舆论作用于一定的政治和经济

D. 教育是一种独立的社会活动，它有自身的特点，具有相对的独立性

【答案】A

【解析】教育具有相对独立性，教育不是政治、经济的附庸。优先发展教育，使教育的发展超前于经济的发展，主要是因为教育的周期性长，需要提前培养未来经济发展所需要的人才。

8. 人的发展总是受到社会的制约，这意味着(　　)。

A. 教育要坚持社会本位的价值取向　　B. 教育要充分考虑社会发展的需要

C. 教育目的的确定不应从个人出发　　D. 教育要为社会生活做准备

【答案】B

【解析】社会需要与人的自身发展的辩证统一论认为教育目的的制定要从社会发展需要和人的自身发展需要两方面出发。题干指出人的发展离不开社会，受到社会的制约，体现了教育要从社会发展需要出发这一观点。

9. 人力资本理论认为，人力资本是经济增长的关键，教育是形成人力资本的重要力量。这一理论的主要缺陷是(　　)。

A. 忽视了教育的其他社会功能　　B. 有教育万能论的倾向
C. 忽视了劳动力市场中的其他筛选标准　　D. 夸大了教育对人力资本的作用

【答案】C

【解析】20世纪60年代，以美国舒尔茨为代表的西方经济学家提出了人力资本理论。这一理论认为，人力资本对生产起促进作用，是经济增长的源泉。教育是形成人力资本的重要力量，教育投资是人力资本的核心，是一种可以带来丰厚利润的生产性投资，这一原理注意到了人力资本对个人收入和社会经济发展起到的重要作用，却忽视了劳动力市场中的其他筛选标准，如性别、种族、年龄等。

10. 联合国教科文组织在《教育——财富蕴藏其中》中提出面向21世纪教育的四大支柱是学会认知、学会做事、学会共同生活和(　　)。

A. 学会关心　　B. 学会生存　　C. 学会创造　　D. 学会交往

【答案】B

【解析】国际21世纪教育委员会向联合国教科文组织提交的报告《教育——财富蕴藏其中》中指出：面向21世纪教育的四大支柱，就是要培养学生学会四种本领：学会认知(learning to know)、学会做事(learning to do)、学会共同生活(learning to together)和学会生存(learning to be)。

二、概念题

教育的生产性[首都师范大学2003年研]

相关试题：

论述教育与劳动生产相结合的意义。[论述题，东北师范大学2018年研]

答：教育的生产性是教育的一种属性，它主要表现为：①教育是劳动力再生产的重要手段。人是社会生产力中最重要的因素，但人要成为生产力，必须首先具有一定的生产知识和掌握一定的劳动技能。人的体力和智力的发展、生产知识和劳动技能的获得都需要通过教育。②教育是提高劳动生产率的重要手段。劳动生产率的提高需要改进生产工具和提高劳动者的质量。劳动者受教育的程度是衡量劳动者质量的标准。现代科学技术的迅猛发展，促使生产工具不断更新，生产工艺不断变动。劳动者只有不断提高科学文化水平，才能适应这种变动并在现代生产中发挥应有的作用。③教育促进科学技术的发展，从而推动生产力的发展。科学技术是生产力，而科学技术知识的传播和发展要通过教育。教育不仅传授科学技术知识，而且担负着创造科学技术知识的任务。

三、辨析题

教育受制于社会，因此教育的目的、内容、方法取决于社会的现实要求。[统考2015年研]

答：此观点错误，具体分析如下：

(1)教育受制于社会是有一定道理的，但是，教育的目的、内容、方法的确定并不取决于社会的现实要求。

(2)教育受制于社会是因为：生产力的发展水平制约教育事业发展的规模和速度；社会

经济政治制度的性质制约教育的性质、宗旨、目的、领导权和受教育权；文化知识制约教育的内容与水平。除此之外，教育目的的确立、教育内容和教育方法的选择也要考虑人的因素，依据人的身心发展和需要来确定。

四、简答题

1. 教育与社会的功能性关系。［福建师范大学 2018 年研、中南民族大学 2018 年研；西南大学 2003 年研；苏州大学 2004 年研；上海交通大学 2002 年研］

相关试题：

①简述政治经济制度和教育的关系。［青岛大学 2018 年研］

②结合实际，论述教育与政治、经济制度的关系。［论述题，北京航空航天大学 2008 年研］

③试述教育的政治经济功能。［论述题，东北师范大学 2021 年研；南京师范大学 2018 年研］

答：教育与社会的功能性关系主要表现为：

（1）教育具有社会变迁功能

教育的社会变迁功能是指教育通过开发人的潜能、提高人的素质、促进人的社会化，影响人的社会实践，不仅使人能够适应社会的发展，而且能够推动社会的改革与发展。

①教育的经济功能

a．教育是使可能的劳动力转变为现实的劳动力的基本途径。

b．现代教育是使知识形态的生产力转化为直接的生产力的一种重要途径。

c．现代教育是提高劳动生产率的重要因素。

鉴于教育的经济功能，教育在当代被人们视为一种投资，一种人力资本，是提高国民收入和个人收入的一个重要因素。

②教育的政治功能

a．教育通过传播一定的社会的政治意识形态，完成年轻一代的政治社会化。

b．教育通过造就政治管理人才，促进政治体制的变革与完善。

c．教育通过提高全民文化素质，推动国家的民主政治建设。

d．教育是形成社会舆论、影响政治时局的重要力量。

③教育的生态功能

生态指人类生存的自然环境的条件和状况，亦称生态环境。现代教育的生态功能要求：

a．树立建设生态文明的理念。

b．普及生态文明知识、提高民族素质。

c．引导建设生态文明的社会活动。

④教育的文化功能

a．教育对文化的传递。

b．教育对文化的选择。

c．教育对文化的发展。

（2）教育具有社会流动功能

①概述

a. 含义

教育的社会流动功能是指社会成员通过教育的培养、筛选和提高，能够在不同的社会区域、社会层次、职业岗位、科层组织之间转换、调整和变动，以充分发挥其个性特长，展现其智慧才能，实现其人生抱负。教育的社会流动功能对个人、社会以及教育自身都有着重要意义。

b. 分类

教育的社会流动功能，按其流向可分为：

第一，教育的社会横向流动功能，是指社会成员因受教育和训练，能够在社会区域、职业岗位与社会组织中做水平的流动，改变其环境而不提升其在社会阶层或科层结构中的地位。

第二，教育的纵向流动功能，是指社会成员因受教育的培养与筛选，能够在社会阶层、科层结构中作纵向的提升，改变其社会层级地位与作用。

②教育的社会流动功能的历史发展

教育的社会流动功能也是随着时代的发展而发展的。古代社会，教育的社会流动功能只能在统治阶级内部一个较小的范围中进行。到了现代社会，教育的社会流动功能愈显重要。教育的社会流动功能的不断强化，使教育日益成为激励社会成员奋发图强、不断进取的动力，不仅在很大程度上引导着个体素质全面而自由的发展，而且影响着社会结构局部或整体的变化。这一功能的充分发挥，使社会成员的职业岗位与社会地位从决定于政治权力、物质财富，逐步转移到决定于个人素质的提高，显然是一种巨大的历史进步。在当代，教育能否充分发挥这一功能，日益引起社会的关注，甚至成为社会生死攸关的问题。

③教育的社会流动功能在当代的重要意义

随着社会的发展变革，教育的社会流动功能的地位和作用也日益提升，对个人的社会流动起着基本的主要的作用。主要体现在：

a. 教育已成为个人社会流动的基础。

b. 教育是现代社会流动的主要通道。

c. 教育深刻影响社会公平

应当指出，教育功能的实现，不仅有赖于自身的素质，也有赖于社会条件，有赖于社会给予人的就业机会和充分发挥人的创造性的机制和空间。

(3)教育具有相对独立性

教育的相对独立性是指作为社会一个子系统的教育，它对社会的能动作用具有自身的特点和规律性，它的历史发展也有其独特连续性和继承性。教育的社会功能是教育的相对独立性的依据和主要体现。

①教育是培育人的活动，主要通过所培育的人作用于社会

教育是一种有目的、有计划、有组织、系统地培养人的社会活动，它促进下一代德智体美的全面发展，使他们社会化和个性化，成为社会活动的积极参与者，从而有效推进社会的发展。

②教育具有自身的活动特点、规律及原理

人具有特殊的身心发展和成熟的规律。教育、教学等活动不仅要遵循和合理运用人的这些规律和特点，而且要重视前人在这一方面总结的宝贵经验，形成系统的科学原理，才能卓有成效的培育人才。

③教育具有自身发展的传统与连续性

由于教育有自身的特点、规律与特有的社会功能，它一经产生、发展便将形成和强化其相对独立性。我们不管是办学校、发展教育事业还是进行教育改革，都应该在原有的基础上积极改进、稳步向前，万万不可忽视教育的相对独立性，要保证教育的连续性和健康稳固发展。

2. 论普通教育与职业教育在经济功能上的区别与联系。[首都师范大学2007年研]

答：教育体系按内容或培养性质分为两大类：普通教育和职业教育。普通教育与职业教育作为教育的形式，在其经济功能上既有区别又有联系：

(1)普通教育与职业教育在经济功能上的区别

①普通教育和职业教育的成本及收益不同

普通教育所需的时间长、投资多、成本高，其在经济上的收益较多地具有间接性。职业教育则可在短时间内，以较少的成本培养出经济发展所需用的、各种层次的专业技术人才，其在经济上的收益较多地具有直接性。

②普通教育和职业教育的经济增效方式不同

普通教育在经商的增效功能是间接的，而职业教育在经济上则有直接增效的功能。与普通教育相比，职业教育是直接参与经济活动的各种类型、各种层次的劳动力再生产的“母体”，它周期短、见效快，有着明显的经济效益，对社会经济的延续和发展具有更直接的影响。

③普通教育和职业教育对就业增长的贡献不同

普通教育更多关注的是对文明的传承、学术的素养以及人格的塑造，并不直接面向市场的需求提供所需的技术。而职业教育则侧重于对技术的掌握，它随市场对各种专业技术人才需要的变化而变化。与普通教育相比，职业教育在劳动力就业上有平衡功能。

④职业教育与普通教育对劳动力市场的调节功能不同

普通教育的专业设置及其招生一般是在国家的计划之中，不随市场需求的变化而变化。职业教育能够调节对人才的供求关系，可以根据市场的需求培养多规格、多专业、多类型的人才，能培养初、中级技术人才和劳动后备力量，同时在调节社会劳动力的供求关系、缓解失业方面有着重要的作用。

(2)职业教育与普通教育在经济功能上的联系

①普通教育和职业教育都担负着劳动力再生产的任务。

②普通教育与职业教育都具有促进经济结构调整和完善的作用。

③普通教育和职业教育具有一定的交互影响，即两者在经济上的功能可以达到互补，并且在现实中普通教育与职业教育的职能并不能完全分开，两者在相互的借鉴和影响中共同培养经济发展所需要的各种人才。

④普通教育与职业教育都是科学技术再生产的一种手段和途径。

五、论述题

1. 试评我国曾出现的教育政治化和教育市场化的倾向。[南开大学2004年研]

答:(1)两种倾向的基本内涵

①教育政治化是我国在很长时期内存在的一种现象。政治选择决定政府行为，政府行为影响教育结果。教育与政治历来保持着紧密的联系，政治的需要往往就是教育的出发点和归属点，教育的根本目的就是造就统治人才。

②教育市场化的观念认为：教育作为一种产业，应当通过产业经营的方式盘活教育存量、扩大教育增量、提高资源利用效率。教育市场开放以后，教育的内在质量成为衡量人竞争、生存发展能力的重要尺度，这也正是市场经济的必然规律。在政府与市场的作用方面，政府配置资源能够实现公平但效率不高，市场配置资源效率较高但不能体现公平。在改革过程中，应将两种机制有机地结合起来，教育体制改革的重点是引入市场机制，加大市场机制在配置资源中的作用，但教育是不能搞产业化或市场化的。

(2)对两种倾向的评价

①教育政治化在把握教育总体方向，为教育提供坚实的基础和指导，为国家建设服务等方面起了重要的作用，特别是在义务教育阶段表现尤为突出。但同时也极大地束缚了教育的活力，制约了教育的发展。因为教育发展的趋势应该是多元化的。

②教育市场化对促进办学多元化，增强教育活力和国际竞争力等方面有重要意义，但是由此带来了许多负面的影响，比如许多教育经营者片面追求利益，造成了教育市场的混乱，这些都需要规范。

2. 用教育与社会关系原理，结合现实，说明高等教育与国家竞争力的关系。[北京航空航天大学2005年研]

答:一个国家的竞争力主要包括它的经济、政治和文化竞争力等多方面的内容。国家的竞争力影响着高等教育的发展，但同时高等教育又在国家的生存与发展中发挥着举足轻重的作用，是提升国家竞争力的重要手段。

(1)高等教育和国家经济竞争力的关系

①社会生产力和经济发展水平制约着高等教育的发展

高等教育的发展水平、规模以及结构等最终是受一个国家生产力发展程度和经济发展水平制约的，表现在以下几个方面：

a. 社会生产力是高等教育发展的物质基础。物质基础是高等教育发展的前提条件，同时，生产力的发展和提高，也对教育提出客观要求，其中既有社会方面的，也有个人方面的。

b. 社会生产力对高等教育的培养目标、内容和手段有决定作用。高等教育的根本目的在于培养和造就满足社会发展需要的高素质的人才。培养人才的规格最终是受一个国家的社会生产力水平制约的。同时，生产力的发展促进科学技术的更新，也必然带来高等教育内容和手段的发展完善。

c. 社会生产力决定着高等教育发展的规模和速度。社会生产力的发展速度和水平，决定着培养各种劳动力的数量和质量。高等教育的发展离不开社会的现实条件。社会所能提供的物质基础直接制约着高等教育发展的规模和速度。高等教育发展是无法脱离一个国家的现实的国际竞争力的。

②高等教育对提升国家的经济竞争力有重要作用

a. 高等教育能把可能的劳动力转化为现实的劳动力，是劳动力再生产的重要手段。高等教育为国家提供一支能在科学上有发现、在生产技术上有发明的科学研究和设计队伍，并且这支队伍掌握和运用了先进生产方法。高等教育培养的高级专门人才将直接进入社会的各个领域，在提高国家的劳动生产率和综合国力方面发挥重要作用。

b. 高等教育是科学技术知识再生产的重要手段。高等教育是实现科学知识再生产的重要手段，并且通过教育可以高效能地扩大科学知识的再生产，使科学知识得到普及，先进的生产经验得到推广，从而提高劳动生产效率，促进生产力的发展。特别是在高等教育不断走向普及化、大众化的今天，高等教育在这一方面的作用尤其突出。

c. 高等教育是产生新的科学技术知识的手段。高等教育在传播知识的同时，也发挥着创造、发明、推动科学技术进步的功能。高等教育不仅是教学机构，也是重要的科研和生产单位。教学促进科研、科研提高教学，这使高等教育机构成为出人才、出成果的重要基地。

(2)高等教育和国家政治竞争力的关系

①高等教育的政治基础

a. 社会政治通过政治组织机构或团体，决定着教育的领导权和支配权。一方面掌握政权的阶级，必然掌握着社会物质和精神生产资料，也就掌握着教育的领导权和支配权，使教育为本阶级服务。另一方面，从政治、组织上直接领导控制教育。国家的政治状况和竞争能力制约着高等教育的发展和进步。

b. 社会政治通过法律形式，对高等教育发挥制约作用。一方面通过法律形式争取受教育权利。另一方面掌握政权的阶级，都要充分利用各种法律手段，包括教育立法，控制教育的领导权，确立符合本阶级意志要求的教育制度、教育内容和方法。

c. 社会政治通过对受教育者进行思想政治教育，制约着高等教育的目的和内容。国家通过政治宣传，设置政治理论课、公民课，组织政治活动等形式，直接对高级专门人才的政治立场、世界观、人生观以及道德行为习惯施加影响，从而培养政治统治所需要的人才。

②高等教育对提升国家政治竞争力有重要作用

a. 高等教育通过培养人才为社会政治服务。任何阶级和时代都要通过教育来造就合格的公民和统治人才，从而使受教育者具备阶级或时代所希望的政治立场、政治观点和思想意识。特别是高等教育所造就的人才中一部分要进入社会上层建筑领域，组织管理国家各项事务，这部分人才对社会政治的发展有更为直接的作用。

b. 高等教育对社会政治有制造舆论的功能。一方面高等学府是知识分子和青年学生聚集的地方，师生对社会政治上的各种主张、思潮做出反应，对于进步的符合时代潮流的政治观点和政治变革，进行积极的学习、研究和宣传，扩大其影响，从而促进社会政治进步和变革。另一方面学校教育特别是高等教育对社会政治的决策，即政治路线、方针、政策的确定有咨询作用。

c. 高等教育具有推进社会民主化进程的功能。高等教育逐步走向普及化、大众化、民主化、法治化，这正是社会民主化的重要体现。同时，高等教育还有通过传播民主政治，启发激励人们政治参与意识和能力等功能。高等教育不仅有传播民主政治的功能，而且还具有创造民主政治的机制和作用，是社会民主政治的发源地。

国家法制的健全、民主的普及、思想的统一对于提升国家政治地位、树立良好的国际形象有重要作用，而高等教育在其中发挥着重要影响。

(3)高等教育和国家文化竞争力的关系

①高等教育的社会文化基础

a. 社会文化背景对高等教育有重要影响。一个国家的人民文化水平越高，对教育的需求程度也就会越高，而且文化的社会背景也对学校教育与社会联系发生影响。文化的发展，会加强高等教育和社会生活的联系，从而推动高等教育事业的发展。

b. 民族文化传统对高等教育有重要影响作用。民族文化传统对高等教育传递的具体内容有制约和影响作用。同时民族文化传统的核心即价值观念和取向，将极大影响着人们对现代教育目的的确定、教育地位的认识和教育内容、方法和手段的选择。

②高等教育对提升国家文化竞争力的重要作用

a. 高等教育对社会文化有保存、传递功能。教育对社会文化的保存、传递作用，是通过教育对社会文化的选择、整理过程实现的。这促使人们更好地习得更多的社会文化，促进个体的社会化。

b. 高等教育对社会文化有传播、交流功能。教育尤其是高等教育是文化传播交流的最基本、最有效的途径和手段。民族间文化的传播交流，不仅促进了世界文化的发展，同时也促进了民族文化的繁荣。

c. 高等教育对社会文化有创造、更新的功能。通过高等教育能创造人们的新思想、新观念，形成社会文化；教育通过发展科学技术，为社会创造新的科技成果、发展社会文化；教育为社会文化的发展，提供具有创新精神的各方面人才。

3. 怎样理解教育是一种投资、一种“人力资本”？忽视教育的人力资本意义或仅仅把教育看作人力资本的观念在教育界、社会上有何表现？它们都是对的吗？

答：(1)对教育是一种投资、一种“人力资本”的理解

①人力资本是与物质资本相对应的概念，它是由美国经济学家沃尔什最早应用，进而由舒尔茨首先给予理论阐述而获得特定含义的。

②教育投资的目的乃是为了追求经济方面的收益，无论国家投资教育还是个人投资教育，一切都是以获取经济效益为转移的。

③教育的投资，从主要方面讲，它能够增长一个人的能力，包括知识、技能、文化水平、管理能力等。这种教育的结果，能够促使经济增长，能够对社会提供更多的贡献。因此，教育是使隐藏在人体内的能力增长的一种生产性活动，具有重要的经济价值。

(2)忽视教育的人力资本意义的表现及对错分析

①表现。古代社会教育紧紧依附于宗教和政治，因而教育的文化功能、政治功能便成为学校教育的核心功能，至于生产经验的传承，则仍然在日常生活和劳动中以父传子、师传徒的方式进行，教育的经济功能一直不受重视。

②对错分析。教育能够通过选择、传承与发展生产经验、科学技术与经济管理知识，

培养能够参与各种经济活动的劳动者和专门人才，使社会生产力和经济得到发展。忽视教育的人力资本意义势必影响到生产力的发展和社会的进步，因而是不可取的。

(3)仅仅把教育看作人力资本的表现及对错分析

①表现。教育在当代被人们视为一种投资，一种人力资本，是提高国民收入和个人收入的一个重要因素。教育通过传授生产经验、科学知识，使可能的生产力转变为现实的生产力，使知识形态的生产力转变为直接的生产力，不断推动具有更高效能、更为先进的现代生产技术的采用与推广；教育还通过自身结构的优化，分流培养各层次、各类型劳动者和专门人才，包括经济管理人才，均有助于发挥人的劳动积极性与创造性，显著提高劳动生产率，获得巨大的经济效益。

②对错分析。人们看教育的社会功能，有时只留意它的经济功能，津津乐道“人力资本”理论，这就把教育的社会功能窄化了。事实上，教育的功能对社会的发展而言无处不在，除了经济功能，还有政治功能、生态功能、文化功能和社会流动功能。不难看出，教育使人的价值提升，对我国社会结构的良性演变，对城乡差距、地区差距以及贫富差距的缩小和社会公平的拓展，对人与人、人与自然紧张关系的协调，对和谐社会的建设和完善，都会起到独特的积极作用。人们应当全面发挥教育的功能，促进人的全面发展和社会的全面进步。

因此，忽视教育的人力资本意义或仅仅把教育看作人力资本都是片面的，走极端的，不可取的。我们应该全面看待教育的社会功能，使教育各方面的社会功能得到充分的发挥。

4. 为什么要实现教育公平？用什么标准评价教育公平？请你列举若干你所见到的教育不公平现象，并分析其产生的原因和解决的对策。

答：(1)实现教育公平的原因

教育公平问题日益受到现代社会的普遍关注。新中国成立后，党和国家高度重视教育公平问题，致力于发展面向工农大众的教育和保障老、少、边、穷地区人民子女的受教育权问题。具体来说，实现教育公平的原因如下：

①教育对每个人的发展至关重要。接受教育已经成为现代社会公民的基本权利，这在国家的宪法中一般都有明确的规定。而且，教育关涉到个人能力与素质的提高，每个人所受教育的程度与质量，对他一生的前途都有深远的影响。因此，只有实现教育公平，为每个人提供平等的教育，才不会出现阻碍个人发展的现象。

②教育公平有助于社会的稳定。教育本身就是实现社会公平的重要手段之一。教育能增长人的见识，使人掌握生存的技能和本领，明显改善人的生存状态。通过受教育，能使人改变因为出身不同而形成的差距，增进社会公平，平等地学习，公平地竞争。从而，确保合理的社会流动，有利于维护社会的稳定团结。

总之，教育公平是当前各国努力实现的目标，是有利于个人发展和社会稳定的。只是，在实际操作中，还存在诸多的困难和问题有待进一步解决。

(2)教育公平的评价标准

①受教育机会均等。即入学机会上的公平，如区域间、不同性别间受教育机会的均等，流动人口受教育机会的公平性，高等教育入学机会的均等。

②教育过程公平。指在教育过程中要使每一个学生都能够得到适合于自己身心发展的

教育。诸如教师是否给予家庭背景不同、智力发展水平不同、性别不同的学生以平等地对待等。

③教育结果公平。随着教育普及率的提高，对教育公平的关注集中到结果是否公平上来。结果公平包括不同区域之间教育质量相当，男女学业成绩相当等。

(3)举例

一直以来，我国高校招生时各省区录取分数线不统一，甚至反差很大，造成了教育上的不公平：一方面，某些发达省区分数线非常低；另一方面，考生众多的省区分数线相对偏高。

(4)教育不公平产生的原因

导致教育公平存在问题的原因是多方面的，其中既有教育自身的内部原因也有来自教育系统外部的原因。拟从以下两个方面的原因进行分析：

①教育不公平的外部制约因素分析。教育不公平的外部制约因素包括：二元结构的存在是制约我国教育公平实现的重要因素，以及公共教育政策的偏颇和男尊女卑的观念。

②教育不公平的内部原因分析。教育不公平的内部原因主要有：制度化教育和英才教育的竞争性考试是制约教育公平的"内部障碍"，教师素质状况的不理想也是制约教育公平的内部因素。

(5)促进教育公平实现的对策

增进教育公平的根本途径是要大力发展我国的教育事业，为社会成员创造和提供更多的教育机会，具体对策如下：

①制度创新是实现我国教育公平的根本保障。要实现教育公平必须要对现行的教育制度进行改革。目前我国的教育经费投资制度方面存在的偏差是制约我国教育公平最大的制度障碍。因此建立完善的教育经费转移支付制度和建立合理的教育成本分担制度，是我国实现教育公平的现实选择。

②面向全体学生建立全纳教育体系以扩大教育公平范围。全纳教育理念为我国教育公平的实现提供了一个全新的思路。社会各界要转变观念，提高认识，建立全纳教育体系，重视女童受教育的权利，提高教师素质，确保全纳教育的实施和教育公平的实现。

③提高教师素质构建民主平等的师生关系。教师素质状况不理想是产生教育不公平现象的重要原因，教师的素质主要包括文化知识素质和思想品德素质两个方面。因此，要提高教师的文化知识素质，培育崇高的师德，构建民主平等的师生关系，是实现教育公平的关键。

④构建终身教育体系，走向教育公平。为了建立我国完善的终身教育体系，应当采取以下措施：设立终身教育管理机构，加快终身教育法的制定，拓宽教育经费的筹措渠道，建立开放的教育制度，形成横向联合纵向沟通的终身教育体系，确保教育公平的实现。

通过以上对策的实施，有助于教育公平的实现，确保人人接受平等的教育，为社会的稳定和长足发展提供保障。

5. 什么是人民满意的教育？当前人民对教育的满意度如何？人民对教育不太满意主要表现在哪些方面，原因为何？办好让人民满意的教育应该从哪些方面努力？

答：(1)"什么是人民满意的教育"很难说出一个具体的标准，但就我国当前的实际情况而言，“人民满意的教育”应当有以下几个方面的内涵：

①教育公益程度更高，高阶段教育的普及率更高，义务教育成本更低，广大适龄儿童上得起学，有更多机会接受高阶段的教育。

②最大限度地体现教育公平，教育资源配置合理，区域、城乡间的教育差距大幅度缩小。学前儿童入园难、进城务工人员子女上学难等问题得到解决；农村留守儿童得到全社会关爱，能够获得较好教育并健康成长。

③全面落实素质教育，培养创新型人才，改革教育评价系统，使其能适应经济社会的发展需要。切实减轻课业负担和考试压力，促进学生德智体美劳全面发展。

④教师队伍业务精湛、师德高尚，教学质量有保障；教师经济、社会地位稳步提高，特别要落实农村教师待遇倾斜政策；针对教师职业生涯开展一定时间的培训，实施激励与淘汰制度，稳步提高教师队伍素质，保障教师队伍活力。

⑤职业教育、高等教育、终身教育等教育体系更加完善，形成学习型社会，使每一个人学有所长，能够在社会中获得自身的价值。

(2)据近年来很多单位所做的相关调查显示，人民对教育的满意度指数存在着较大差异：中西部低于东部、农村低于城市，小学低于高中，外省户籍学生低于本省户籍学生，住宿生低于走读生等。以中国教育科学研究院于 2015 年在全国各地开展的面向基础教育满意度调查为例，调查结果显示：基础教育阶段学生和家长的满意度指数为 79. 16 分，教育公平感知指数 76. 34 分，教育质量感知指数 75. 27 分，教育期望指数 76. 68 分。

(3)人民对教育不太满意主要表现在十个方面：①入园难、入园贵问题。②教师素质问题。③中小学生课业负担过重的问题。④城乡教育差距的问题。⑤择校难问题。⑥教育费用负担重的问题。⑦学风不正的问题。⑧高校毕业生就业问题。⑨学生素质问题。⑩考试招生制度改革的问题。

主要原因：目前我国教育上存在的诸多问题与我国现阶段的国情密切相关的，总的来说，是由于我国经济社会发展不平衡，人口多，教育投入相对不足，教育体制僵化，教育观点陈旧，教育评价体系不能适应经济社会发展和需要等多方面的因素造成的。

(4)办好让人民满意的教育应该从以下方面着手：

①国家要坚持教育优先发展的战略，加大对教育的投入，深化教育领域综合改革；各级政府要全面贯彻党的教育方针，从长远着眼，优先解决人民最关心的教育问题，把是否促进当地教育事业的发展作为政绩考察的重要指标，把教育优先发展的战略落到实处，扎扎实实稳步推进，为经济社会的可持续发展在人力资源上打下坚实基础。

②坚持教育的公益性和普惠性，保障人民依法享有平等接受教育的权利，要健全法制保障，强化政府责任，合理配置教育资源，重点向农村、边远、贫困、民族地区倾斜，着力缩小教育发展中的区域差距、城乡差距和义务教育阶段的校际差距。完善家庭经济困难学生资助体系，提高资助水平，积极推动农民工子女平等接受教育。要高度重视和大力支持特殊教育发展。保障所有适龄儿童少年平等接受优质义务教育。健全保障教育公平的规则程序和监管机制，用规范管理维护教育公平。

③全面实施素质教育，坚持以提高质量为核心的教育观，更加注重教育内涵发展；把促进人的全面发展和适应社会需要作为衡量教育质量的根本标准，为每个学生提供适合的

教育，把立德树人作为教育的根本任务，培养学生创新精神。加强教育质量保障体系建设，制定国家教育质量标准，建立健全适应不同类型教育特点和规律、体现德智体美全面发展要求、可衡量、有针对性的教育质量标准体系，形成科学的教育质量评价办法和评价指标体系。

④按照教育规划纲要的部署，通过学历教育和非学历教育协调发展，职业教育和普通教育相互沟通，职前教育与职后教育有效衔接，努力使现代国民教育体系更加完善，终身教育体系基本形成，促进全体人民学有所教、学有所成、学有所用。加快发展继续教育，建立健全继续教育体制机制，统筹扩大继续教育资源，搭建符合中国基本国情的终身学习体系，为实现人人皆学、时时能学、处处可学的目标，创造良好的制度环境。

⑤以改革推动教育发展，以改革提高教育质量，以改革增强教育活力，进一步消除制约教育发展和创新的体制机制障碍，全面形成与社会主义市场经济体制和全面建成小康社会目标相适应的充满活力、富有效率、更加开放、有利于科学发展的教育体制机制。深化教育领域综合改革，要着眼于适应经济社会发展对人才培养的需求，着眼于解决人民群众关心的重点难点问题和突出矛盾。要以人才培养体制改革为核心，系统推进管理体制、办学体制、投入保障机制改革，力争取得新突破。要以教育体制改革试点为突破口，以制度建设为导向，着力完善考试招生制度、现代学校制度、民办教育制度、教育督导制度和绩效评价制度，持续增强教育事业科学发展的制度保障。

6. 当前正处于国际形势大变动、国内社会大转型、教育事业大发展的时期，你作为教师，怎样引导学生应对?

答：进入新世纪新阶段，国际局势发生新的深刻变化，世界多极化和经济全球化的趋势继续在曲折中发展，科技进步日新月异，综合国力竞争日趋激烈，各种思想文化相互激荡，各种矛盾错综复杂，敌对势力对我国实施西化、分化的战略图谋没有改变，我国仍面临发达国家在经济、科技等方面占优势的压力。作为教师，我认为，应引导学生做好各方面的准备，引导和帮助青少年学生健康成长，使他们的德、智、体、美得到全面发展，积极应对日益复杂的国际国内形势和发展迅速的未来。

(1)引导学生牢固掌握基础知识和基本技能

基础知识是指构成各门科学的基本事实及其相应的基本概念、原理和公式等及其系统。它是组成一门学科知识的基本结构，揭示了学科研究对象的规律性，反映了科学文化发展的现代水平。基本技能是指各门学科中最主要、最常用的技能。如语文和外语的阅读、写作技能，数学的运算技能，物理和化学的实验技能等。

(2)引导学生发展智力、体力和创新能力

发展学生的智力、体力和创新能力，不仅是顺利地、高质量地进行教学的必要条件，而且也是培养全面发展的新人的必然要求，也是现代教学的一项十分重要的任务。

①智力是指个人在认识过程中表现出来的认知能力系统。它包括观察力、记忆力、想象力和思维力，其中思维能力是智力的核心。它们均属于一般能力的范畴。人们的智力是先天遗传素质、后天环境与教育影响和个人努力三者相互作用的产物。但对青少年学生来说，教学对他们的智力发展起着主导作用。

②创新能力，对基本任务是学习人类知识的学生来说，主要是指学生能够运用自己已

有的知识和智能去大胆探索、不断发现和掌握尚未知晓的知识的一种创造能力。当然，有时也可以发现新的真知、造出新的独特的具有社会价值的产品。创新能力不仅是智力发展的高级形式，而且也是学生个人的求知欲望、进取心和首创精神、意志力与自我实现决心的体现。只有注意发展性教学，善于启发诱导学生进行思维操作，进行推理、证明，去完成创造性作业，才能培养学生的智力和发展他们的创造才能。

③注重发展学生的体力。教学特别要注意教学卫生，要求学生在坐、立、阅读、书写和其他学习活动中保持正确的姿势，保护学生的视力，防止学生课业负担过重，使学生有规律有节奏地学习与生活，保持旺盛的精力，发展健康的体魄。

(3)培养学生的社会主义品德和审美情趣，奠定学生的科学世界观基础

培养学生的社会主义品德和审美情趣，奠定学生的科学世界观基础，它既是教育的一项重要任务，又是社会主义社会的要求，还是青少年学生自身发展的需要，体现了社会主义教学的性质与方向。青少年学生的品德，审美情趣和世界观正处在急速发展和逐步形成的重要时期，国家与社会都期望他们能具有社会主义的品德、正确的审美情趣和科学的世界观，教学在完成这个任务中起着重要作用。因为学生在教学中进行的学习和开展的交往，就是他们生活中认识世界和进行社会交往的主要部分，他们在生活中认识世界和进行社会交往的过程中，也将提高自己的思想认识、道德修养和审美情趣；他们在班级的集体教学活动中，也要依据一定的规范和要求来调节自己的思想和行为。这都会使他们具有良好的品德、审美情趣和形成科学的世界观。

(4)努力培养学生的社会责任感和奉献精神

要积极开展有益于青少年学生健康成长的科技、文艺和体育等校园文化活动；要有计划地组织学生观看爱国主义和革命传统教育影视作品，参观爱国主义、法制教育基地；深入开展“手拉手互助活动”“学雷锋为人民服务周活动”和“青年志愿者行动”等教育活动。结合本地、本校和班级的实际情况，努力开展和组织学生喜闻乐见并积极参与的各种有益活动。积极创造条件，充分运用现代教育技术手段，开展生动活泼的教育教学活动，努力培养学生的社会责任感和奉献精神。

第4章 教育目的

4.1 复习笔记

【知识框架(庖丁解牛)】

- 教育目的
  - 教育目的概述
    - 教育目的的概念
    - 教育目的的建构
    - 教育目的的价值取向
  - 马克思的人的全面发展学说
    - 内涵
    - 必备的社会条件
    - 现实意义
  - 我国的教育目的
    - 我国教育目的历史沿革
    - 我国教育目的在普通中小学的实现

【考点难点归纳(厚积薄发)】

考点一、教育目的概述

表4-1 教育目的概述

要点	具体内容	
教育目的的概念	广义	人们对受教育者的期望，即人们希望受教育者通过教育在身心诸方面发生什么样的变化，或者产生怎样的结果
	狭义	国家对教育培养什么样人才的总要求，各级各类的学校无论具体培养社会什么领域和什么层次的人才，都必须努力使所有学生都符合国家提出的总要求
教育目的的建构	①反映人的发展规律，遵循人的发展的可能与限定。 ②反映社会发展规律，遵循社会历史条件的可能与限定	
教育目的的价值取向	个人本位	个人价值高于社会价值。代表人物：卢梭、福禄贝尔、裴斯泰洛齐、康德
	社会本位	社会价值高于个人价值。代表人物：托尔普、涂尔干、凯兴斯泰纳、孔德

【习题精选】

“个人本位论”与“社会本位论”之争对于人的培养与成长有何重大意义？

答：“个人本位论”与“社会本位论”之争对于人的培养具有重要意义：

(1)两者之争使人们深刻地认识到，在教育目的价值取向上，如果只强调个人的需求与个性的发展，而一味贬低和反对社会的需要和发展，那是片面的、错误的；如果只是站在社会的立场看教育而完全抹杀了教育在发展和完善个人上的作用，并以此来排斥教育满足个人发展的需要，也是不正确的、必须避免的。

(2)教育既要满足社会发展需要，又要满足个人发展需要，必须坚持以马克思主义关于人的全面发展思想为指导，认识个人发展与社会发展是密切相关的两个方面。

总之，通过“个人本位论”与“社会本位论”之争，能够促进教育理论与实践的发展，有助于人们正确理解教育目的的价值取向，在培养人的过程中，以马克思关于人的全面发展的思想为指导，满足社会发展的需要，又要满足个人发展的需要。

考点二、马克思的人的全面发展学说

表4-2 马克思的人的全面发展学说

要点	具体内容
内涵	①人的全面发展是指人的劳动能力的全面发展。 ②人的全面发展是指人的体力和智力的全面发展。 ③人的全面发展是指人的先天和后天的各种才能、志趣、道德和审美能力的充分发展，即人的个性的自由发展。
必备的社会条件	①市场的扩大和交往的普遍性。 ②大工业的发展使自由时间增多。 ③大工业的发展使新的产业不断兴起，使社会内部的分工不断发生革命，劳动变换加速
现实意义	①确立了科学的人的发展观。 ②指明了人的全面发展的历史必然。 ③为我国教育目的的制定奠定了理论基础

【习题精选】

结合我国社会主义初级阶段社会发展和教育发展的实际，谈谈如何理解马克思主义关于人的全面发展学说的现实意义。

答：人的全面发展是指人的劳动能力，即人的体力和智力的全面、和谐、充分的发展，还包括人的道德的发展。人的发展同其所处的社会生活条件是相联系的，旧式分工造成人的片面发展，机器大工业生产提供人的全面发展的基础和可能，社会主义制度是实现人的全面发展的社会条件。生产劳动同智育和体育相结合，它不仅是提高社会生产的一种方法，而且是造就全面发展的人的唯一方法。

(1)确立了科学的人的发展观。人的全面发展学说把人的发展历史归结为生产方式发展的历史，确定了“人怎样表现自己的生活，他们自己也就怎样”的科学发展观，从而在人的发展问题上提供了一种全新的方法论的指导。

(2)指明了人的全面发展的历史必然。全面发展学说所揭示的人的发展方向，是一种建立在生产发展普遍规律基础之上的自然历史过程。这种发展方向不仅符合人类的利益，而且符合历史发展的客观规律，它的合理性是与它的必然性相一致的。

(3)为我国教育目的的制定奠定了理论基础。正确理解马克思主义的全面发展学说，对于制订我国的教育目的具有非常重要的现实意义，是选择教育目的的理论基础。

考点三、我国的教育目的

表4－3 我国的教育目的

要点	具体内容	
我国教育目的历史沿革	古代	“君子”，学而优则仕
	近现代	①清政府(1906年)：忠君、尊孔、尚公、尚武、尚实。 ②蔡元培(1912年)：公民道德教育、实利主义教育、军国民教育、世界观教育和美育五育并举。 ③国民党(1936年)：发扬民族精神，培养国民道德，训练自治能力，增进生活智能，以造就健全国民。 ④毛泽东(1940年)：民族的、科学的、人民大众的新文化和新教育
	当代	①毛泽东(1957年)：“我们的教育方针，应该使受教育者在德育、智育、体育几方面都得到发展，成为有社会主义觉悟的有文化的劳动者。” ②《中华人民共和国宪法》(1982年)：“国家培养青年、少年、儿童在品德、智力、体质等方面全面发展。” ③邓小平(1983年)：“教育要面向现代化，面向世界，面向未来。” ④《中华人民共和国义务教育法》(1986年)：“义务教育要为提高全民族的素质，培养有理想、有道德、有文化、有纪律的社会主义建设人才奠定基础。” ⑤《中国教育改革和发展纲要》(1993年)：“教育必须为社会主义现代化建设服务，必须与生产劳动相结合，培养德、智、体全面发展的建设者和接班人”。 ⑥《中华人民共和国教育法》(1996年)：“教育必须为社会主义现代化建设服务，必须与生产劳动相结合，培养德、智、体等方面全面发展的社会主义事业的建设者和接班人。” ⑦《关于深化教育改革，全面推进素质教育的决定》(1999年)“实施素质教育，就是全面贯彻党的教育方针，以提高国民素质为根本宗旨，以培养学生的创新精神和实践能力为重点。”
我国教育目的在普通中小学的实现	普通中小学教育的任务	培养全体学生的基本素质，为他们学习做人和进一步接受专业(职业)教育打好基础，为提高民族素质打好基础。
	普通中小学教育的组成部分	德育、智育、体育、美育、综合实践活动

【习题精选】

结合我国基础教育改革与发展的情况，谈谈如何正确理解教育目的价值取向。

答：结合我国基础教育改革与发展的情况，对教育目的价值取向的理解如下：

(1)我国教育目的价值取向的社会依据

教育必须依据社会现实和发展需要来选择和确立教育目的。一是要根据社会关系现实和发展的需要，即生产关系和政治的性质来确定，体现鲜明的阶级性。二是要根据社会生产和科学技术发展的需要，即生产力发展水平来确定。

(2)我国教育目的价值取向的人的依据

教育目的直接指向的对象是受教育者，含有对人的素质发展的要求，这种要求不仅要依据社会现实及其发展来确定，也要依据人的身心发展和需要来确定。如果不考虑这一点，就会导致实际教育活动脱离学生身心发展水平，难以有效地促进学生发展。当前经济一体化、全球化的趋势要求我们积极调整教育目标，建立个开放的、面向世界的教育体系，造就具有新的个性特征的、全面发展的代新人。

(3)人的全面发展学说与当前的“素质教育”实践

人的全面发展学说不仅是我国教育目的的理论基础，也是当前我国教育实践领域正在全面实施的“素质教育”的理论基础。1999年中共中央国务院发布了《中共中央国务院关于深化教育改革全面推行素质教育的决定》。《决定》指出：“实施素质教育，就是全面贯彻党的教育方针，以提高国民素质为根本宗旨，以培养学生的创新精神和实践能力为重点，造就有理想、有道德、有纪律、有文化的德智体美等全面发展的社会主义事业建设名和接班人。”可见，素质教育是依据人的发展和社会发展的实际需要，以全面提高全体国民的基本素质为根本目的，以培养创新能力和实践能力为重点，倡导尊重学生的主体和主动精神，注重开发人的潜能从而形成人的健全个性为根本特征的教育，其精髓就是人的全面发展教育。

4.2 典型题(含考研真题)详解

一、单项选择题

1. 中华人民共和国的教育目的有一以贯之的基本价值取向，在表述上又因应形势需要而有所变化。新时代我国教育目的在于培养(　　)。[统考2020年研]

A. 德智体美几方面都得到发展有社会主义事业觉悟的有文化的劳动者

B. 德智体美等方面全面发展的社会主义事业建设者和接班人

C. 德智体美等全面发展的社会主义事业建设者和接班人

D. 德智体美劳全面发展的社会主义事业建设者和接班人

【答案】D

【解析】2018年9月10日，全国教育大会提出：“坚持中国特色社会主义教育发展道路，坚持社会主义办学方向，立足基本国情，遵循教育规律，坚持改革创新，以凝聚人心、完善人格、开发人力、培育人才、造福人民为工作目标，培养德智体美劳全面发展的社会主义建设者和接班人，加快推进教育现代化、建设教育强国、办好人民满意的教育。”因此新时代我国的教育目的是培养德智体美劳全面发展的社会主义事业建设者和接班人。

2. 我国社会主义教育目的的理论基础是(　　)。[统考2017年研]

A. 社会本位论

B. 个人本位论

C. 国家本位论

D. 人的全面发展理论

【答案】D

【解析】马克思主义阐述了人的全面发展学说，这一学说是我国确立教育目的的理论依据和基础。

3. 小学"1~2年级认识常用汉字1600个左右，其中800个左右会写"，这项要求属于教学目的层级中的(　　)。[统考2016年研]

A. 教育目的　B. 培养目标　C. 课程目标　D. 教学目标

【答案】B

【解析】A项，教育目的是指一定社会对人的培养的总要求，规定培养人的质量规格。B项，培养目标是指各级各类学校对受教育者身心发展所提出的具体要求。C项，课程目标是指课程本身要实现的具体目标和意图。D项，教学目标是指在教学活动中所期待得到的学生的学习结果。题干中对于小学一、二年级的识字要求实际上是语文这一课程需要达到的培养目标，因此答案选B。

4. 美国教育家帕克认为，"一切教育的真正目的，是人，即人的身体、思想和灵魂的和谐发展"这种教育目的是属于(　　)。[统考2014年研]

A. 个体本位论　B. 社会本位论　C. 文化本位论　D. 生活本位论

【答案】A

【解析】个人本位论把满足个人需要视为教育的根本价值。主张包括：①教育目的的根本在于使人的本性、本能得到自然发展。②重视人的价值、个性发展及其需要，把人的个性发展及其需要的满足视为教育的价值所在。③个人价值高于社会价值，社会只有在有助于个人的发展时才有价值，评价教育的价值应当以其对个人发展所起的作用来衡量。因此答案选A。

5. 在教育目的问题上，法国教育家卢梭的主张体现了(　　)。

A. 社会本位的思想　B. 个人本位的思想

C. 社会效率论思想　D. 教育无目的论的思想

【答案】B

【解析】卢梭是个人本位论的代表人物之一，强调尊重和爱护儿童善良的天性，让儿童摆脱社会制度的束缚和社会偏见及恶习的影响，自然地、自由地成长。

6. 教育目的一般由两部分组成，一是就教育所要培养出的人的身心素质做出规定，二是就教育所要培养出的人的(　　)做出规定。

A. 社会价值　B. 个人价值　C. 素质结构　D. 人才规格

【答案】A

【解析】教育目的一般由两部分组成：一是就教育所培养出的人的身心素质做出规定，也就是受教育者应该具备什么样的素质；二是就教育所要培养出的人的社会价值做出规定，即培养出来的人应该为什么样的社会服务，应当符合什么样的阶级利益。其中关于身心素质的规定是教育目的结构的核心部分。

7. 关于教育目的的社会制约性，说法错误的是(　　)。

A. 教育目的是受生产力制约的

B. 教育目的受一定的生产关系和以这种生产关系为基础的政治观点、政治设施的制约

C. 肯定教育目的的社会制约性并不意味着在提出教育目的时无需考虑受教育者的特点

D. 对教育者特点的认识是提出教育目的的必要条件

【答案】D

【解析】教育目的的社会制约性是指社会的生产力、生产关系、政治思想意识、科学文化等，对教育目的的制定都产生一定的影响。具体体现在以下几个方面：①教育目的受生产力制约。②教育目的受一定的生产关系和以生产关系为基础的政治制度、政治观点所制约。D 项，没有体现教育目的的社会制约性。

8. 着眼于受教育者及社会长远发展的要求，以面向全体学生、全面提高学生的基本素质为根本宗旨的教育是(　　)。

A. 创新教育　　B. 素质教育　　C. 义务教育　　D. 全民教育

【答案】B

【解析】国家教委《关于当前积极推进中小学实施素质教育的若干意见》中对素质教育的含义做了明确解释："素质教育是以提高民族素质为宗旨的教育。它是依据《教育法》规定的国家教育方针，着眼于受教育者及社会长远发展的要求，以面向全体学生，全面提高学生的基本素质为根本宗旨，以注重培养受教育者的态度、能力，促进他们在德智体等方面生动、活泼、主动地发展为基本特征的教育。"因此本题选 B。

9. 培养学生的(　　)是素质教育的核心，是知识经济时代教育的主题。

A. 主体意识和实践能力　　B. 主体意识和操作能力

C. 创新意识和动手能力　　D. 创新意识和实践能力

【答案】D

【解析】素质教育要以培养学生的创新精神和实践能力为重点。在重视培养学生创新精神的同时，改变只重书本知识、忽视实践能力培养的现象。因此答案选 D。

二、概念题

1. 教育目的[天津大学 2018 年研；陕西师范大学 2013 年研；上海师范大学 2012、2001 年研；山西师范大学 2012 年研；华中师范大学 2012 年研；山东师范大学 2010 年研；中国传媒大学 2009 年研；北航 2009 年研；华中科技大学 2006 年研；北京师范大学 2005 年研；武汉大学 2005 年研；华东师范大学 2010 研、2004 年研；浙江大学 2003 年研；西南大学 2002 年研；华南师范大学 2002 年研]

答：教育目的是指社会对教育所要造就的社会个体质量规格的设想或规定。教育目的有广义和狭义之分。广义的教育目的是指人们对受教育者的期望，即人们希望受教育者通过教育在身心诸方面发生什么样的变化，或者产生怎样的结果。狭义的教育目的是国家对教育培养什么样人才的总要求，各级各类的学校无论具体培养社会什么领域和什么层次的人才，都必须努力使所有学生都符合国家提出的总要求。历史上教育思想家对教育目的有不同论述，大致可分两类：一是从社会的需要来认定教育目的，为社会本位论；二是从个体发展来确定教育目的，称为个人本位论。教育目的对一切教育工作的意义，决定了教育制度的制定、教育内容的确定、教育和教学方法的运用，无一不受教育目的的制约。教育目的是整个教育工作的方向，是一切教育工作的出发点，教育目的的实现则是教育活动的归宿。

2. 培养目标[东北师范大学2016年研；苏州大学2002年研]

答：培养目标是各级各类学校或专业的具体人才培养要求或培养人才的具体质量规格。它是根据教育目的的要求，从各级各类学校或专业的培养任务出发，针对受教育者身心发展的特点制定的。培养目标是教育目的的具体化，它和教育目的的关系是特殊和普通的关系。不同层次、不同类型的学校的培养目标是不同的。例如，中小学的培养目标就是培养全体学生的基本素质，为他们学习做人和进一步接受专业教育打好基础，为提高民族素质打好基础；职业技术学校的培养目标就是培养有一定专业知识和职业技能的学生，使其能够在以后的职业生涯中有一技之长。

3. 社会本位论[扬州大学2016年研；北京航空航天大学2007年研；中山大学2007年研]

答：社会本位论是主张从社会的角度考虑人和社会的关系，把满足社会的需要当作教育的目的的一种价值取向。其主要代表人物有法国的孔德、涂尔干，德国的那托普和凯兴斯泰纳等。其基本主张是：①教育目的要根据社会需要来确定，个人只是教育加工的原料，其发展必须服从社会发展的需要。②教育目的在于把受教育者培养成符合社会准则的公民，使个人社会化。③社会价值高于个人价值。受具体的社会历史条件的制约，社会本位论看到了社会的作用却忽视了个体的价值，不利于个体主动性和创造性的发挥。

三、辨析题

1. 培养目标是根据教育目的制定的。[统考2008年研]

答：此观点正确，具体分析如下：

(1)教育目的是国家对把受教育者培养成为什么样的人的总的要求，它规定各级各类教育培养人的总的质量规格和标准要求；教育目的是教育活动的出发点和依据，也是教育活动的归宿。

(2)培养目标是结合教育目的、社会要求和受教育者的特点制定的各级各类教育或专业的培养要求，它是教育目的的具体化。

(3)教育目的和培养目标两者之间是一般与特殊的关系。培养目标是教育目的的具体化，培养目标的制定受教育目的的制约，但制定培养目标还要考虑教育对象的特点及特定的社会领域对教育的要求。

2. 教育目的实质上表现为教育功能。[华东师范大学2004年研]

答：此观点是片面的，具体分析如下：

(1)教育目的是指人们在进行教育活动之前，在头脑中预先存在着的教育活动过程结束时所要取得的结果。教育目的带有主观性，它指明教育要达到的标准或要求，说明办教育为的是什么，培养人要达到什么样的规格。

(2)教育功能是教育活动和系统对人的发展和人类社会所产生的各种实际的作用和影响。教育功能是客观的，按作用的对象不同分为影响个体发展的功能和影响社会发展的功能。教育通过促进人的发展，培养社会需要的人才，进而推动社会的发展。因此，现代社会中，促进人的发展成为教育的本体功能，促进社会的发展成为教育的派生功能、工具功能。前者是教育功能的直接结果，后者是教育功能结果的衍生和转化，属于教育功能结果的释放。教育功能的发挥是有条件的。这些条件既表现在教育系统内部，也表现在与教育相连的社会方面；它们既影响着教育功能的形成，也影响着教育功能的释放。因此，要努力创设条件，提高教育功能形成和释放的效益，减少教育功能形成和释放中可能遇到的阻力。

(3)教育目的是人们主观上对教育的期望，而教育功能是教育在实际中产生的客观作用和影响。教育功能会影响教育目的的制定和实现，教育目的的制定和实现以教育功能的发挥为基础。因此，认为教育目的的实质表现为教育功能这种说法是片面的。

四、简答题

简述教育目的的基本精神。[统考 2020 年研；南京师范大学 2014 年研；北京师范大学 2012 年研]

答：目前我国关于教育目的最规范的表述是《中华人民共和国教育法》的规定："教育必须为社会主义现代化建设服务、为人民服务，必须与生产劳动和社会实践相结合，培养德、智、体、美等方面全面发展的社会主义事业的建设者和接班人。"

(1)在教育目的"为谁培养人"的层面上，"社会主义"是我国教育目的的根本性质。这一基本精神，明确了我国教育的社会主义方向，指引着教育为社会主义事业的发展培养造就各方面的人才，即为社会主义的经济建设和社会全面发展培养各级各类人才。我国教育目的所要求培养的人才，都是服务于"社会主义"的"劳动者""建设者"和"接班人"。

(2)从教育目的"培养什么样的人"的层面上，我国人才培养的素质要求就是使受教育者德、智、体、美、劳等方面全面发展，同时，还要注重提高全民族素质。提高全民族的素质，是我国当今社会发展赋予教育的根本宗旨，也是我国当代教育的重要使命。

综上所述，我国教育目的的基本精神在于：培养德、智、体、美、劳全面发展的、具有创新精神、实践能力和独立个性的社会主义现代化需要的各级各类人才。

五、论述题

1. 论述人的全面发展教育及各育之间的关系。[东北师范大学 2012 年研]

相关试题：

①论述全面发展教育各育之间的关系。[东北师范大学 2012 年研]

②什么是个性的全面发展？为什么要培养受教育者的独立个性？[简答题，中山大学 2013 年研]

③根据人的全面理论发展，论述中国学生核心素养的构成。[苏州大学 2018 年研]

答：(1)人的全面发展的含义

人的全面发展是由马克思、恩格斯全面阐述的，他们从现代工业生产的本性对劳动者的要求以及社会向共产主义发展的必然趋势与人的彻底解放之间的内在联系出发，对人的全面发展问题进行了科学的论述。人的全面发展，既意味着劳动者智力和体力的统一发展，达到体力劳动和脑力劳动相结合，同时也包括每个社会成员都能得到自由的、充分的全面发展。全面发展教育是对含有各方面素质培养功能的整体教育的概括，是对为使受教育者多方面得到发展而实施的多种素质培养的教育活动的总称，由多种相互联系而又各具特点的教育组成。

(2)人的全面发展教育的内容

①德育：是向学生传授无产阶级思想和共产主义道德规范、培养学生思想品德的教育。我国中小学的德育包括思想教育、政治教育、道德品质教育和法纪教育。其目的在于：通过中小学阶段的德育，使学生热爱祖国，热爱社会主义，初步树立为人民服务的思想和为实现社会主义现代化而奋斗的志向；具有良好的道德品质和文明行为；具有诚实正直、自尊自强、勤劳勇敢、开拓进取等品质和一定的道德判断能力及自我教育能力；成为有理想、有道德、有文化、有纪律的社会主义公民。

②智育：是教育者以系统的科学知识和技能武装学生，发展学生智力的教育。智育是人类教育中极为重要的组成部分。

③体育：是授予学生体育卫生的知识和技能，使学生增强体质，发展机体素质和运动能力，养成良好的卫生、保健习惯的教育。体育是促进学生全面发展不可缺少的重要条件。身体是人类自身发展的物质前提，它既是智力活动及一切精神生活的基础，更是体力活动不可缺少的条件。青少年有强健的体质和充沛的精力，才能顺利完成学习任务。

④美育：又称审美教育或美感教育，是培养学生正确的审美观点以及感受美、鉴赏美和创造美的能力的教育。美育在人的身心发展中也有重要作用。美育可以促进学生身心各方面得到良好的、和谐的发展，还可以促进学生智力发展，扩大和加深学生对客观现实的认识，它可以给学生的思想施加影响，帮助提高思想觉悟和形成共产主义道德品质，它还可以促进学生身体健康的发展。

⑤劳动技术教育：是向学生传授现代生产劳动知识和生产技能，培养学生正确的劳动观点，养成良好的劳动习惯的教育。劳动技术教育包括劳动教育和生产技术教育两方面，二者之间是有机联系的，劳动教育中应重视生产技术知识和技能的掌握，生产技术教育中应重视劳动观念和劳动习惯的培养。

(3)人的全面发展教育各组成部分之间的关系

社会主义的全面发展教育由德育、智育、体育，美育和劳动技术教育五个部分组成。这是一个全面反映了社会生产发展和社会生活对人才规格需求的教育结构，五个部分的紧密联系与相互作用为全面人格的形成提供了最佳的运行机制。这是因为这五个部分中的任何一育不仅有其特定的任务、内容和功能，而且对其他各育还起着影响、促进的作用。

①德育对其他各育起着保证方向和保持动力的作用，它体现了社会主义教育的无产阶级政治方向；其他各育则为德育的实施提供了条件。任何一种思想品德的形成只有将其寓于各育任务的实施中才有可能。

②智育为其他各育的实施提供了认识基础，成为实施其他各育不可缺少的手段。

③体育是实施各育的物质保证，没有健康的身体保证，任何一育的任务都不可能顺利完成。

④美育和劳动技术教育是德、智、体的具体运用和实施。正确的审美观点反映了一个人的知识水平，又体现着一个人的思想素质状况。

⑤劳动技术教育更离不开必需的知识基础和技能，离不开良好的思想品德修养。

因此，德育、智育、体育、美育和劳动技术教育是密切联系的，它们互为条件、互相促进、相辅相成，构成统一的整体，从各个方面保证教育目的的实现。

(4)当前教育实践在促进人的全面发展方面存在的问题

①以科学世界取代生活世界。受主知主义的影响，重视科学教育，重视智育多于其他四育，甚至取消了其他四育，以智育完全代替。科学世界是教育不可回避的，但是现有的教育只重视科学世界，脱离了学生生活世界中的生存状况和生活方式，不能充分发挥其效能。

②二元对立的师生关系。师生关系是教育活动的表现形式，教育活动存在于师生关系之中。二元对立的师生关系使师生成为互相利用、互相占有、互相控制的对象，不利于师生互动与师生之间的合作，会影响全面发展的教育任务的完成。

③专制式的课堂管理。全面发展教育的课堂教学应该是宽容的课堂管理，应该蕴藏民主精神和人情味。但是，专制式的课堂教学和课堂管理倾向使学生处于被动地位，学生没有自主性，即失去了全面发展教育的前提，使得全面发展的教育成为空想。

④千篇一律的毫无个性的课堂教学。全面发展的教育要求从学生的生命多样性和灵活性出发，提倡个性化教学，但是实践中课堂教学模式化、程式化和机械化必将导致学生个性的丧失，也更谈不上全面发展教育了。

2. 结合中小学实际，分析在实现教育目的的过程中还存在哪些问题及应采取的对策。

答：(1)中小学在实现教育目的过程中存在的问题

①教师的整体水平有待提高。目前，我国中小学教师整体素质水平还不够高。在教学中教师“满堂灌”“填鸭式”“注入式”的陈旧教学方法还没有得到彻底改变。同时，大多数教师已认识到了素质教育的重要性，但究竟应当如何成功地开展素质教育，可供借鉴的成熟经验还不多，缺乏对素质教育理论的系统把握。因此，素质教育在一些教育工作者心目中难以形成科学、准确、全面的理解。

②应试教育仍有很大的生存空间。目前，素质教育在社会教育环境中，并未真正成为主流，应试教育的观念和“学而优则仕”的思想，仍严重影响着教育目的的实现。同时，在家庭教育中，“望子成龙”和功利思想仍然严重存在，考试成绩不仅仅是学校对学生的基本评价手段，而且更是成为许多家长评价孩子的唯一参照。

③对教育目的的理解存在偏差。目前很多教师、家长甚至学校领导者对素质教育存在某些误解，以至于在实施过程中造成一些偏差。一些教师、家长认为搞素质教育让学生没法好好学习科学文化知识，只是发展学生的一些特长，学一些“旁门左道”的技艺；有的家长认为素质教育就是让学生各个方面一起发展，于是强迫孩子参加各种课外辅导班，使孩子不堪重负。

④对知识、能力、素质的认识上存在偏差。在实现教育目的的过程中，目前存在着对知识、能力、素质之间的关系认识不清的问题，少数人甚至用能力代替素质，用素质否定知识，走到了另一个极端。

(2)解决中小学在实现教育目的过程中存在问题的对策

①全面提高教师素质，建设一支高水平的教师队伍。高素质人才的培养取决于一支高素质教师队伍的建立。要全面顺利的实现素质教育的目的，必须加强师资培养，不断提高

教师职业道德和业务能力，转换教师职能，真正完成教师由“教书匠”向“专家学者型”的转化，建设一支政治素质高、业务能力强、具备现代化科学技术知识，能熟练掌握运用现代教育手段，大胆创新，充满生气和活力的教师队伍。

②要真正改变旧的教学模式，采用有利于培养学生素质的教学模式。教学中要真正实现从“教师本位”向“以学生为主体”的转变；积极实行启发式和讨论式教学，激发学生独立思考的创新的意识；唤醒学生的主体意识，调动其学习的积极性，使受教育者成为自己教育自己的主体，切实提高教学质量，提高学生素质，实现教育目的。

③建立多元化的学生学业评价系统。要彻底动摇应试教育在人们心目中的地位，就必须改革现有的单一化的学生学业评价系统，要改革以考试来作为评价学生学业成绩主要途径的评价方式，适当增加其他方面的评价指标，构建多元化的学生学业的评价系统。

④加强对素质教育的宣传。要纠正人们对教育目的和对知识、能力、素质的认识上存在的偏差，必须加强对素质教育的宣传，要使广大的教育工作者和家长正确认识素质教育，厘清各种概念的区别，从而保证他们对素质教育的支持和落实，最终保证教育目的的实现。

总之，中小学是实施素质教育、实现教育目的的基础教育阶段，全社会都要高度重视和支持中小学生的素质教育工作。学校、社会和家庭要通过共同努力，使学生在德、智、体、美等方面实现全面发展，进一步促进教育目的的实现。

第5章　教育制度

5.1　复习笔记

【知识框架(庖丁解牛)】

- 教育制度
  - 教育制度概述
    - 教育制度的概念
    - 特点
    - 制约因素
  - 现代学校教育制度
    - 学校教育制度的概念
    - 类型
    - 变革趋势
  - 我国的学校教育制度
    - 我国学校教育制度的演变
    - 现行学制
    - 学制改革要求

【考点难点归纳(厚积薄发)】

考点一、教育制度概述

表5-1　教育制度概述

要点	具体内容
教育制度的概念	一个国家各种教育机构和教育规范系统的总和，包括教育制度环境和教育制度安排
特点	客观性、规范性、历史性、强制性
制约因素	经济、政治、文化

考点二、现代学校教育制度

表5-2　现代学校教育制度

<table>
<tr><th>要点</th><th colspan="2">具体内容</th></tr>
<tr><td>学校教育制度的概念</td><td colspan="2">简称学制，是一个国家各级各类学校的总体系，具体规定各级各类学校的性质、任务、目的、要求、入学条件、学制年限及它们之间的相互关系</td></tr>
<tr><td>类型</td><td>双轨学制</td><td>①结构
a. 一轨自上而下：一般由大学和中学构成(中学以前在家庭接受教育或者上中学预备班)。先有大学，中学实际上是大学的预备学校。
b. 一轨从下而上：一般由小学(实施初等教育)和中学(实施职业技术教育)构成。
②特点：两轨分立并存、互不关联。
③代表：英、法、德等西欧国家</td></tr>
</table>

续表

要点	具体内容	
类型	单轨学制	①结构：由小学、中学、大学构成自下而上的体系。艺术教育、体育教育等独立于这个体系之外。 ②特点：各级学校形成一个系列、多种分段，即六三三、八四、六六、四四四等多种模式。 ③代表：美国
	分支型学制	①结构：在初等教育阶段和中等教育阶段由单一的学校系统构成，此后(初中或高中)开始分化，多种学校系统(职业学校、专业学校、大学)与之衔接。 ②特点：上通(高等学校)下达(初等学校)，左(中等专业学校)右(中等职业学校)互连。 ③代表：前苏联
变革趋势	①双轨制向单轨制和分支型发展。 ②幼儿教育列入学制。 ③义务教育上延至高中。 ④中小学被单轨学制所统一。 ⑤职业教育移向高中后。 ⑥高等教育向多层次(专、本、硕、博)和多类型(学术型、专业型、职业型)发展	

【习题精选】

现代学制有哪些类型？我国现行学制主要属于哪种类型？

答：(1)现代学校教育制度的类型

主要有双轨学制、单轨学制、分支型三种类型。

(2)我国现行学制的内容

从形态上看，我国现行学制是从单轨学制发展而来的分支型学制。包括以下几个层次的教育：

①学前教育：主要是幼儿园，招收3~6、7岁的幼儿。

②初等教育：主要是全日制小学教育，招收6、7岁儿童入学，学制为5~6年。在成人教育方面，有成人初等业余教育。

③中等教育：主要是全日制普通中学、各类中等职业学校和业余中学。全日制中学修业年限为6年，初中3年，高中3年，职业高中2~3年，中等专业学校3~4年，技工学校2~3年。属成人教育的各类业余中学，修业年限适当延长。

④高等教育：主要是专科学校、专门学院、全日制大学、研究生院和各种形式的业余大学。高等学校招收高中毕业生和同等学力者。专科学校修业为2~3年。大学和专门学院为4~5年。业余大学修业年限适当延长，条件较好的大学、专门学院和科学研究机关设立研究生教育机构。在职研究生修业年限适当延长，完成学业者也可获相应学位。

总体而言，我国现行的学制在小学、初中阶段比较统一，到高中及以后的教育阶段，开始分支，形成不同的教育类型。同时，我国还要对学制进行一些改革，包括通过发展基础教育后的职业教育走向分支型学制，通过高中综合化走向单轨学制。

考点三、我国的学校教育制度

表5-3 我国的学校教育制度

要点		具体内容
我国学校教育制度的演变	引入	①1902年，壬寅学制，即《钦定学堂章程》，第一个现代学制，但未实施。 ②1904年，癸卯学制，即《奏定学堂章程》，第一个正式实施的现代学制。 ③1922年，壬戌学制，北洋政府效法美国实施六(小学)三(初中)三(高中)学制
	发展	①1951年，《关于改革学制的决定》，实施幼儿教育、初等教育(小学、工农速成初等学校、业余初等学校、识字学校)、中等教育(初高两级中学、工农速成中学、业余中学、技术师范医药等中等专业学校)、高等教育(专科学校、专门学院、大学)。 ②1976年，学制系统恢复重建
现行学制		1995年，《中华人民共和国教育法》，实施学前教育(幼儿园)、初等教育(全日制小学教育、成人业余初等教育)、中等教育(全日制普通中学、各类中等职业学校和业余中学)、高等教育(专科学校、专门学院、全日制大学、研究生院、业余大学)
学制改革要求		基本普及学前教育、均衡发展义务教育、努力普及高中阶段教育、大力发展高等教育

【习题精选】

现代学制的变革有哪些趋势？根据我国实际，参照现代学制变革的趋势，你认为我国的现行学制需要怎样进一步改革？

答：(1)现代学校教育制度变革的趋势

①义务教育年限的延长

自19世纪中后期，德国、法国、美国等发达国家相继颁布了初等教育的义务教育法以后，义务教育由最初的4~6年逐步延长至9年，更有一些国家将义务教育延长至高中阶段。义务教育的发展水平已逐渐成为衡量一个国家文明程度的标志之一。

②普通教育与职业教育的综合化

普通教育是以升学为主要目标、以基础知识为主要教学内容的教育；职业教育是以就业为主要目标、以从事某种职业或生产劳动所需要的知识和技能为主要教学内容的教育。二战以后，各国在增加综合中学比例的同时，还重视职业教育与普通教育的相互渗透。如在普通中学增加职业性课程，为普通中学毕业生做些就业准备，在职业教育中增加普通教育课程，提高职业教育水平，增加学生的适应能力。普通教育和职业教育正朝着综合统一的方向发展，呈现出普通教育职业化、职业教育普通化的趋势。

③高等教育的大众化

据联合国教科文组织的统计，1985~1997年高等教育的毛入学率，世界平均从12.9%上升到17.4%，发展中国家从6.5%上升到10.3%，而发达国家已从39.3%快速上升到61.1%，高等教育以前所未有的速度发展，从精英教育走向大众化阶段。世界各国也逐渐形成共识：高等教育已经成为表征国家实力和社会总体发展水平的标志之。

④终身教育体系的建构

终身教育的观念和理论是二战后在成人教育的经验基础上形成的。自从法国成人教育家保罗·朗格郎的《终身教育导论》(1970)问世以来，终身教育在国际上产生了广泛的影响。1972年联合国教科文组织出版了《学会生存》，从此终身教育在整个世界范围尤其是发达国家，成为改革成人教育和学校教育并使之一体化的基本指导理论，许多国家均致力于构建能够满足公民在任何情况下都可以自由学习的终身教育体系。相对于传统的阶段性教育(重视和强调学校教育)来说，终身教育思想主张教育在时间上贯穿人的一生，在空间上打通学校与社会、家庭的阻隔，拓展到全社会。

(2)我国现行学制需要进行的改革

根据我国教育改革的实际情况以及社会主义现代化建设发展的需要，我国现行学制还要进行如下改革：

①基本普及学前教育

近年来我国学前教育发展较快，有结束期提前、由高班到低班逐步普及、使学前教育与小学低年级教育加强联系和衔接的趋势，但应注意我国国情，要量力而行。

②均衡发展义务教育

我国实行九年义务教育制度，这对于人的发展、教育发展和社会发展都具有重大意义。到2008年底，我国不仅实现了义务教育的全面普及，而且实现了义务教育的全面免费，这是我国普及义务教育的伟大成就。但也存在不少问题：如何巩固普及义务教育的成果，如何提高义务教育阶段的教师素质和教育质量等。

③努力普及高中阶段教育

为了适应青年的方向选择和满足社会的需要，高中阶段的学制应该多样化。另外，应当扩大普通高中在高中阶段所占的比例，以满足我国近年来高等学校不断扩大招生的需要。而对没有考取高等学校的学生，则应给予或长或短的职业培训，以使他们能顺利地走向社会。

④大力发展高等教育

大力发展高等教育要促进高等教育的开放发展。高等教育开放和大众化的重要特点是：开放大学，特别是短期大学和社区学院越来越多。高等教育走向开放和大众化主要表现在三个方面：一是高等教育的多层次；二是高等教育的多类型；三是高等教育向在职人员开放。

5.2 典型题(含考研真题)详解

一、单项选择题

1. 我国现行学制是(　　)。[统考2014年研]

A. 单轨制　　B. 双轨制　　C. 三轨制　　D. 分支型学制

【答案】D

【解析】分支型学制是由前苏联建立的一种学制形成，介于双轨学制与单轨学制之间的学制结构，中国现行学制即属于此类。因此答案选D。

2. 教育制度的核心部分是(　　)。

A. 教育管理制度　　B. 国民教育制度　　C. 义务教育制度　　D. 学校教育制度

【答案】D

【解析】学校教育制度是教育制度的核心部分，是国民教育制度中最重要的组成部分，体现了一个国家国民教育制度的实质。

3. 在不同的政治经济制度下，学制在很多方面存在共同特点，如入学年龄，大、中、小学阶段的划分，在很多国家都是一致的。这是因为，学制的建立要受(　　)。

A. 社会政治经济制度的影响　　B. 生产力水平和科学技术状况的影响

C. 青少年身心发展规律的影响　　D. 本国学制的历史发展和国外学制的影响

【答案】C

【解析】人的身心发展规律制约着教育制度纵向学段的划分及其培养目标的确定，因此，不同国家、不同政治经济制度下的学段划分具有一致性，都遵循了个体身心发展规律。

4. 小明的爷爷当年就读于半工半读学校，半天读书，半天劳动，既学到了系统的文化知识，又掌握了劳动技能。他接受的教育属于(　　)。

A. 正规教育　　B. 半正规教育　　C. 非正规教育　　D. 业余教育

【答案】A

【解析】正规教育主要指学校教育，是学生在有组织的教育机构中所受到的教育。半工半读属于正规教育。

5. 由传统教育向终身教育发展的一种新型教育制度是(　　)。

A. 基础教育　　B. 职业技术教育　　C. 高等教育　　D. 成人教育

【答案】D

【解析】成人教育原兴于欧美。《不列颠百科全书》中对成人教育的定义是：为年龄已达到足以工作、投票、战斗、结婚的人及已经完成了在儿童时期开始的连续教育学习阶段的人们所设的一切种类的教育。由此可见，成人教育是一种由传统教育向终身教育发展的一种新型教育制度。

6. 下列选项中，对现代学校教育制度改革的趋势表述不正确的是(　　)。

A. 大力发展学前教育　　B. 切实普及义务教育

C. 继续调整中等教育结构　　D. 大力发展高等教育

【答案】A

【解析】现代学校教育制度改革的趋势主要包括：①加强学前教育及其与小学教育衔接。②提早入学年龄，延长义务教育年限。③普通教育和职业教育朝着综合统一的方向发展。④高等教育的类型日益多样化。⑤终身教育受到普遍重视。A项，不属于改革趋势。

7. 我国第一个在全国颁布实施的现代学制是(　　)。

A. 癸卯学制　　B. 壬子-癸丑学制

C. 壬戌学制　　D. 1951年学制

【答案】A

【解析】1904年初，我国颁布了《奏定学堂章程》，又称“癸卯学制”，这是我国正式实施的第一个学制。这个学制的指导思想是“中学为体，西学为用”。

二、概念题

1. 学制[杭州师范大学2018年研；江西师范大学2013年研；陕西师范大学2012年研；北京航空航天大学2009年研；武汉大学2004年研；东北大学2004年研；北京师范大学2003年研；中山大学2003年研；华东师范大学2003年研；上海师范大学2002年研；浙江大学2001年研]

答：学制，是学校教育制度的简称，是指一个国家各级各类学校的体系。学制规定各级各类学校的性质、任务、入学条件、修业年限以及它们之间的衔接和关系。不同历史时期和不同的国家形成了不同的学校教育制度：按教育程度来划分，有幼儿教育、初等教育、中等教育、高等教育机构；按教育类型划分，有普通教育、专业教育等教育机构；按受教育的时间来划分，有全日制、半日制、业余教育等机构；按主要教育手段和场所划分，有面授、函授、巡回、广播、电视等教育机构；按教育对象的年龄划分，有学龄期教育、成人教育机构；按主办单位划分，有国家办、地方办、企事业办和私人办的教育机构，组成了一个纵横交叉的学校教育网。学制是整个教育制度的主体，它的建立首先取决于社会生产力发展的水平和科学技术发展的状况；学制的建立又受社会制度的制约，反映一个国家教育方针的要求；学制的建立还要依据青少年儿童的年龄特征；并且要吸取原有学制中有用的部分，参照外国学制的经验。

2. 义务教育[杭州师范大学2018年研；东北师范大学2013、2012年研；首都师范大学2011年研；北京航空航天大学2005年研]

答：义务教育是指根据国家法律规定对适龄儿童实施的一定年限的普及的、强迫的、免费的学校教育。这种教育要求社会、学校和家庭予以保证，对儿童既是应享受的权利，又是应尽的义务。义务教育产生于16世纪欧洲宗教改革运动中，实行义务教育是现代社会生产和现代社会生活发展的必然要求，也是现代文明的一个重要标志。其特点包括：①义务教育具有免费性，是指国家对接受义务教育的学生免除其全部或大部分的费用，这是世界各国实施义务教育的共同点。②义务教育具有平等性，是指所有适龄儿童都有接受义务教育的权利。③义务教育具有强制性，是指接受义务教育是对国家应尽的义务。我国实行的义务教育分初等教育(小学)和初级中等教育(初中)两个阶段，义务教育的学制主要有“六三”制、“五四”制和“九年一贯制”等。

三、简答题

1. 简述制定学校教育制度的依据。[陕西师范大学2015年研；西北师范大学2012年研]

答：学校教育制度是指一个国家各级各类学校的系统，它规定各级各类学校的性质、任务、入学条件、修业年限以及它们之间的关系。一般而言，学校教育制度的制定依据主要有以下几个方面：

(1)社会政治经济制度

现代学校教育与国家政权有着紧密的联系，学校教育制度总是为一定的政治经济制度所制约并为之服务。不同的政治经济制度确定了不同国家和不同历史时期学校制度的特色。社会政治经济制度划分了不同的社会阶级和等级，居于权力中心和具有经济优势的阶级和阶层更能够享受到更多的教育，他们在入学、求学过程和进入社会的各个环节都比弱势群体更加具有优势，因此，奴隶社会、封建社会、资本主义社会的教育制度同样地体现了明显的等级差别和阶级压迫。

(2)生产力发展水平状况

学校教育制度还在一定程度上为社会生产力和科学技术发展水平所制约。从历史发展的过程看，生产力发展明显地影响着学生的修业年限、学生入学机会、学校的结构和规模、师资、设备和教材等。从世界历史发展看，在欧洲文艺复兴前，自然科学的各部分，也还没有从哲学中分化出来，当然也就不可能出现如煤炭、电力、冶金、机械、航空等专业学校。到了资本主义社会，工人、劳动人民开始享有一定的受教育的权利，他们的教育被纳入学校教育制度之中，这主要是由机器大生产的需要和它所提供的可能性所决定的。生产力的发展还要求培养各种专门人才，在学校教育系统中就出现了各种专业学校。

(3)教育对象的身心发展特点

不同的政治经济制度和生产力发展水平决定着学制的变化，而作为学校教育活动中重要主体的受教育对象的身心发展特点对于学制的决定作用具有明显的恒定性。人从初生婴儿到成长为成熟青年，经历了不同年龄的发展阶段。这些阶段是互相连续的，同时又是互相区别的。一个阶段接着一个阶段，新的阶段代替旧的阶段。人的身心发展的这种客观规律便成为制定学制的重要依据。

(4)历史经验的继承与发展

制度同一般的实践活动并不相同，它是在人们对实践活动的价值获得认识后，对未来实践活动的方向所进行的建议或规定。从表现上看，学制总是在不断地发展变化，总是在被不断地修改以适应发展变化的情况，但是这种修改总是以一定的现实条件为基础，任何国家学制的发展和革新必须立足于本国的历史。同时，学制的制定还可参照外国学制的经验。

2. 简述教育制度的阶级性。[西南师范大学2003年研]

答：教育制度是指一个国家各种教育机构和教育规范系统的总和。它包括教育制度环境和教育制度安排两方面。在阶级社会里面，教育制度具有阶级性。

(1)从教育制度制定的过程来看，任何教育制度都是其制定者根据一定的需要制定的，它有一定的取向性。任何教育制度的制定和变革都可以说是对教育取向的一种选择。在阶级社会中，教育制度的取向性主要表现为阶级性，即教育制度总是体现着某一阶级的价值取向，总是为某一阶级的利益服务。否认教育制度的取向性，把某种教育制度宣传为公平地为所有人提供教育服务的做法是自欺欺人的。

(2)从制定教育制度的依据来看，教育制度受政治经济制度的制约。教育制度是由各国的政权机关制定和颁布的，因而它总是直接地反映各国统治阶级的利益和要求，反映各国的政治经济制度。在阶级社会里，由于存在着阶级的对立，在教育制度上也必然会反映出阶级的差别，具有鲜明的阶级性。

(3)作为社会主义国家，我国的教育制度是广大劳动人民意志的体现，是为社会主义现代化建设服务的。各类教育活动的实施以及各级各类学校的建立，是真正为了提高全体社会成员的科学文化、思想品德和健康水平，为发展社会生产力，为维护和发展社会主义制度服务。

3. 为什么终身教育会成为现代教育制度的发展方向？怎样才能朝着终身教育的方向发展？

答：(1)终身教育成为现代教育制度发展方向的原因

自20世纪60年代以来，终身教育作为一种最有影响的教育思潮引起世界各国的注意，并成为现代教育制度发展的方向，其原因具体如下：

①社会发展的需要。随着科技的进步和社会的飞速发展，仅局限于学校的教育，不能满足个人适应社会以及工作与职业的需要，因此，需扩展教育的范围，使其延续到人的一生。

②个人持续发展的需要。除了人的工作和职业需要之外，终身教育还重视铸造人格、发展个性、使每个人的潜在才干和能力得到充分的发展，所以要将其列入人的持续协调发展条件并加以设计。

总之，社会的发展呼唤终身教育，同时为终身教育的蓬勃发展创造了一个良好的机遇。而终身教育是提高人的能力、提升人的价值的主要途径。因此，终身教育逐渐成为现代教育制度发展的方向，引领各国教育的发展。

(2)使教育制度朝着终身教育的方向发展的策略

终身教育的发展目标是适应社会发展和时代发展要求的，我国的国情决定我国的教育制度也需要向着终身教育的方向发展，具体策略如下：

①更新教育观念是发展终身教育的前提。要用终身教育思想取代传统教育观念，必须明确真正符合现代社会需要的教育已不再能参照生活的一个具体阶段，今后，人们整个一生都是学习的时间，一生所学的每一类知识都会影响和丰富其他知识。

②建立开放的教育体制是发展终身教育的基础。要实现由封闭式办学体制向开放式办学体制转变，逐步建立高校与企业、部门双向互动、双向参与的开放型办学体制。还要形成开放的入学制度，授课时间和授课形式要灵活，放宽对学习者的年龄限制等。

③成人教育是终身教育的重要保证。成人教育制度的形成是推动整个教育制度变革和发展的重要力量。国家应加大对成人教育的投入，把开发人的能力和潜力作为其基本任务，最终实现学习社会化，这与终身教育的目的是一致的。

④终身学习是实现终身教育的主要方法。随着“学习即生活”观念的不断深入，终身学习将成为现代人的一种基本生活形态。要用终身教育思想改革现有的教育体制结构和课程体系，建立起开放性的教育体制，使正规教育和非正规教育相互沟通。

总之，终身教育反映了教育适应现代社会迅速变革的要求，是对教育规律进一步深入认识的产物。在我国，终身教育已从概念阶段走向实践阶段，建立终身教育体系已成为我国教育改革和发展的重要目标，终身教育体系的建立有利于提高全民族科学文化素质，推动现代化建设的进程。

四、论述题

1. 试从教育评价的角度分析我国目前的高考制度的优缺点，并提出改进的办法。［中山大学2007年研］

答：(1)从教育评价的角度分析我国目前的高考制度的优缺点

①我国目前高考制度的优点：我国的高考制度自1977年恢复以来，作为我国选拔人才的规模最大、等级最高，也相对最为严肃、最为公正的考试，高考为高校、为社会输送了数以亿计的人才，推动了社会的发展和进步。公正客观地讲，高考制度是现在唯一的、最公正的、又适合我国国情的选拔制度，要彻底取消高考制度是不可能的事。而且它的公正性、严肃性，也早就为社会各界所公认。高考制度最大的优点就是相对公平，即以考生的分数而不是考生的家庭出身、血统、背景、关系、金钱等作为录取标准。

②我国目前高考制度的缺点：

a. 我国的人才选拔制度单一，造成高考制度的不堪重负和应试的火热。目前我国高等学校选拔人才的主要方法就是高考。任何一种选拔制度都有弱点，高考也不例外。高考主要是通过笔试的方式依照分数的高低来选拔人才，这就必定有其局限性，不能对人才有全面的测试。

b. 我国目前的高考观片面地夸大了其选拔功能，高考成了争取高等教育这一社会资源的工具。以升学为直接目标、迷信甚至崇拜升学率的高考工具主义在学校和社会得以泛滥，最终导致中等教育走上"应试"之路。因此，作为一种检测和评价手段，高考"为考而考"，误解了对于教育、对于人的发展的本来使命。由于过分强调高考的选拔性，而高考又作为当前通往大学教育的唯一途径，高考成了一切教育教学的指挥棒。由于高等教育资源仍属社会稀缺资源，且现行高校招生考试制度又具有"一考定终身"的特征，高考竞争的激烈程度不言而喻。在这种招考体制下，教育评价、学校评估等也受到"高考指挥棒"的左右，升学率、考生本科上线比重、重点本科上线比重等成为硬性评价指标。

c. 现有的高考录取制度"以考为纲"，高考成了高校招生选拔的唯一途径。而高考又"以分为纲"，实行"一考定终身"，兵败"独木桥"下的不乏众多优秀学生，甚至是"天才"学生，以及一批"偏才""怪才"，高考一役使他们丧失了接受大学教育的机会。这与科学考核观下的综合性、全面性与经常性原则是相悖的。

(2)改进办法

①改革高考内容，这是高考改革的重点。现有的高考内容不仅远离素质教育的要求，而且与现有的教育课程体系也是脱轨的。由于片面强调考试的选拔性，高考内容力求"繁、难、偏、怪"，以"考倒"考生为宗旨，认为这样的考试才能选拔出优秀人才。殊不知在这样的高考观与应试观下的考生成了考试的机器，赢得了高分，却丧失了探索的精神、创新的能力，得不偿失。因此，在高考改革中，考试内容要与素质教育的理念相吻合，与基础教育内容相衔接，与创新精神、实践能力的培养目标相对接。在内容设置上体现出不同学科知识的互补性，考查学生的知识结构；增大以现实生活为背景的应用问题测验，以考查学生对实际问题的分析与解决能力；适当降低难度，而适度拓宽考查知识点的广博度；增设不同学科、不同角度、不同性质的自选题目，以检测学生的学习兴趣及其水平，尤其是考查学生在相关领域的发展潜力。

②实行分层、分类考试。教育系统内部具有层次性、多样性，不同类型与层次的院校对于生源的要求也是不同的。高考分层、分类，主要是指职业类院校系统与普通院校系统根据培养目标和对生源的不同要求设置不同的考试标准和考试内容。在职业类院校系统中，

实行基本知识考核，重在实践操作的考察。在普通院校内部，按照培养规格实行分层，首先是普通水平考试，通过考试者具有相当于现行高考第二、三批录取考生的水平，他们具有进入大专和一般地方性院校学习的资格；其次是选拔性考试，即通过普通水平考试者根据自己的实力参加第二次考试，成绩优秀者可进入重点院校学习。同时，专业化程度较高的院校可以单独举行考试等。分层分类考试有利于中学因材施教以照顾到不同学生的兴趣、志向和发展的适应度；有利于中学多样化课程体系的开发和增强评价体系的自由度。

③高校录取标准实行多样化，与自主招生相结合。我国现行的高等教育录取标准是极其单一的，即高考作为大学招生录取的唯一途径。“一考定终身”不仅有违个体发展与教育的内在规律，而且极不利于社会资源的公平分配。我国高考改革应该适当降低高考成绩在大学招生录取中的权重，实行高考成绩、专长证明、社会实践与课外活动情况、学校推荐信函以及个人申请等多重标准共同发挥效应的招录制度。目前，我国积极试行高校自主招生改革，使一批“偏才”“怪才”凭借在某个领域的特长获得了接受大学教育的机会，就很好地体现了招生录取标准多样化的精神。多样化的录取标准与教育评价的目标及课程实施是相适应的，有利于学生自由发展和挖掘学生潜力，体现了对不同发展类型学生的公平。

④高考与经常性考核相结合。教育目标的实现不是一蹴而就的，教育对个体素质的塑造也是循序渐进的。“百年树人”的道理就体现在此。所以，任何一次独立的教育考核都不应该以定性的方式对学生做出结论，而是要在“经常性”原则指导下综合评定学生的一贯表现成绩。目前的招生录取制度仅仅将一次性的高考成绩作为大学的准入标准，显然是有失公平的。经常性原则下招生录取制度不应只看一次高考成绩，还应关注考生在前期教育阶段的综合表现，包括历次测验成绩、学习进步情况、学习的规划性、选修课程的目的性等。尤其是学生学习状态的稳定性和学习进步情况，因为两者能更好地说明学生的发展潜力。

总之，上述改进办法的提出，有利于我国在全面性、综合性和经常性原则的指导下加快高考制度改革的步伐，建立科学化的高考制度。

2. 联系当地实际，分析我国全面普及九年义务教育中存在的问题及其对策。

答：义务教育是依照法律规定，适龄儿童和少年必须接受，国家、社会、家庭必须予以保证的国民教育。目前，我国普及义务教育取得了很大成绩，但也存在一些问题，具体分析如下：

(1)我国普及九年义务教育中存在的主要问题

①义务教育在不同地区发展不平衡，区域差异、城乡差异明显。虽然在近年来各地经济社会以及教育事业的快速发展过程中，各地义务教育事业都有了普遍的提高和发展，但发展的差异性却进一步凸现，使得义务教育在区域之间、城乡之间、学校之间本来就存在的差距在新的形势下又有进一步拉大的趋势，突出地表现在办学条件、经费投入、师资水平和教育质量等方面。

②教育投入总量不足，义务教育资金短缺。虽然大多数地区在教育经费的投入上实现了“两个增长”，但是由于教育经费内部分配不合理，义务教育经费比较少，再加上基础教育经费长期以来拖欠太多，以及使用中经费管理不善，浪费严重，因而使义务教育经费十分拮据。在少数贫困地区，“温饱”问题至今未解决，义务教育更是无从谈起。

③义务教育阶段的学生辍学率较高。农村初中辍学问题比较突出，农村初中班普遍偏

大，有的地方甚至无初中可上，加上其他因素影响，导致初中辍学率居高不下，尤其是高年级辍学率比较突出。同时，由于受封建传统的影响，男女儿童在接受义务教育方面发展不平衡，女童教育受到一定影响。

④义务教育师资队伍质量不高，待遇较低，队伍不稳定。义务教育师资队伍质量不高，且流失严重，教师学历不达标情况较为严重，缺乏严格的专业训练。另外，教师的经济地位较低，造成了教师队伍不稳定。

(2)解决措施

①教育投资要适当向农村和经济欠发达的地区倾斜，加快农村地区和经济落后地区普及义务教育的实施。同时要落实各项政策，切实保障弱势群体学生接受义务教育。

②要进一步加大对义务教育的投资，稳步推进免费的义务教育。与此同时，要继续改革和完善义务教育的投资体制，逐步健全以国家财政拨款为主，以征收教育税费、校办产业收入、社会捐资集资等多个渠道为辅的义务教育经费的筹措机制。

③统筹教师资源，加强农村学校和城镇薄弱学校师资队伍建设；有计划地、系统地开展教师继续教育培训，解决好教师培训经费问题，提高教师队伍整体素质。

第6章 课 程

6.1 复习笔记

【知识框架(庖丁解牛)】

- 课程
  - 课程概述
    - 课程的概念
    - 课程理论发展
    - 与课程相关的三个文本
    - 课程论争的几个主要问题
  - 课程设计
    - 课程设计的概念
    - 课程目标的设计
    - 课程内容的设计
  - 课程改革
    - 外国的课程改革
    - 我国的课程改革

【考点难点归纳(厚积薄发)】

考点一、课程概述

表6－1 课程概述

要点	具体内容	
课程的概念	广义	学校为实现培养目标而选择的教育内容及其进程的总和，包括学校教师所教授的各门学科和有目的、有计划的教育活动
	狭义	某一门学科
课程理论发展	斯宾塞	1859年提出“什么知识最有价值”，是课程问题明确化的开端 课程即教学科目
	杜威	1902年发表《儿童与课程》，是现代课程理论的开创性的著作 课程即学习经验
	博比特	1918年出版《课程》，是教育史上第一本课程论专著
	泰勒	1949年出版《课程与教学的基本原理》，是现代课程理论的奠基石
与课程相关的三个文本	课程方案	2001年课改前称为教学计划，是在国家的教育目的与方针的指导下，为实现各级基础教育的目标，由国家教育主管部门制定的有关培养目标、课程设置、学年编制等方面的政策性文件

续表

要点	具体内容	
与课程相关的三个文本	课程标准	2001年课改前称为教学大纲，是每门学科以纲要的形式编定的关于某一学科的课程性质、基本理念、设计思路、课程目标、实施建议等指导性文件
	教科书	简称课本，是根据课程标准制定的系统阐述学科内容的教学用书，是课程标准的具体化
课程论争的几个主要问题	学科课程与活动课程	①学科课程，又称分科课程，是以系统的学科知识为中心组织的课程。 ②活动课程，又称经验课程或儿童中心课程，是以学生的兴趣和动机为中心组织的课程
	课程的一元化与多样化	①课程的一元化：课程的编制反映国家意志。 ②课程的多样化：课程的编制反映不同地区、民族、阶层、群体需求

【习题精选】

课程方案、课程标准、教科书三者与课程是何关系？在课程中各起何种作用？与当前的课程改革有何关系？

答：(1)课程方案、课程标准、教科书三者与课程的关系

①课程方案是在国家的教育目的与方针的指导下，为实现各级基础教育的目标，由国家教育主管部门制定的有关培养目标、课程设置、学年编制等方面的政策性文件，是课程的总体规划，对课程标准和教科书起着方向上的制约作用。

②课程标准是每门学科以纲要的形式编定的关于某一学科的课程性质、基本理念、设计思路、课程目标、实施建议等指导性文件，阐释每门课程的性质并规定其质量标准，是课程方案的具体化。

③教科书是根据课程标准制定的系统阐述学科内容的教学用书，是课程标准的具体化。

(2)课程方案、课程标准、教科书在课程中的作用

①课程方案起到了总体规划的作用。一般由国家的教育行政部门制定，体现国家的教育目的和教育方针，对学校的培养目标、课程设置、学年编制进行了规定。

②课程标准起到了目标导向的作用。课程标准涉及教学科目内容、教学实施建议以及课程资源开发等方面，规定了课程的总目标和课程各个领域的具体目标，针对课程标准的实际运用提出了建议。

③教科书起到了工具性作用。教科书是以准确的语言和鲜明的图表，明晰而系统地按教学科目分别编写的教学规范知识；教科书是学生学习的主要资源和工具，也是教师教学的主要依据，可见其在课程实施中的工具性作用。

(3)课程方案、课程标准、教科书与当前课程改革的关系

①课程方案、课程标准、教科书是课程改革得以实现的依据。课程改革的实施和运作需要以一定的理论和规定为先导。课程方案、课程标准、教科书便是这些理论和规定的重要组成部分，它们是教育界的专家们经过研究和论证最终确定下来的，作为课程改革的依据，指导课程改革的实施。

②课程方案、课程标准、教科书是课程改革成果的集中体现。经过具体实践的检验和验证后，原本从理论上设定的课程方案、课程标准、教科书等需要进行相应的调整和改进，以便更好地为课程改革服务，同时，它们也是课程改革成果的集中体现。

考点二、课程设计

表6-2　课程设计

要点	具体内容	
课程设计的概念	以一定的课程观为指导制定课程方案(教学计划)、课程标准(教学大纲)以及教材等的系统化过程	
课程目标的设计	课程目标的概念	是课程实施应达到的学生身心素质发展的预期结果，是对培养目标的具体化
	设计依据	综合研究和考虑社会、知识和学生等因素
	基本要求	课程目标做到具体与抽象平衡，层次与结构合理
	基本方式	①结果性目标运用于“知识”领域，陈述词有复述、阐述、评述等。 ②体验性目标运用于“过程”领域，陈述词有感受、欣赏、建立等。 ③表现性目标运用于“制作”领域，陈述词有模仿、创作等
课程内容的设计	课程内容的概念	是根据课程目标从人类的经验体系中选择出来，并按照一定的逻辑序列和儿童心理发展需求组织编排而成的知识体系和经验体系
	课程内容的选择	注重基本的事实、概念、原理、方法
	课程内容的组织	①处理好连续性、顺序性、整合性的关系。 ②处理好直线式与螺旋式的关系。 ③处理好纵向式与横向式的关系

【习题精选】

从教师角度看，课程设计有何意义？

答：课程设计从宏观上说是以一定的课程观为指导制定课程方案(教学计划)、课程标准(教学大纲)以及教材等的系统化过程；从微观上说是进入课程实施领域时，由教师设计的，包括课堂教学目标、内容、方法等预设学习活动方式的具体化过程。作为教师，参与课程设计具有重要的现实意义，具体说明如下：

(1)有助于教师确切、深入地理解教育目标

通过参与教育目标的设计，教师可以清晰地了解教育目标制定的依据，设计的方式等，有助于教师确切而深入的把握和理解教育目标，指导教育教学工作的开展。

(2)有助于教师整体、全面地把握教育内容

参与课程内容的选择与设计，教师对课程内容会把握更准确，对课程内容的编排和组织的理解更科学，有助于教师整体而全面的把握教育内容，科学合理的施教。

(3)有助于教师更加科学、有效地开展教育教学工作

教师参与课程设计，使其对课程目标、课程内容都有了深入而系统的把握和理解，对其中蕴含的教育规律、教育理论有了更好的认识，有助于更加科学地开展教育教学工作。

总之，课程设计的过程是有助于教师深入了解课程的过程，教师的参与将有助于整个

教育教学工作的开展，有助于教学质量的提高。

考点三、课程改革

表6-3 课程改革

<table>
<tr><th>要点</th><th colspan="2">具体内容</th></tr>
<tr><td>外国的课程改革</td><td colspan="2">注重课程编制的时代性、实践性、选择性、综合性；使被动性、依赖性、统一性、虚拟性、认同性的传统学习方式向主动性、独立性、独特性、体验性、问题性的现代学习方式转变；力争使新一代的国民具有适应21世纪社会、科技、经济发展所必备的素质</td></tr>
<tr><td rowspan="4">我国的课程改革</td><td>指导思想</td><td>《基础教育课程改革纲要（试行）》：“基础教育课程改革要以‘教育要面向现代化，面向世界，面向未来’和‘三个代表’的重要思想为指导，全面贯彻党的教育方针，全面推进素质教育。”</td></tr>
<tr><td>基本目标</td><td>转变课程功能，优化课程结构，更新课程内容，转变学习方式，改革考试评价，深化课程管理体系</td></tr>
<tr><td>基本理念</td><td>①倡导个性化的知识生成方式。
②增强课程内容的生活化、综合性</td></tr>
<tr><td>课程设置</td><td>①小学教育：以综合课程为主。
②初中教育：分科课程与综合课程相结合。
③普通高中教育：以分科课程为主</td></tr>
</table>

【习题精选】

你认为我国新一轮基础教育课程改革对教师提出了哪些新的要求？

答：我国新一轮基础教育课程改革对教师提出了诸多的新要求，具体阐述如下：

(1)树立正确的儿童观

教师要认识到儿童是发展中的个体，具有发展的潜能，个体发展具有差异性，而且身心各方面发展尚不完善，要遵循其身心发展规律，尊重个体差异，充分发掘其潜能。

(2)由知识的传授者成为学生学习与发展的指导者、促进者

在新课改中，学生不再被动地接受现成的知识，而是要变成学习的主人，主动去探究、去发现，因此，教师应该从知识的传授者转变为学生学习和发展的指导者和促进者。

(3)由教书匠成为研究者

新课改要求教师不仅是传授知识，而且应该要进行研究，针对自己的教学工作和学科，进行相关的教学教法的研究，以及其他相关方面的研究。

(4)由课程的执行者成为课程的建构者、开发者

新课改强调课程编制的时代性、综合性和选择性，尤其注重校本课程的开发，因此，教师需要从过去课程的执行者转变为研究者和开发者。

(5)由个体劳动者成为教育协作者

教师独自工作，不利于信息和经验的交流。因此，新课改条件下，教师要具有团队意识，团结合作，取长补短，从而增强教师的工作效率和效能。

(6)由道德说教者成为学生心理健康的调适者

道德说教对于学生的道德发展和心理健康并不是很有效果的，因而，要求教师转变为学生心理健康的调试者，通过心理途径和方法来实现促进学生道德发展和心理健康的目的。

总体而言，在新一轮基础教育改革中，教师应主动对其知识、技能结构进行调整，以便达到新课改的要求，更好地促进学生的发展，全面实现教育目标。

6.2 典型题(含考研真题)详解

一、单项选择题

1. 我国中学曾经分别开设《动物学》和《植物学》的两个学科，后来合并为《生物学》一个学科，从课程组织的类型来看，合并后的《生物学》属于(　　)。[统考2017年研]

A. 融合课程　　B. 综合课程　　C. 分科课程　　D. 核心课程

【答案】A

【解析】分科课程是指从不同门类的学科中选取知识，按照知识的逻辑体系，以分科教学的形式向学生传授知识的课程。综合课程是指将若干相关联的学科整合而成为一门更广泛的共同领域的课程。融合课程和核心课程都属于综合课程。其中，融合课程是指把有着内在联系的不同学科合并为一门新学科，题干中将《动物学》和《植物学》这两个学科合并为《生物学》一个学科，就是融合课程。核心课程是指围绕一些重大的社会问题组织教学内容，社会问题就像包裹在教学内容里的果核一样，又被称为问题中心课程。因此答案选A。

2. 教育界尝试以综合课程加强学科之间及学科知识与现实生活之间的联系，典型的综合课程按照综合程度从高到低排列其顺序为(　　)。[统考2016年研]

A. 相关课程、广域课程、核心课程　　B. 广域课程、相关课程、核心课程

C. 核心课程、相关课程、广域课程　　D. 核心课程、广域课程、相关课程

【答案】D

【解析】综合课程又称广域课程、统合课程或合成课程，其根本目的是克服学科课程分科过细的确定，采取合并相关学科的办法，减少教学科目，把几门学科的教学内容组合在一门综合学科之中。根据综合程度由高到低，可以把综合课程分为：核心课程、广域课程、相关课程。

3. 编写教材的直接依据是(　　)。

A. 教育计划　　B. 课程目标　　C. 课程标准　　D. 课程说明

【答案】C

【解析】A项，课程计划是根据一定的教育目的和培养目标，由教育行政部门制定的有关学校教育和教学工作的指导性文件。体现了国家对学校的统一要求，是组织学校活动的基本纲领和重要依据。课程计划是编写教科书的间接依据，但不是直接依据。B项，课程目标即学科的课程目标，是课程方案设置的各个教学科目所规定的教学应达到的要求或标准。C项，课程标准是课程计划中每门学科以纲要的形式编写的、有关学科教学内容的指导性文件。课程标准是编写教科书和教师进行教学的直接依据。D项，课程说明是指关于课程一系列问题的说明，如课程内容、课程考察方式、课程性质等。因此答案选C。

4. 泰勒的课程编制原理主要强调(　　)。

A. 课程目标的主导作用　　B. 教师对课程的再开发

C. 管理者对课程的监控　　D. 学生对课程的评价

【答案】A

【解析】1949年泰勒出版了《课程与教学的基本原理》，该书被视为现代课程理论的奠基石。他认为课程设计与开发是围绕四个基本问题展开的：学校应该达到哪些教育目标？提供哪些教育经验才能实现这些目标？怎样才能有效地组织这些教育经验？我们怎样才能确定这些目标正在得到实现？在此基础上，他明确了课程编制过程的四个步骤：确定目标、选择经验、组织实施、评价结果。其中，课程目标是课程编制的主导环节，而其他步骤都要依据和围绕目标的确定与实现而展开和落实。人们把泰勒的这些理论称为“泰勒原理”，其课程开发模式称为“目标模式”。

5. 课程计划的中心问题是(　　)。

A. 课时分配　　B. 开设哪些学科

C. 学科顺序　　D. 学年编制和学周安排

【答案】B

【解析】课程计划是课程设置的整体规划，它对学校的教学、生产劳动、课外活动等做出全面安排，具体规定了学校应设置的学科、学科开设的顺序及课时分配，并对学期、学年、假期进行划分。其中开设哪些学科是课程计划的中心。因此答案选B。

6. 学科课程分科过细，偏重书本知识，同实际生活距离较远，不能照顾到儿童的需要和兴趣，难以发挥学生的主动性。立足于克服这些缺陷的课程是(　　)。

A. 综合课程　　B. 核心课程　　C. 选修课程　　D. 活动课程

【答案】D

【解析】A项，综合课程是一种多学科的课程组织模式，它强调学科之间的关联性、统一性和内在联系，其课程的主导价值在于通过相关学科的整合，促进学生认识的整体性发展并把握和解决问题的全面的视野与方法。B项，核心课程是以问题为核心，将几门学科结合起来的课程，属于综合课程的一种。C项，选修课程是指依据不同学生的特点与发展方向，允许个人选择的课程，是为了适应学生的个性差异而开发的课程。其主导价值在于满足学生的兴趣、爱好，培养和发展学生的良好个性。D项，活动课程，也叫经验课程，是从学生的兴趣和需要出发，以儿童的主体性活动的经验为中心组织的课程。经验课程强调学生的直接经验的价值，课程目标的基本来源就是学生的经验及其生长需要，经验课程的主导价值在于使学生获得关于现实世界的直接经验和真切体验。根据题目中的表述，与现实联系比较紧密，能够照顾到儿童的需要和兴趣的课程，符合活动课程的定义，故选D。

7. 根据学科课程标准，系统表述学科内容的是(　　)。

A. 教学辅导书　　B. 教学参考书　　C. 教科书　　D. 教案

【答案】C

【解析】教科书，又称课本，是依据课程标准编制的教学规范用书，以准确的语言和鲜明的图表，明晰而系统地按教学科目分别编写的教学规范知识。

8. 课程可被划分为国家课程、地方课程和学校课程，这是从(　　)角度来对课程进行划分的。

A. 学生对课程选择的自由度　　B. 课程管理制度

C. 课程的组织核心　　D. 课程的存在形式

【答案】B

【解析】课程的类型没有严格的划分。从课程制定者或管理制度的角度，可分为国家课程、地方课程、学校课程。

9. 下列不符合我国当前基础教育课程设置特点的观点是(　　)。

A. 小学阶段以综合课程为主　　B. 初中阶段以分科课程为主

C. 高中阶段以分科课程为主　　D. 初中阶段分科与综合课程相结合

【答案】B

【解析】我国新一轮基础教育课程改革整体设置九年义务教育课程。小学教育，以综合课程为主。初中教育，设置分科与综合相结合的课程。普通高中教育，以分科课程为主。

10. 要恰当处理学科知识与课程内容的关系就意味着要实现(　　)。

A. 学科逻辑与儿童心理逻辑的统一　　B. 当代生活与未来生活的统一

C. 学科发展与儿童需求的统一　　D. 社会生活与儿童需求的统一

【答案】A

【解析】课程内容是课程的核心要素，从总体上讲，课程内容是根据课程目标从人类的经验体系中选择出来，并按照一定的学科逻辑序列和儿童心理发展需求组织编排而成的知识体系和经验体系。根据题干描述，恰当处理学科知识与课程内容的关系意味着学科逻辑与儿童心理逻辑的统一。

11. 按照布卢姆目标分类学的基本要求，下列选项中，不宜作为教学目标的表述是(　　)。

A. 培养学生的思维能力

B. 培养学生区别事实与假设的能力

C. 培养学生运用特定信息检验假设一致性的能力

D. 培养学生领会一个段落中各种观念之间的相互关系的能力

【答案】A

【解析】教学目标是一种预期的教学成果，应能反映出学生在学习活动中应当实现的在认知、情感、思想、行为等方面的变化。布卢姆倡导用可观察和可测量的行为来陈述目标，旨在为教学及其评价提供具体的指导。布卢姆将教育目标分为认知、情感和动作技能只个领域，认知领域的目标又包括知识、领会、应用、分析、综合和评价等六级水平。对学生学习活动的评价，与其他教育活动一样，都有着明确的目标进而追求某种结果，而不是盲目、无意识的活动。按照布卢姆目标分类学的基本要求，与其他选项相比较而言，“培养学生的思维能力”这样的目标并不明确，分类不明显。

二、概念题

1. 课程[西南大学 2013、2001 年研；华南师范大学 2012、2002 年研；陕西师范大学 2011 年研；首都师范大学 2005 年研；浙江大学 2004 年研；华中师范大学 2003 年研；北京师范大学 2002 年研；南京师范大学 2002 年研]

答：课程有广义和狭义之分，广义的课程是指为了实现学校培养目标而规定的所有学科(即教学科目)的总和，或指学生在教师指导下各种活动的总和，如中学课程、小学课程。狭义的课程是指某一门学科，如数学课程、历史课程等。课程是随着社会的发展而演变的，它反映了一定社会的政治、经济的要求，受一定社会生产力和科学文化发展水平以及学生身心发展规律的制约。课程体现着一个国家对学校教学的具体要求，关系到学生的知识结构、智力结构和个性结构。课程的编制是一项极为复杂的工作，需要有教育行政人员、各个学科领域的科学家，教育学、心理学、教学法的专家，以及广大教师的共同参与才能更好地完成。

2. 活动课程[天津师范大学 2017 年研；江西师范大学 2017 年研；华中师范大学 2015、2004 年研；东北师范大学 2013 年研；河南师范大学 2010 年研；首都师范大学 2004 年研；北京师范大学 2003 年研；浙江大学 2003 年研；上海师范大学 2002 年研]

相关试题：

①活动课程特点有哪些?[简答题，陕西师范大学 2018 年研；华东师范大学 2011 年研]

②简述活动课程的主要特征。[简答题，北京师范大学 2014 年研]

答：活动课程，又称经验课程、儿童中心课程，是指从儿童的兴趣和需要出发，以儿童的经验为基础，以各种不同形式的一系列活动组成的课程。活动课程形成于 20 世纪初，主要代表人物为美国著名的哲学家和教育家杜威。活动课程以生活中的儿童兴趣与动机为课程中心，课程范围和教学内容选择围绕这个中心进行组织，它突破了学科界限、重视直接经验、主张“做中学”。其基本特点是：强调学生的自主性和主动性，强调通过学生自己的实践活动获得直接经验，强调训练学生的综合能力及个性养成。活动课程的优点是：把科学知识与生活实际相联系，有利于培养动手操作能力，培养实用型人才，培养交往和组织能力、创新和合作精神，增强学生的社会适应性。同时由于重视儿童的兴趣、动机，重视儿童心理结构，有利于培养学生的主体性和个性发展。其局限是：课程内容安排往往没有严格的计划，不易使学生获得系统、全面的科学知识和基本技能。

3. 隐性课程[北京师范大学 2018 年研]

答：隐性课程，又称潜在课程，是指通过学校物质环境、文化环境、人际环境有意或无意地传递给学生，对学生的身心产生潜移默化的影响，从而促进或干扰教育目标实现的非公开性的教育经验。隐性课程使学生在不知不觉中逐渐获得意料之外的知识、价值观念、态度、行为方式等。隐性课程具有层次性结构：表层是“物质-空间类”，直观、易改变、可移植；中间层是“组织-制度类”，较为隐蔽、不易改变；内层是“文化-心理类”。隐性课程具有潜在性、非预期性、不易觉察性、多样性等特征。隐性课程在教育中的作用往往比正规课程更为重要，尤其在促进学生情感、意志等方面的发展上，其作用更加不可忽视。

三、简答题

1. 简要比较相关课程、融合课程、广域课程三者的异同。[统考2008年研]

答：相关课程、融合课程、广域课程是三种不同形态的综合课程，它们之间既有相同点，也有不同之处，具体分析如下：

(1)三者的共同点

相关课程、融合课程、广域课程都是以学科为中心的综合课程。以学科为中心的综合课程是以学科或文化知识或亚文化知识为课程整合的基点，课程整合的核心主要源于学科。这种综合课程试图打破或超越各分科课程自身固有的逻辑，形成一种把不同学科内容有机整合为一体的新的逻辑。

(2)三者的不同点

相关课程、融合课程、广域课程对学科之间知识的综合程度不同。

①相关课程是把两门或两门以上学科知识综合在一门课程中，但不打破原来的学科界限的课程。例如，物理、化学、数学在某些主题上的联系，历史、地理、公民在某些主题上的关联，等等。相关课程可以克服分科课程彼此封闭、各自为政的缺陷，通过寻求不同学科之间的内在联系，使学生学习的知识彼此整合起来，有助于优化学生的认知结构。当教师了解不同学科之间的关联以后，也可以彼此配合，避免对知识的不恰当重复。

②融合课程是指打破了学科界限，把有着内在联系的不同学科知识合并成一门的课程。例如，历史、地理、公民融合为综合社会科，物理、化学、生物融合为综合理科，等等。融合课程并非原先几门传统学科的拼盘或混合，而是打破或超越了被融合的各学科的固有逻辑，形成了一个新的有机体——融合课程的逻辑。由此看来，融合课程在学科综合的程度上远远超出相关课程。

③广域课程是将各科材料依性质归到各个领域，再将同一领域的各科材料加以组织和排列，进行系统教学的课程。其目的是使学生能够高度整合分科课程，以便能与生活联系起来。它与相关课程、融合课程相比，其综合范围更加广泛。广域课程在其出发点上与融合课程存在某种相似：都是围绕一个所选择的组织核心而将分支学科组织为一个新的课程整体，而且被整合的每一门学科都将失去其独立性。但广域课程与融合课程也有区别，广域课程在范围上要比融合课程来得大。融合课程的范围主要限于与学科有关的领域，而广域课程不仅包括与学科有关的领域，人类所有的知识与认知领域都可以被整合。

2. 简述课程目标确立的依据。[统考2007年研]

相关试题：

简述确定课程目标的步骤。[河南大学2018年研]

答：课程目标是有关某门教学科目或某项教学活动所要完成的任务的指标体系。一般而言，课程目标可以包括技能、知识、态度和价值观等方面。课程目标确立的依据主要有：

(1)教育目的与培养目标

课程目标是实现教育目的和培养目标的一种手段，只有在明确提出教育的总目的和培养目标后，课程目标才可能清晰化，才可能对整个课程的制定和实施起到应有的作用。

(2)社会要求

社会对不同课程要实现的功能有不同的要求，课程目标的确立也应考虑到社会要求。

(3)学科发展

同一门课程在不同级别、不同类型的学校中的目标是不同的。例如数学课程，在小学和中学，在普通高中和职业高中，其课程目标都应根据培养目标的不同而有不同的规定。

(4)学生因素

不同年龄阶段的学生具有不同的年龄特征，课程目标要依据学生的年龄特征而制定。

(5)课程特点

课程可以分为宏观课程和微观课程。宏观课程又可分为普通课程、职业课程和专业课程，这些课程的目标应该不同。普通课程的目标一般以认知类目标为主，职业类课程则应以实践类目标为主，专业类课程则兼有两类目标。微观课程如语言-文化类课程、哲学-政治类课程和道德-伦理类课程以及艺术—体育类课程等都有其不同的特点，课程目标也应根据其特点来确立。

四、论述题

1．什么是校本课程？我国开发校本课程有何意义？［中山大学2008年研］

相关试题：

①论述校本课程开发的特征、优势、不足，以及你的思考。［南京师范大学2010年研］

②试论校本课程的开发。［杭州师范大学2018年研；首都师范大学2015年研］

③校本课程［名词解释，中国传媒大学2009年研；首都师范大学2006年研；武汉大学2006年研；北京师范大学2004年研；华东师范大学2002年研］

答：(1)校本课程的含义

校本课程是指由某一类学校或某一级学校的个别教师、部分教师或全体教师根据国家制定的教育目的，在分析本校外部环境和内部环境的基础上，针对本校、本年级或本班级特定的学生群体，编制、实施和评价的课程。校本课程是一个外来语，最先出现于英美等国。按照现代课程分类理论来考察，校本课程并不是一种课程类型，而是属于课程管理方面的一个范畴，是正在形成之中的、同我国三级课程管理体制相适应的、基础教育新课程体系中的一个组成部分，即中小学新课程计划中不可缺少的一部分。我国的校本课程是在学校本土生成的，既能体现各校的办学宗旨、学生的特别需要和本校的资源优势，又与国家课程、地方课程紧密结合的一种具有多样性和可选择性的课程。校本课程具有三种基本属性，即关联性、校本性和可选择性。

(2)开发校本课程的意义

对我国来说，校本课程开发至少有以下几个方面的现实意义：

①可以弥补国家课程开发的不足。我国长期以来一直遵守自上而下的国家课程开发模式，只强调共性和统一性，忽视了地方性和个性。我国地域辽阔，人口众多，各地在经济和地域上的差异又很大，只有一统的国家课程开发或"准一统"的地方课程开发，远远不能满足地方上的不同需要。校本课程开发，则可以更好地满足地方和学校的需要，更好地满足学生的有差异的学习需求。

②有助于促进教育民主化。在我国，过去执行的一直是中央集权的课程管理体制。教

师和校长都习惯了听从外部的指令，他们没有机会也不想有机会去参与课程的决策。目前虽然国家为了全面推进素质教育改革，在某些方面已下放了很大的权力，但许多学校和教师由于缺乏参与意识和参与能力，反而认为“多一事不如少一事”，照常规办事最省力。在这种情况下，实施校本课程开发十分有利于激发教师、学生、家长的参与意识，也让他们在参与的过程中学会参与，因为校本课程开发的一个首要前提是政府给予学校的自我开发空间，一个主要特征就是全员参与，集体审议。

③有助于推动我国素质教育改革的深化：

a. 素质教育的一个重要特征是全民教育。在基础教育阶段，素质教育就是要满足所有学生的学习需求，不管他们的性别、种族、智力水平和学习准备如何。我国过去的“升学教育”只注意到少数考分高的学生的发展，而忽视了那些低分和处于中间水平的大多数。当这些人毕业走向社会时，他们成了“失败者”。学校将大批“失败者”推向社会，而社会中的绝大多数工作又将由这些“失败者”来承担，这样必然会影响到整个国家的经济发展和全民的总体素质水平。校本课程开发强调课程要适应不同学生的不同需求，尤其要帮助那些学习困难的学生获得充分的发展。

b. 素质教育的另一个重要特征是全方位教育。全面教育，要打破“应试教育”只重视学生智力的发展，忽视情感、态度、动作技能、社会交往等其他方面的发展的不良现象。校本课程开发大多数集中于体验型、表现型、实践型和操作型的课程领域，这十分有利于学生的多元智能的和谐发展。

④有利于学校更好地适应市场需求。我国自20世纪80年代以来，各地出现了一批私立或民办的学校。这些学校的课程很多都是校本开发的。这些学校的校本课程开发不仅仅为公立中小学的校本课程开发树立了榜样，同时也对公立中小学提出了挑战，他们在逐步占领教育的市场。越来越多的家庭宁愿多花钱，也要上好学校。教育是一项基础性投资的概念已被多数家长所接受。家长择校一方面受高考驱动，另一方面也在为孩子选择一个合适的教育环境。在城市和发达的乡村，如今受教育但更要享受优质的教育已成为普遍的教育需求。公立学校如果抱残守缺，裹足不前，很容易失去“市场的份额”。校本课程开发强调自主决策、自主开发，特别有利于公立学校提高其教育品质，更好地适应市场的需求，并逐步提升自己在市场中的位置。

⑤有利于教师的专业发展。教师专业发展的一个重要条件就是享有专业的自主权。校本课程开发给教师松绑，让教师自主决策，这无疑为教师的专业发展提供了广阔的空间。另外，校本课程开发是一个由各方面人士参加的合作和探究的过程，在这样的过程中，教师能够在课程专家及其他相关人员的指导和帮助下，反思他们在教学中所遇到的问题，并找到问题的答案。这样的探究和合作十分有利于培养教师的专业精神，提升教师的专业技能。

⑥有利于形成学校特色。校本课程开发强调学校利用自身的资源、自主规划、自我负责。这十分有利于学校发挥各自的优势，形成自己的特色。

⑦有利于促进教育的合作和交流。校本课程开发需要得到大学研究者的帮助，这时的学校不得不主动地与大学建立联系，这十分有助于促进大学与中学之间合作伙伴关系的建立。另外，校本课程开发需要借鉴他校的经验，同样也会促进校校之间的合作和交流。

2. 试论述我国基础教育课程改革背景、理念、目标及发展趋势。［华南师范大学 2013 年研］

相关试题：

①简述新课程改革的基本内容与特点。［简答题，首都师范大学 2010 年研］

②简述新一轮课改的六大目标。［简答题，东北师范大学 2017、2015 年研；陕西师范大学 2016 年研］

③简述我国基础教育课程改革具体目标。［简答题，海河大学 2018 年研］

答： 我国基础教育课程改革于 1999 年正式启动，2000 年 1 月至 6 月通过申报、评审，成立了各学科课程标准研制组。2001 年 7 月教育部颁布《基础教育课程改革纲要（试行）》，当年 9 月 1 日起进入基础教育课程改革实验区。

（1）新一轮基础教育课程改革的背景

①国际背景

a. 知识经济、信息化和全球化的影响。知识经济时代的到来，使终身学习成为一种必然；信息化为终身学习体系的建立提供全新的方式和理念；全球化为终身教育提出了学习的主题。因此，能否构成终身学习体系，及具有终身学习能力成为各国教育改革的共识。

b. 课程改革成为一种世界潮流。各国通过教育改革提高本国劳动者的素质，增强自身的国际竞争力。

②国内背景

a. 顺应国际课程改革大趋势的客观必然，避免落后于世界潮流。

b. 积极推进素质教育，提高国民素质，实现“科教兴国”战略的需要。

c. 1999 年 6 月，党中央国务院召开第三次全国教育工作会议，做出了“深化教育改革，全面推进素质教育”的决定，为我国基础教育课程改革指明了方向。

（2）新一轮基础教育课程改革的理念

注重基础学力的养成和信息素养的提高，强调学生的创造性和开放性的养成，强调价值观教育和道德教育，尊重学生经验，发展学生的个性。

核心理念是“以人为本”，“以学生发展为本”，体现了马克思主义关于人的全面发展理论，是对不平等发展、不自由发展和畸形发展的彻底否定。

（3）新一轮基础教育课程改革的目标

①培养目标

新课程的培养目标应体现时代要求。要使学生具有爱国主义、集体主义精神，热爱社会主义，继承和发扬中华民族的优秀传统和革命传统；具有社会主义民主法治意识，遵守国家法律和社会公德；逐步形成正确的世界观、人生观、价值观；具有社会责任感，努力为人民服务；具有初步的创新精神、实践能力、科学和人文素养以及环境意识；具有适应终身学习的基础知识、基本技能和方法；具有健壮的体魄和良好的心理素质，养成健康的审美情趣和生活方式，成为有理想、有道德、有文化、有纪律的一代新人。

②具体目标

根据 2001 年 6 月由教育部印发的《基础教育课程改革纲要》的规定，新一轮课程改革的具体目标是：

a. 改变课程过于注重知识传授的倾向，强调形成积极主动的学习态度，使获得基础知识与基本技能过程的同时成为学会学习和形成正确价值观的过程。

b. 改变一贯的课程门类和课时比例，并设置综合课程，以适应不同地区和学生发展的需求，体现课程结构的均衡性、综合性和选择性。

c. 改变课程内容"难、繁、偏、旧"和过于注重书本知识的现状，加强课程内容与学生生活以及现代社会和科技发展的联系，关注学生的学习兴趣和经验，精选终身学习必备的基础知识和技能。

d. 改变课程实施过于强调接受学习、死记硬背、机械训练的现状，倡导学生主动参与、乐于探究、勤于动手，培养学生搜集和处理信息的能力、获取新知识的能力、分析和解决问题的能力以及交流与合作的能力。

e. 改变课程评价过分强调甄别与选拔的功能，发挥评价促进学生发展、教师提高和改进教学实践的功能。

f. 改变课程管理过于集中的状况，实行国家、地方、学校三级课程管理，增强课程对地方、学校及学生的适应性。

(4)新一轮基础教育课程改革的发展趋势

就课程本身而言，其改革轨迹将继续沿着以下路径发展。

①课程现代化

课程现代化就是以现代化的思想、观念、价值来统摄课程编制，更好地解决"社会需求""知识体系"和"儿童发展"三者之间的关系，使课程系统诸要素在结构性的联系中展现整体效应。课程现代化涉及课程观念、课程内容与结构、课程授受、课程评价以及课程管理等方面的现代化。

a. 课程观念上，建立开放性课程观，不仅仅是组织好的一门门学科，还要有更广泛的外延，课程的知识也不再仅仅是学术性知识，还应当包括与青少年发展密切相关的非学术性知识。

b. 课程内容上，力求处理好现代与基础、世界与民族、综合与分科等多种关系，使得课程内容体现基础性、现代性、综合性、民族性与结构性的完整统一。

c. 课程评价上，关键是要用现代观念来指导评价。评价对象应当是课程编制的全过程；评价目标应是量化与非量化的统一；评价手段应是多样化的；评价主体应随着社会发展而相应扩大。

②课程综合化

在学科设置上打破不同学科的界限，使之有机地组合在一起，出现了诸如合科课程、融合课程、广域课程、核心课程等综合类型课程，以培养学生的综合能力。《纲要》指出，小学阶段以综合课程为主，低年级设置了品德与生活、艺术，中高年级设置了品德与社会、科学、综合实践活动、艺术等综合课程。初中"综合课程"与"分科课程"相结合，积极倡导有条件的地方实施综合课程。课程综合化有如下优势：

a. 限制新科目的增加，避免各科教学内容的重叠和分量过重。

b. 课程从以学科为中心转向以某一专题为中心，教学的目的更明确，学生解决问题的综合能力得以提高。

c. 对于小学低年级学生来说，各科教学整合的进行，有利于学生抓住知识之间的有机联系，形成整体观念。但是课程综合化并不是万能的，综合课程不能完全取代分科课程。

③课程生活化

课程改革加强了与学生实际生活的联系，“回归生活”“生活主题”成了当今世界各国课程改革的响亮口号，许多国家在设计课程内容时，都非常注重将其与学生实际生活基础联系起来，注意贴近学生当时的实际生活与已有经验。而只有那些与学生丰富多彩的实际生活相联系，使其产生疑惑、兴趣的内容与问题，才能真正具有“可接受性”，才能促使他们积极思维、努力学习。我国新课程方案正体现了这一特征，《纲要》指出，要加强课程内容与学生以及现代社会和科技发展的联系，关注学生的学习兴趣和经验。

④课程能力化

“课程能力化”是指课程改革力求改变过于注重知识传授的倾向，把培养学生主动学习的态度、学会学习的能力以及创新意识与实践能力(特别是搜集和处理信息的能力)作为课程设计的根本出发点。我国在这次课程改革中，从小学中高年级开始增设综合实践活动，其内容包括信息技术、研究性学习、社区服务与社会实践以及劳动与技术教育，强调学生通过实践，增强探究和创新意识，发展综合运用知识的能力，并培养学生利用信息技术的意识和能力。这些正鲜明地反映了世界课程改革正在凸显并且将延续下去的重要特征。

第7章　教学(上)

7.1　复习笔记

【知识框架(庖丁解牛)】

- 教学(上)
  - 教学概述
    - 教学的概念
    - 教学的意义
    - 教学的任务
  - 教学过程理论的发展
    - 古代教学过程理论的萌芽
    - 近代教学过程理论的形成
    - 现代教学过程理论的变革
  - 教学过程
    - 教学过程的概念
    - 教学过程的性质
    - 学生掌握知识的基本阶段
    - 教学过程中应当处理好的几种关系

【考点难点归纳(厚积薄发)】

考点一、教学概述

表7－1 教学概述

要点	具体内容
教学的概念	在教育目的规范下教师的教与学生的学共同组成的一种教育活动
教学的意义	①为个人的全面发展提供科学的基础和实践。 ②是社会经验得以再生产的主要手段。 ③是教育工作构成的主体部分和基本途径
教学的任务	德(世界观、价值观、情感、态度)、智(知识、技能)、体(身心健康)、美(鉴赏美、创造美的能力)、劳(劳动观念、劳动技能)

【习题精选】

什么是教学？教学在学校工作中有何重要意义？

答：(1)教学的概念

教学是指教育目的规范下的、教师的教与学生的学共同组成的一种教育活动，是学校进行全面发展教育的基本途径，是教师教、学生学的统一活动。其特点为通过系统知识、技能的传授与掌握，促进学生身心发展。

(2)教学的重要意义

教学是学校教育的主要工作：

①使学生掌握系统的文化科技知识和基本技能。

②培养世界观、审美、劳动等观念及相应的行为方式。

③使学生身心得到发展。

考点二、教学过程理论的发展

表7－2 教学过程理论的发展

要点	具体内容	
古代教学过程理论的萌芽	中国	①孔子：“学而不思则罔，思而不学则殆。” ②《中庸》：“博学之、审问之、慎思之、明辨之、笃行之。” ③《学记》：“大学之法，禁于未发之谓豫，当其可之谓时，不陵节而施之谓孙，相观而善之谓摩。此四者，教之所由兴也。”
	西方	①苏格拉底：层层设问，步步引导，得出答案(产婆术)。 ②昆体良：“模仿、理论、练习，而后者尤为重要”
近代教学过程理论的形成	夸美纽斯	教学应遵循模仿、偏差、纠正三个步骤
	卢梭	教育必须遵循儿童发展的规律
	赫尔巴特	明了、联合、系统、方法四阶段
现代教学过程理论的变革	杜威	“反省思维五步法”：遇到困难、发现问题、提出假设、进行验证、得出结论
	凯洛夫	接受学习
	赞可夫	以高难度进行教学，以高速度进行教学，理论知识起主导作用，使学生理解学习过程，使全班学生都得到发展
	布鲁纳	发现学习

考点三、教学过程

表7－3 教学过程

要点	具体内容	
教学过程的概念	师生在共同实现教学任务中的活动状态变换及其时间流程	
教学过程的性质	是一种认识活动、交往活动、促进学生身心发展实现教育目的过程	
学生掌握知识的基本阶段	传授/接受教学	①概念：教师传授知识技能，学生接受知识技能。 ②程序：引起学习动机→感知知识技能→理解知识技能→巩固知识技能段→运用知识技能→检查和评价学习效果。 ③理论基础：斯金纳强化学习理论
	问题/探究教学	①概念：在教师引导下，学生主动探究问题、建构新知。 ②程序：明确问题→深入探究→得出结论。 ③理论基础：布鲁纳“认知-现发”说

续表

要点	具体内容
教学过程中的几种关系	应当处理好教师主导作用与学生主动性、间接经验与直接经验、掌握知识与发展智力、智力活动与非智力活动的关系

【习题精选】

传授/接受教学与问题/探究教学各有何优点与局限?

答:(1)传授/接受教学的优点与局限

①优点:注重间接经验、书本知识的授受,能充分发挥教师的主导作用,也能较好地调动学生个人学习的主动性、积极性;它按学科知识的逻辑系统循序渐进地教学,能使学生掌握系统的科学知识与技能,发展严谨周密的思考力,简捷有效地掌握人类长期积累起来的科学文化基础知识,以促进学生的身心获得相应的发展。

②局限:由于传授/接受教学往往过于强调发挥教师的主导作用,就会相对忽视学生的学习主体地位与作用;常常因缺乏教学民主、不善于启发诱导而强迫命令,束缚了学生的主动性、创造性和独立思考能力;以学习书本知识为主,也往往易脱离社会生活实际,使学生感到抽象、枯燥,学得艰苦、死板;常常是教师讲得多,学生做得少,容易出现注入式教学和学生的死记硬背;注重面向集体也常忽视个别指导,不易使每个学生都能很好地理解与掌握,使他们每个人的个性都得到较好的发展。

(2)问题/探究教学的优点与局限

①优点:注重引导学生对问题的探究来发现,能够使学生处于学习主体的地位,也能较好地调动学生的主动性、积极性和创造性;它通过创设特定的教学情境,有利于培养学生发现问题、解决问题的方法和能力;让学生尝到克服困难的艰辛与达到成功的喜悦,有意识地培养学生大胆怀疑、小心验证、实事求是的科学精神与良好道德品质,对知识的记忆更深刻,运用更灵活。

②局限:通过探究进行教学,工作量大,费时过多,而学生获得的知识量相对较少,亦不够系统;若运用探究过多,便可能影响教学进度及任务的完成,要在较短时期内便捷地掌握大量系统知识则更不现实;而且探究教学的要求较高,若无较高水平的教师进行组织与引导,缺乏充足的图书资料和仪器设备的配合,则学生探究的主动性与创造性也难以充分发挥,就容易使探究走向自发与盲目,影响探究的方向、深度和教学的质量。

上述两种教学均有其优势与不足,在教学上,要扬二者之长,避二者之短,按照教学任务的具体需要来灵活选用,以便两种教学相辅相成,充分发挥其整体功能,使教学质量进一步得到全面的提高。

7.2 典型题(含考研真题)详解

一、单项选择题

1. 学习者中心课程理论的拥护者,在教学模式上更倾向于选择(　　)。[统考2017年研]

A. 程序教学模式　B. 掌握教学模式　C. 探究教学模式　D. 范例教学模式

【答案】C

【解析】学习者中心课程理论强调以学习者的兴趣和动机为依据来设置课程。探究教学模式是指在教学过程中，学生在教师的指导下，通过“自主、探究、合作”的学习方式，对当前教学内容中的主要知识点进行自主学习、深入探究，并进行小组合作交流，从而较好地达到课程标准中关于认知目标与情感目标要求的一种教学模式。这种教学模式强调培养和激发学习者的兴趣和动机，与学习者中心课程理论的主张一致。

2. 明确提出“博学之、审问之、慎思之、明辨之、笃行之”的学习过程理论的是(　　)。

A.《学记》　B.《中庸》　C.《孟子》　D.《论语》

【答案】B

【解析】《中庸》明确提出了“博学之、审问之、慎思之、明辨之、笃行之”的学习过程理论，强调学生个人的能动学习、思考与实践，对我国古代以育德为主的教学理论产生了深远影响。

3. 标志着教学过程理论的形成的是(　　)。

A. 杜威的五步教学法

B. 赫尔巴特的教学形式阶段理论

C. 孔子提出的“学而不思则罔，思而不学则殆”

D. 巴班斯基教学过程最优化的理论

【答案】B

【解析】赫尔巴特在教学方法上提出五段教学法，即准备、提示、比较、概括及应用，为近代教学法的建立奠定了基础，标志着教学过程理论的形成，五段教学法曾风靡欧美大半个世纪之久，清末流传到我国。

4. 美国实用主义教育家杜威把教学过程概括为：困难、问题、假设、(　　)、结论的五步，简称五步教学法。

A. 检验　B. 论证　C. 验证　D. 说明

【答案】C

【解析】杜威将教学过程分为五个阶段：①困难：处于令人不安和困惑的情况，检查自己的目的与困难。②问题：提出问题，使情境中的困难和行动障碍更加明确起来。③假设：通过观察、搜集事实，提出解决问题的假设。④验证：推断哪一种假设能够解决问题。⑤结论：通过实验，验证或修改假设，形成结论；故称五步教学法。

5. 教学过程最优化理论的提出者是(　　)。

A. 赫尔巴特　B. 布鲁纳　C. 凯洛夫　D. 巴班斯基

【答案】D

【解析】教学过程最优化理论是前苏联教育家巴班斯基提出的。20世纪70年代，为了克服学生普遍存在的留级、学习成绩不佳的现象，巴班斯基提出，要对学校教学进行整体优化。教学过程的最优化是指在一定的教学条件下寻求合理的教学方案，使教师和学生花最少的时间和精力获得最好的教学效果，使学生获得最好的发展。

6. 教学活动的本质是(　　)。

A. 认识活动　　B. 实践活动　　C. 交往活动　　D. 课堂活动

【答案】A

【解析】教学是在教师引导下学生能动地学习知识以获得素质发展的活动，教学活动的本质是一种特殊的认识活动。

二、概念题

1. 教学过程[深圳大学 2016 年研；西南大学 2002 年研；广州大学 2003 年研]

答：教学过程是指教师根据教学目的、任务和学生身心发展的特点，通过指导学生有目的、有计划地掌握系统的文化科学基本知识和基本技能，发展学生的智力和体力，形成科学世界观及培养学生道德品质、发展个性的过程。其内部发展动力是教师提出的教学任务同学生完成这些任务的需要、实际水平之间的矛盾。教学过程的本质是一种特殊的认识过程，是引导学生掌握人类长期积累起来的科学文化知识的过程，要受认识论的一般规律所制约。同时，它又是一种特殊的认识过程，即它是学生个体的认识过程。教学过程也是一个促进学生身心发展的过程，能够强有力地促进青少年学生德、智、体、美充分发展。

2. 发展性教学[浙江大学 2004 年研]

答：发展性教学是指以最好的教学效果，促进学生的一般发展的一种教学理论，以赞可夫为代表。他认为一般发展的概念是从心理学角度出发的完整的人的深刻全面发展，是既包括智力因素，也包括非智力因素的整个身心的全面和谐发展。发展性教育的核心是建立能促进儿童一般发展要求的教学。这种“发展”具有六个显著的特征：一是具有全面性，教师要面向全体学生，并使学生全面协调发展；二是具有个体性，教师应因材施教，促进学生个性特长发展；三是具有创造性，教学要以培养学生的创新精神和实践能力为重点；四是具有可持续性，学校教育要为学生终身发展奠定基础；五是具有动态性，既关注学习结果，更关注学习过程，注重挖掘学生的学习潜力；六是具有双向性，教师、学生都要与“教”俱进。

三、简答题

1. 简述建构主义教学理论的基本主张。[扬州大学 2017 年研；江西师范大学 2016 年研；四川师范大学 2016 年研；统考 2009 年研]

答：建构主义观点是由瑞士心理学家让·皮亚杰于 1966 年提出的，他创立的学派被称为“皮亚杰派”，是认知发展领域中最有影响的学派。现代建构主义的直接先驱是皮亚杰和维果斯基的智力发展理论。皮亚杰在 1970 年发表了《发生认识论原理》，其中主要研究知识的形成和发展。他从认识的发生和发展这一角度对儿童心理进行了系统、深入的研究，提出了认识是一种以主体已有的知识和经验为基础的主动建构，这正是建构主义观点的核心所在。建构主义的教学理论的基本主张包括以下几个方面：

(1)建构主义的知识观

建构主义的知识观认为科学知识应当明确被看作是个人和社会建构的，理论是临时性的，不是绝对的。这和在其他教学方法中把科学知识绝对化为客观的、没有疑问、一成不变的观点不同。每一种理论与法则的建立都隐含着科学家们的科学探索精神和科学方法的运用(知识的建构过程)。无论科学知识发生怎样的变化，这种精神和科学方法的运用是始终如一的，它们才是科学的本质。

(2)建构主义的学习观

建构主义的学习观主要有以下几点：①科学学习不是从零开始，而是基于原有知识经验背景的建构。②科学学习不是接受现成的知识信息，而是基于原有经验的概念转变。③科学学习既是个体建构过程，也是社会建构过程。

(3)建构主义的教师观

建构主义观点中教师的作用如下：①主导作用、导向作用、组织者。教师应当发挥“导向”的重要作用，发挥教学组织者的作用，努力调动学生的积极性，帮助他们发现问题，进行“问题解决”。②发现者。要高度重视对学生错误的诊断与纠正，并抱有正确的态度。③中介者。教师是学生与教育方针及知识的桥梁，既要把最新的方法知识提供给学生，还要注意他们全面素质的提高。

(4)建构主义课程观

建构主义课程观认为课程不是由外部环境因素决定的(例如学科结构、社会价值等因素)，而应考虑到学习者带进学习情境的先前知识——他们的目的和观点。什么样的经验和概念在促进特定学习结果的产生中是有效的，变成了一个需要解决的问题。把课程看成是促进特定学习结果的一系列学习活动和相互作用的过程，是为了确定研究和探索的目标。

2. 如何认识教学过程中掌握知识与发展智力之间的关系？[东北师范大学2019研；统考2017年研；北京师范大学2005年研]

相关试题：

①简述教学过程中掌握知识和发展智力的必然联系。[北京航空航天大学2008、2009年研]

②试述掌握知识与发展智力的关系。[论述题，华中师范大学2015年研]

答：教学过程是学生掌握知识、发展智力的过程。掌握知识与发展智力既相互关系又有区别。在教学过程中，应正确认识和处理二者的关系，把掌握知识和发展智力统一起来。

(1)知识是发展智力的必要前提，智力是掌握知识的重要条件。离开了知识的掌握学生智力的发展就成了无源之水、无本之木。学生的智力发展水平不同，学习和掌握知识的效果便不同。

(2)掌握知识的过程是一种认识过程，也是一种占有人类认识成果的过程。发展智力是通过掌握知识提高认识能力的过程。二者的内容和规律不同。它们之间虽有密切的联系，但不一定成正比。没有知识，智力不可能强，但知识多的人智力也不一定强，二者没有线性关系。

(3)在处理二者的关系时，要防止在教学中单纯重视知识传授或单纯重视智力发展的偏向；把二者割裂开来既不利于知识的掌握，又不利于智力的发展。因此，在教学中，既要重视知识的掌握，又要重视智力的发展，把二者协调起来。

3. 是否任何知识教学都能提高学生的思想意识？怎样教学才能有助于知识转化为学生的思想情意？

答：(1)并不是任何知识教学都能提高学生的思想意识

学生掌握了知识并不一定能够提高思想。在教学过程中，由知识的掌握到思想提高的转化，不仅有认知问题，更重要的还有情感问题、态度问题、联系个人修身或生活实际的践行问题。如果学生对所学的知识只是一知半解，被动接受，就很难使他们把掌握的知识转化为个人的观点。

(2)促进知识教学转化为学生思想情意的要求

①明确掌握知识与提高思想之间的关系。这里的提高思想是广义的，泛指全部思想品德教育。其提高的方法主要通过掌握知识。因此，掌握知识与提高思想是相互依存、相互作用的。

②同时抓好知识教学和提高思想两方面。通过对掌握知识和提高思想之间关系的分析，可以看出两者相互关联，相辅相成。因此，在实际教学中，要同时抓好传授知识与提高思想两方面。

③用所学知识激起学生情感、态度的积极变化才能提高其思想。不仅要使学生深刻领悟知识，还要让他们感受到知识的意义，引起他们思想情感深处的共鸣或震撼，然后逐渐转变为自觉的、坚持不懈的践行。

总之，学生掌握了知识并不一定能够提高思想。因此，在教学中，传授知识的同时，要注重学生思想的提高，帮助他们端正学习态度，树立远大理想，成长为具有良好品德情操的社会公民。

4. 如何才能调动教学中师生两个方面的主动性、创造性？

答：教学过程是教师引导下学生的认识与发展的过程，因而调动师生两方面的主动性和创造性，是有效进行教学和学习的前提条件。在教学中，调动师生两个方面的主动性、创造性，要求做到：

(1)建立民主平等的师生关系

教师主导作用的实现依赖于学生的内部需要和主观努力，而师爱是激发这种内部因素的催化剂，它表现在尊重、爱护、理解、帮助和依恋学生上，所以建立民主平等的师生关系是一种有效的教育手段，它既是调动学生主动性、创造性的基础，又是教师发挥主导作用的重要基础。

(2)提高教师的综合素质

综合素质高的教师深受学生爱戴，能够充分调动学生的学习主动性。同时，他们还善于凭借雄厚的知识储备和创新钻研精神，打破思维定式，创设问题情境，培养学生的主动、创新精神。因此，应努力提高教师的思想道德素质、科学文化素质、能力素质以及心理素质等综合素质。

(3)激发兴趣

激发兴趣不仅包括激发教师的教学兴趣，还包括激发学生的学习兴趣等。作为教师，要热爱自己的本职工作，热爱自己的学生，要具有自我教育能力，善于培养自己的工作兴趣。同时，教师还有责任根据自己班上的学生的心理状态，通过设计行之有效的教学活动来诱导、培养学生的学习兴趣，使学生能充分地发挥出学习的主观能动性和创造性。

(4)实行开放式多渠道教学

教师必须针对学生心理特点，有目的有意识地拓展教学视野，实行多渠道开放式教学，把社会现实生活融进教学中去。要营造探索氛围，鼓励学生主动探索，发展学生的创造性；使课堂教学与整个社会息息相通，让学生走出课堂，步入社会，去印证课本理论知识，提高分析问题、解决问题的能力。

四、论述题

论教育过程中智力活动和非智力活动的关系。[中国海洋大学 2018 年研；北京师范大学 2016 年研；华中科技大学 2007 年研]

相关试题：

在教学过程中如何处理好智力活动与非智力活动的关系？[简答题，安徽师范大学 2016 年研；中山大学 2009 年研]

答：智力活动是指为认知事物、掌握知识而进行的观察、思维、记忆和想象等心理因素的活动。学生的非智力活动，主要是指在认知事物、掌握知识过程中的兴趣、情感、意志和性格等心理因素的活动。在学生认识世界、学习知识的过程中，两种活动都同时存在，并相互作用、相互渗透。其关系具体表现在以下几个方面：

(1)在教育过程中非智力活动依赖于智力活动

智力活动是非智力活动的基础，学生的兴趣、情感、意志、性格是在认知事物、掌握知识的过程中产生和形成的。所以，只有通过认知丰富多彩、富有价值的事物、知识的认知过程，才能培养学生浓厚的兴趣与情感，坚强的意志和富有个人特色的性格。离开掌握知识的智力活动，学生的非智力活动不是难以开展，就是脱离了教学的认知轨道。

(2)非智力活动依赖于智力活动，并积极作用于教学中学生的智力活动

①学生在教学中的心理活动首先是智力活动。因为只有智力活动才能使学生认识事物，获得知识。但是，智力活动有赖于非智力活动的推动与调节。所以，为了有成效地进行智力活动，又必须进行非智力活动。

②非智力活动又积极作用于智力活动。因为学生是有能动性的人，他们已有的兴趣、情感、意志、性格等心理因素，常表现为内驱力量作用于智力活动，对学生的学习产生巨大影响。因此，教学中要重视学生的非智力活动，发挥他们的非智力因素的作用。

(3)智力活动与非智力活动相互依存

教育过程中，智力活动与非智力活动相互影响、相互依存，所以，教师在教学中需要调节学生的非智力活动才能有成效地进行智力活动、完成教学任务。由于学生在认识过程中的注意是容易转移的，兴趣和情感是容易变化的，因而在教学中，学生的智力活动与非智力活动的关系是复杂的、多变的。主要有两种情况：

①教学的知识与过程丰富、多彩、生动，引发了学生的需要、兴趣、情感、意志等非智力活动；这些活动又反过来推动他们去认知、学习。在这种情况下，学生的智力活动与

非智力活动一致，教学卓有成效。这是教学所要求的。

②教学的知识与过程贫乏、单调、死板，引发不了学生的需要、兴趣、情感、意志，使他们感到乏味、厌恶，注意力转移，对教学知识以外的事物感到兴奋。在这种情况下，学生的非智力活动与智力活动便不一致，干扰了他们去认知、学习。这是不符合教学要求的，必须及时调节、纠正。

第8章　教学(中)

8.1　复习笔记

【知识框架(庖丁解牛)】

- 教学(中)
  - 教学原则
    - 教学原则的概念
    - 具体的教学原则
  - 教学方法
    - 教学方法的概念
    - 常用的教学方法

【考点难点归纳(厚积薄发)】

考点四、教学原则

表8－1　教学原则

要点	具体内容	
教学原则的概念	是在总结教学实践经验基础上根据一定的教育目的和对教学过程规律的认识而制定的教学工作的基本准则	
具体的教学原则	启发性原则	提问激疑，积极思考
	理论与实践相结合原则	重视运用知识解决实际问题
	科学性和思想性统一原则	兼顾科学知识与思想品德
	直观性原则	运用直观语言、直观教具、直观环境进行教学
	循序渐进原则	按认知规律进行系统教学
	巩固性原则	重视复习，迅速再现，长久保持
	发展性原则	要有一定的难度
	因材施教原则	从实际情况、个体差异出发，采取灵活教学方法

【习题精选】

为何我国自古以来都十分重视启发教学原则？教师的启发与学生探究之间有何内在联系？这一原则对调动师生双方的能动性有何重要的功能和价值？

答：(1)我国自古以来都十分重视启发教学原则的原因

①启发式教学反映了学生的认识规律。学生的认识过程是在教师指导下进行的能动认识过程。没有教师的引导，学生的认识就不可能高效和迅捷。但学生是学习的主体，教学只有重视启发，充分调动他们的学习主动性、积极性，才能发挥学生自身的聪明才智把学

习搞好。

②启发式教学让学生真正成为学习活动的主人。启发式教学确立了主体教育观，教师把主要精神和时间放在激发学生的学习兴趣上，使学生始终处于主动、积极的状态之中，全身心地投入学习，从而确保学生成为教学的主体，成为学习活动的主人。

③启发式教学充分发挥了教师的主导作用。在课堂教学中，启发式教学要求教师必须了解学生内心的想法和需求，从学生的知识水平、能力水平、动机水平的实际出发，调动学生的学习积极性，使每一个学生都在各自原有的基础上得到应有的进步。

④启发式教学有助于营造民主和谐的课堂氛围。在启发性教学中，教师要调动学生思维的积极性，让学生敢于发表不同的见解，而且还要鼓励学生进行提问和质疑。通过类似的师生互动，在学习知识的同时，加强了师生双方情感交流，营造了民主和谐、愉悦的课堂氛围。

⑤启发式教学注重学生学习能力的培养。在启发式教学中，通过老师的设问、启发，引导学生自己在学习过程中学会求知，学会观察，学会操作，掌握学习方法，形成较强的学习能力，达到"授人以渔"的目的，实现"举一反三"这个启发的最高目标。

(2)教师启发与学生探究之间的内在联系

在教学中，教师引导、启发学生，经过他们的积极思考与探究来完成学习和发展的目的。教师的启发与学生的探究之间存在着密切的内在联系，具体分析如下：

①学生的探究是主体，教师的启发是辅助。在学生的认识过程中，学生是学习的真正主体，虽然教师的引导、启发、点拨很重要，但有成效地理解和运用知识，掌握学习方法和发展自己的智能与情操，都要靠学生个人自己主动地探究造和提高。

②启发是手段，调动学生主动探究是目的。启发性原则看似强调教师的作用，实质上更注重调动学生的主动探究，让学生能动地创造性地获得知识、智能与品性的全面发展。所以，教师不能代替学生的认知过程，一切包办，否则将造成学生的依赖性，影响他们学习能力的发展。

(3)启发性原则对调动师生双方的能动性的功能和价值

启发性原则对调动师生双方的能动性的功能和价值体现在两个方面：

①教师方面

启发式教学并不降低教师在教学中的主导地位，也不否定课堂教学在教学中的重要作用，只是提出了更高的要求。教师应认真学习教育学、心理学方面的知识，丰富自己的教育学科专业知识。不同年龄阶段的学生身心等各方面的发展有着不同的特点，因此教师要充分了解学生的心智发展水平和认知表征方式。在与学生的交往互动中，教师要尊重学生的想法，即使学生的观点是错误的，教师也不应断然否定，而应当从侧面加以引导，综合运用情境陶冶、言语说服、榜样示范等方法使学生意识到自己的错误并逐步加以改正。在课堂教学中，教师是教学任务的完成者，教学目标的制定者，教学课程的组织者，学生求知的启发者，以上都体现了教师的主体地位。在启发式教学中，教师要为学生创设适宜的问题情境，根据学生的心智发展水平及认知表征方式，向学生提出难度适当的问题。此外，教师还要创造民主活泼的课堂氛围，鼓励学生多提问题，充分利用知识本身的力量去激发学生的学习兴趣。最后，教师要向学生提供用各种形式提出问题的机会，把握启发的度，有针对性地进行答疑和讲解，及时反馈和评定学生的学习结果。对教学内容设问，对学生加以启发引导，否则学生将失去学习的兴趣，对学什么，怎么学感到茫然无措。可见，正是教师提出的启发式问题，不断激起学生求知的欲望，给学生指明前进的方向和道路，使学生不断养成终身学习的愿望和能力。

②学生方面

启发式教学中的学生是课堂的主体。传统的教育、教学强调教师、教材、课堂三个中心，认为教师是教育、教学活动的主体，学生只是知识的被动接收者。同时在应试教育的大背景下，灌输教育、棍棒教育、题海战术等层出不穷，更不可能体现出学生的主体地位；而在启发式教学中，教师持着“教师主导，学生主体”的新观念，充分认识到学生是具有主观能动性的个体。教师向学生传授的知识并不一定全部被学生理解和接受，还需要学生依赖自己已有的知识结构对新知识整合、转化，进而构建新的知识体系。学生不是被动的信息接收者，而是意义的主动建构者，这种建构不可能由他人代替。教师的引导、启发、点拨固然很重要，但学生要达到有效地理解和运用知识，掌握学习方法和发展自己的智能与情操等目的，最终还是要靠通过学生个人主动地探究与反思，通过学生个人经验不断地改组、改造和提高才能实现。教师不能将启发、引导弄成包办代替，这样轻则造成学生的依赖性，重则影响他们的独立思考的能力，成为害怕困难的懦夫、懒汉。故启发性原则看似强调教师的启发，实则更重引发学生的主动探究，让其创造性地获得知识、积极地提升能力。

考点五、教学方法

表8－2 教学方法

要点	具体内容	
教学方法的概念	教师引导学生探讨与掌握知识技能、获得身心发展而共同活动的方法	
常用的教学方法	讲授法	表达准确、清楚、详尽、生动，注意语音、语速、语调
	谈话法	启发诱导，平等互动
	读书指导法	指导读书方法，带着问题阅读
	练习法	传授要领，精益求精
	演示法	实物展示，讲解说明
	实验法	仪器操作，示范指导
	实习作业法	准备，指导，总结
	讨论法	善于启发，引导学生自由发表意见
	研究法	提供条件，引导学生主动探索问题

【习题精选】

讲授法在教学中有何重要价值与局限？如何使讲授法避免注入式？

答：(1)讲授法的价值与局限

讲授法是教师通过口头语言向学生描绘情境、叙述事实、解释概念、论证原理和阐明规律的教学方法。

①讲授法的价值

a. 有利于发挥教师的主导作用：

第一，教师可以高效、系统地传递信息。由于教师在讲授法教学中占主导地位，所以教师在课堂上利用讲授法进行教学时，能够在相对短的时间内传递大量系统化信息，有利于学生系统地接受和继承人类文化遗产。

第二，教师能够有效地控制课堂。教师在传授知识时，对课堂教学的全面管理有较强的控制力，教师可以及时发现课堂进程中的问题，针对有关情况随机应变，做出相应的调整，以保证教学目标的实现和促进学生的发展。

b. 应用范围极其广泛：

第一，不受学科、年级的限制。讲授法能适用于各层次、各年级、各学科的教学之中，其他各种教学方法实际上都是在讲授的基础上，或围绕讲授而结合进行的，并由讲授居主导地位。因此，讲授技能是提高课堂教学质量的重要手段。

第二，不受地域的限制。不管是在现代化信息技术高度发达的城市学校，还是在偏远落后的山区学校，教师都可以利用现有的条件进行较为有效地讲授，并无严格的条件或是环境的要求，从而保证其适用范围的广泛性。

②讲授法的局限

a. 不利于发挥学生的主动性。由于在讲授法教学中，教师占主导地位，教师对课堂有极强的控制力，学生很容易处于被动的地位。同时，由于教师运用讲授法教学，面向全体学生，较难照顾学生的个别差异。这些都不利于发挥个体的学习积极性和主动性。

b. 操作不当容易走向“注入式教学”的误区。讲授法和注入式教学有共同的地方，即教学过程都是教师讲，学生听。如果教师没能很好地把握讲授技巧，很容易造成机械性地讲授，久而久之导致学生依赖于教师传授，满足于简单记诵，最后步入注入式教学的误区。

(2)讲授法避免流于注入式需要注意：

注入式是指教师在教学中将现成的知识结论生硬地灌输给学生的一种教学方法。这种方法不考虑学生学习认识过程的客观规律，以及他们的理解能力和知识水平，并主观地决定教学进程。强迫学生呆读死记，中国俗称“填鸭式教学法”。注入式教学严重阻碍学生智力和独立学习能力的发展。

讲授法作为一个古老而传统的教学方法，一直在课堂中普遍采用。新课程实施以来，对讲授法的非议屡见不鲜。究其根源，是因为人们分不清“讲授法”与“注入式”的质的区别，将讲授法贴上了“注入式”的标签。实际上，只要讲授法运用得当，依然不失为一种较好的教学方法。在新课程改革背景下的讲授式教学应该更注重师生之间的互动和学生之间的互动，不应该再是单向的输入知识，传递信息，要能够体现学生在课堂上的主体地位。

在教师的实际操作中，讲授法既可以注重调动学生学习的主动性，进行启发性讲授，也可以不考虑学生主动性，强输硬灌，进行注入式讲授，要使讲授法避免流于注入式应做到以下几点要求：

①弄清“讲授法”与“注入式”质的区别，以新的教学理念激活这一传统教学形式

教师要注意了解学生具体情况，依据学生的年龄与个性特点，在他们已有的知识与方法基础上，结合教学的任务与内容，预设讲授的内容、方法与活动；教师在教学中要特别

注重对学生的启发引导，激活他们的兴趣与注意，让其将听课和思考合为一体，对教师传递的知识经过分解组合、加工编码后在自己的头脑中建立起认知结构并记忆存储，更进一步培养出他们获取与处理信息的能力、分析与解决问题的能力。这样，师生双方都处在主动积极状态，师生的思想情感就能有所交流、互动、共鸣与共享，教学的质量自然就能够达到较高的水准。

②精心设计讲授内容

a. 教师的讲授内容要注重科学性，教师要以科学的认识论和方法论为指导，树立严谨治学、求实创新的教风和学风。教师要以教材内容为依据，认真钻研、深刻领会知识的实质，做到讲授概念准确、论证原理充分、逻辑推理严密、列举事实真实、技能训练严格，使学生获得真实可靠的知识。切不可一味追求生动形象，违背科学性的要求。

b. 讲授的内容要有启发性，要根据教学要求，从学生的知识基础、思维方式、心理水平、学习方法等实际出发，借助各种教学手段，调动学生的积极性、主动性，引导他们去激活自身的创造性思维，主动地去获取知识，真正达到发展智力、培养能力的目的。

c. 讲授的内容要有形象性，教师可借助比喻、描绘、表演等手法或教学媒体手段使学生领会抽象的概念、定理和规律，使学生"如临其境""如见其形""如闻其声"，将抽象的概念具体化、深奥的哲理形象化、枯燥的知识趣味化。生动形象、富有趣味的讲授，能够激发学生的兴趣，使他们集中注意、积极思考，对学习内容产生深刻的印象。当然，讲授要做到生动有度，切不可为了追求活泼有趣而流于庸俗、低级，玷污教学环境和学生心灵。

③注重讲授的策略与方式

教师使用讲授法应针对教学任务与内容做深入具体的研究和策划。例如：有的教师讲课根据教学内容的主次、难易而采取先讲、后讲、精讲、串讲。教师讲课时应留有余地，以达到发人深省、耐人寻味之效果，要启发学生积极思维，学生思维随着教师的讲课而运转，让他们在兴趣盎然的情绪中去积极主动的学习，才会卓有成效。

④讲究语言艺术

在讲课过程中，教师应注意语速、语调、响度等的科学运用，并根据学生的反应及时做出相应的调整。在确定基本的速度和音量后，语音的高低、强弱、快慢和停顿还应根据教学内容有一些变换、起伏，以吸引学生。一般而言，教师在讲授时应该声音洪亮，吐字清晰，发音规范，节奏适宜，语调自然，但也要根据内容要求、感情表达的需要，适当改变，做到抑扬起伏，错落有致。必要时，还应以身姿手势辅助说话，以提高语言的感染力。

⑤把握讲授法具体形式的实际运用场景

讲授法可分为讲述、讲解、讲读和讲演四种具体形式，每一种具体形式应在何时何地被使用是需要教师自我把握的。

a. 讲述。侧重生动形象地描绘某些事物现象，叙述事件发生、发展的过程，使学生形成鲜明的表象和概念，并从情绪上得到感染。在低年级，由于儿童思维的形象性、注意力不易持久集中，在各门学科的教学中，多采用讲述的方法。

b. 讲解。主要是对一些较复杂的问题、概念、定理和原则等，进行较系统而严密的解释和论证。讲解在文、理科教学中都广泛应用，在理科教学中应用尤多。

c. 讲读。教师或学生以朗读方式表述教材或其他读物的方法。

d. 讲演。教师就教材中的某一专题进行有理有据、首尾连贯的论说，中间不插入或很少插入其他的活动。主要用于中学的高年级和高等学校。

⑥讲授要与板书相配合

讲授与板书相互配合，可以更好地发挥讲授的作用。板书的基本内容包括图画、文字、公式和表格。板书内容一般都是教学内容的重点、难点，教师利用讲授对精心设计的板书内容加以点拨、讲解，能引导学生抓住教学的主要内容，提示学生重点和关键问题，帮助学生记忆和消化教学内容，有利于学生记好笔记和复习。

⑦讲授法要和其他教学方法相结合

教学方法本身很难说有好坏之分。不同的教学理论对教学方式有不同理解，于是产生了许多不同的教学方法，如讲授法、谈话法、讨论法、发现法、探究法、练习法、实验法、演示法、参观法等等，各种教学方法都发挥着独特的作用。教师要积极地改进讲授法，使之既能更好地独立地发挥作用，又能实现其与其他教学方法整体地发挥作用。教师在教学中不仅要传授知识，还要培养学生的创造性和各种实践能力，所以，教师在教学中必须改变“传授-接受”这种单一固定的模式，必须与谈话法、探究法、直观法等其他教学方法相结合，使学生在课堂中不仅习得知识，还能体验到学习的乐趣；不仅能够认知知识，还能建构知识、运用知识。这不仅能克服讲授法的缺陷，还能丰富讲授法的内涵。需要注意的是，讲授法在与其他教学方法结合时，不能一味地为了结合而结合，必须在需要时采用，否则可能起到不良的效果。

⑧讲授法要与现代教学媒体相结合

为了避免单方向的信息传递和形式的单一，讲授法应该把现代教学媒体作为辅助工具，使教学形式具有声像并举、动静结合、形象直观的特点。讲授法与现代教学媒体相结合，使抽象的知识变得容易理解，也改变了教师单纯口头讲授的形式，弥补了讲授法形式单一的缺点。这样教师的语言表达更加丰富、生动，有利于引起学生的注意，唤起学生的兴趣，也有利于培养学生重视信息技术的意识和实操能力。讲授法和现代教学媒体结合，还突出了学生的主体性，师生关系变得民主平等，有利于学生主动精神和创造性的发挥。但利用现代教学媒体时，也要注意不能只重视利用媒介的展示而忽视师生间的语言、情感的交流。

8.2 典型题(含考研真题)详解

一、单项选择题

1. 布鲁纳认知主义教学理论提出的教学原则有(　　)。[统考2017年研]

A. 动机原则、结构原则、程序原则、强化原则

B. 高速度原则、高难度原则、理论知识起主导作用原则

C. 直观性原则、量力性原则、巩固性原则、彻底性原则

D. 及时反馈原则、小步子原则、自定步调原则、积极反映原则

【答案】A

【解析】布鲁纳认知主义教学理论中的教学原则有：动机原则、结构原则、序列原则、强化原则。B项是赞可夫提出的。C项是我国教学中的教学基本原则。D项是斯金纳提

出的。

2. 前苏联著名教育家(　　)提出了“高难度、高速度”进行教学的原则。

A. 凯洛夫　　B. 维果斯基　　C. 斯宾塞　　D. 赞可夫

【答案】D

【解析】前苏联著名教育家赞可夫在其《教学与发展》中提出“高难度教学”“高速度教学”“理论知识起指导作用”“理解学习过程”“使所有学生包括差生得到发展”的五大教学原则。

3. 教师和学生要从教学活动中及时地获得反馈信息，及时地调节和控制教学活动，提高教学效率，这是(　　)。

A. 最优化原则　　B. 反馈性原则　　C. 巩固性原则　　D. 民主性原则

【答案】B

【解析】反馈性原则是指在教学活动中，教师与学生从教和学的活动中及时获得反馈信息，以便及时了解教与学的情况，并能够及时有效地调节和控制教学活动的顺利开展，达到提高教学效率和教学质量的目的。

4. 教师通过语言传授和示范操作使学生接受、掌握系统知识与技能的教学方法组合形式是(　　)。

A. 传授-接受教学　　B. 传授-发现教学

C. 问题-发现教学　　D. 问题-接受教学

【答案】A

【解析】传授-接受教学模式是指在教学学过程中教师主要通过口授、板书、演示，学生则主要通过耳听、眼看、手记来完成知识和技能传授，从而达到教学目标要求的一种教学模式。

5. 教师对概念或原理进行解释分析和论证的方式是(　　)。

A. 讲述法　　B. 讲解法　　C. 讲读法　　D. 讲演法

【答案】B

【解析】讲授法是教师通过口头语言系统连贯地向学生传授知识的方法。讲授法可分讲述、讲解和讲演三种方式。讲述是教师向学生描绘学习的对象、介绍学习材料、叙述事物产生变化的过程。讲解是教师对概念、原理、规律、公式等进行的解释说明和论证。讲述、讲解各有侧重，但在教学中常结合使用。讲演则是系统全面地描述事实，深入分析和论证事实并归纳、概括科学的结论。

6. 下列教学法中，由前苏联教育家沙塔洛夫提出的是(　　)。

A. 快乐教学法　　B. 八字教学法

C. 掌握学习教学法　　D. 纲要、信号、图表式教学法

【答案】D

【解析】前苏联教育家沙塔洛夫认为，既然人们能借助于各种新的生产工具减轻体力劳动的负担，那么作为教师就应该创立一种科学的教学方法，以减轻学生的负担，提高教学

质量。“纲要信号”图表教学法正是基于这一观点建立起来的。

二、概念题

1. 因材施教[东北师范大学2014年研]

答：因材施教是指教育要从学生的实际情况、个别差异出发，根据他们的年龄特征和个性差异进行不同的教育，使每个学生都能扬长避短、获得最大程度的发展，这是教育原则之一，也是德育原则之一。德育中贯彻因材施教原则的基本要求是：①深入了解学生的个性特点和内心世界，这是因材施教的前提和基础。②根据学生个人特点有的放矢地进行教育，要找到能适合学生特点、开启学生心灵的德育内容和方法，创造性地进行教育。③根据学生的年龄特征有计划地进行教育。

2. 理论联系实际原则

相关试题：

举例说明什么是理论联系实际的教学原则。[论述题，上海师范大学2014年研]

答：理论联系实际原则是教学原则之一，是指教师在教学中要把理论知识与客观实际密切联系起来，引导学生在理论与实际联系中去理解知识，并运用知识去分析和解决实际问题，达到学以致用。这一原则的基本要求包括：①书本知识的教学要注重联系实际。②重视培养学生运用知识的能力。③正确处理知识教学与技能训练的关系。④补充必要的乡土教材。教学中的生活实际有三个方面内涵：一是教学规定的与实践相关的活动性作业；二是学生本身的实际；三是社会实际。教师积极开发实践环节，通过教学不仅帮助学生深化对书本知识的理解，使学生学会运用知识去解决实际问题的基本技能和方法，而且让学生体验过程，获得某种经验、经历或体验。

三、辨析题

1. 因材施教有悖于教育公平。[统考2016年研]

答：此观点错误，具体分析如下：

(1)因材施教是指教师要从学生的实际情况、个别差异出发，有的放矢地进行有差别的教学，使每个学生都能扬长避短，获得最佳的发展。

(2)因材施教并不是要求区别对待学生，而是根据学生自身的不同特点，有的放矢，进行有针对的教育；教育公平是指要公平对待学生，并不是要求要平均对待学生，学生有各自的特点和个性，在教育中应该对学生因材施教，促进学生个性的发展。

2. 教学模式就是教学方法。[统考2007年研]

答：此观点错误，具体分析如下：

(1)教学模式是指反映特定教学理论逻辑轮廓的、为保持某种教学任务的相对稳定且具体的教学活动结构，是对各种教学法及其理论依据和结构所做的纲要式的描述。教学模式通常包括五个因素：理论依据、教学目标、操作程序、实现条件和教学评价。教学模式是一种结构框架，它从宏观上把握了教学活动整体及各要素之间内部的关系和功能；它也是一种活动程序，具有有序性和可操作性。

(2)教学方法是指为完成一定的教学任务，教师的教和学生的学相互作用所采用的方式，是教的方法和学的方法的统一。教学方法一般都是按照教学活动的外部形态区分来命名的，如讲授、谈话、演示、练习、讨论、实习等，都体现一种教学活动，具有独特的教学功能，不能用其他方法来代替。

(3)教学模式具有概括化、理论化的特点，教学方法则具有具体的、可操作的特点。通常情况下，教学方法侧重于实践，而教学模式侧重于理论。教学模式包含了一定的教学指导思想、教学策略和教学方法等，属于较高层次。因此将教学模式和教学方法等同起来是错误的。

四、简答题

1. 简述启发性教学原则及其要求。[华中师范大学 2017 研；福建师范大学 2016 年研]

相关试题：

①何为启发性原则，结合个人经验谈谈如何贯彻这一原则。[陕西师范大学 2016 年研]

②简述教学中的启发式教学原则及其教学策略。[中国海洋大学 2018 年研]

③启发性教学原则[名词解释，沈阳师范大学 2017 年研]

答：(1)启发性教学原则的概念

启发性原则，是指在教学中教师要承认学生是学习的主体，注意调动学生学习的主动性，引导他们独立思考，积极探索，生动活泼地学习，自觉掌握科学知识，提高学生分析问题与解决问题的能力。

(2)贯彻启发性教学原则的要求：

①调动学生学习的主动性。调动学生内在的学习主动性是启发的首要问题。教师要善于质疑，提出富有启发性的问题，或指明所学知识的价值，以激发学生对知识本身的兴趣，并进一步着眼于学生对真知的探索和追求。

②善于提问激疑，引导教学步步深入。教师在启发学生思考的过程中，要注意提问的质量，不能蜻蜓点水启而不发；要循循善诱，引导学生一步一步深入探究，获取新知。

③注重通过解决实际问题启发学生获取知识。教师提问只是启发教学的一种途径，其他如组织和引导学生现场观察、实际操作也是启发教学的重要的途径。在教学中，教师还要注重为学生提供必要的设备与条件，提出要解决的问题，让学生亲自动手、动脑，或独立、或合作地去完成。这对学生更具挑战性，可以促使他们更积极主动去完成预定的学习任务。

④发扬教学民主。建立平等民主的师生关系、创造民主和谐的教学气氛、鼓励学生发表不同见解以及允许学生向教师提问质疑等是保障启发式教学发挥最大效果的重要前提。

2. 试析如何贯彻知识结构和学生认知结构相统一的教学原则。[北京邮电大学 2006 年研]

答：知识结构和学生认知结构相统一的教学原则就是在教学过程中，引导学生在学习和掌握某门学科的知识结构时，能形成他们科学的认知结构或改变已经形成的不科学的认知结构。具体在贯彻过程中应做到以下几点：

(1)要按照各门学科知识体系的内在规律和顺序进行系统地教学

①教师要全面熟悉本学科的教材，掌握它的逻辑结构，在教学中抓好该门学科的基础知识和基础训练，善于突出整个知识体系中最基本的内容，把它们讲清楚。

②在教授新内容的时候，还应本着由浅入深、由易到难、由已知到未知的精神去进行，要使新的学习内容成为已学过内容的合乎逻辑的发展。

③还要注意各门学科之间的内在逻辑联系。这种有机联系反映了物质世界本身的统一性和互相渗透性。

(2)在传授各门学科的基础知识时，要采取相应年龄阶段的学生能够接受的形式，循序渐进地进行

青少年发展的每个阶段都有他自己观察世界和解释世界的独特方式。总体而言是一个由实物、形象符号的认识到抽象符号认识的过程。教学只有充分考虑到他们的认知特点和水平，把学科结构改造成能适应某一学习阶段学生所能普遍理解的形式，安排好学科结构，才能促进学生学习质量的提高。

(3)要引导学生不断改进自己的认知结构

为了使学生形成合理的认知结构，教师在教学时要讲清基本概念，用自己正确的认知结构去影响学生；同时还要训练思维，指导学生学习的方法，使他们习惯于对自己的认知活动进行分析，不断调整自己的认知结构。

3. 简述程序教学模式的基本原则。[四川大学 2004 年研]

相关试题：

什么是程序性教学模式。[南京师范大学 2018 年研]

答：程序教学模式是 20 世纪 50 年代美国行为主义心理学家斯金纳提出来的一种教学模式。它把学习内容分成一个个小的问题，系统排列起来，通过编好程序的教材或特制的教学机器，逐步地提出问题(刺激)，学生选择答案，回答问题(反应)，回答问题后立即就知道学习结果，确认自己答案的正确或错误。如果解答正确，得到鼓舞(强化)就进入下一程序学习。如果不正确，就采取补充程序，再学习同一内容，直到掌握为止。程序教学的主要原则如下：

(1)小步子原则。指把学习内容按内在联系分成许多具体问题，目的是使学生学习不费力，少犯错误，能连续正确地解答问题。

(2)积极反应原则。指学生对所提问题做出积极的外显反应，学习由被动变为主动。

(3)及时确认原则。指学生对每个问题做出反应后，立即提供关于结果的知识，使他们确认自己反应的正误，提高学习信心，增强学习效果。

(4)自定步调原则。指学生用适合自己的速度进行学习。

4. 简述探究训练教学模式的五个阶段。[复旦大学 2004 年研]

答：探究训练教学模式是一种以问题解决为中心，学生在教师指导下，通过发现问题、解决问题，从而培养学生独立活动的能力、创造性思维能力和意志力的教学模式。其基本阶段包括以下五个方面：

(1)确定问题情境

这一步骤对学生的元认知策略、问题解决技能和态度学习均有十分重要的意义。它主

要是让学生形成清晰的目的图式，奠定解决问题的方向，引起学生对探究活动的动机和兴趣。因此教学者必须提供有一定难度的问题。实施探究教学的要求包括：①要使所提出的问题要在学生的最近发展区之内可以解决的难易适度的问题；②是提供一个明晰的问题情境；③注意问题呈现的方式。

(2)分析因果，提出假设

在这个步骤中，一些一般的认识策略和智慧技能得到了学习。由于这一步是问题解决中十分关键的一步，因此，首先，要注意的就是教师或其他指导者不要对学生进行过多的干涉，即使有时学生的假设看起来相当幼稚。其次，有时学生的注意偏离了问题本身，教师不妨给予简单的提醒，但这种提醒决不能干涉学生对问题的思考，仅仅起到帮助学生提起元认知的监控作用，使其不偏离目标而已。

(3)设计方案，验证假设

就设计过程而言，学生主要是在进行智慧技能的学习，因此，教师必须为学生提供充足的验证条件，有实验的还要提供完备的实验设备。

(4)分析数据，得出结论

这一步骤对于智慧技能、认知策略、言语信息的学习起作用。①要注意安排学生进行小组间或人与人之间的交流，通过交流，发现彼此间的差异。②要提醒学生注意到彼此间的不一致，检查各自的探究过程，然后达成协议。③把协议用书面格式或口头方式表达出来。

(5)反馈与反思

反馈在探究教学中，根据学生探究能力可以提出不同的要求。对于刚刚步入探究教学，对探究活动这种主体性十分强烈的学习方式尚不适应的学生，教师应对学生的行为表现予以肯定或否定，使学生不至于茫然失措，逐步构筑自己的元认知策略。但随着学习的深入，教师应逐步引导学生自己寻找反馈资源，如查阅教科书、资料。对照这些资料，学生一方面要发现自己研究的不足，另一方面，要敢于对已有的权威论断进行质疑，逐步树立起科学态度和科学精神。

5. 简述中小学常用的教学方法。[中央民族大学 2017 年研]

相关试题：

简述教学方法及其主要类型。[北京师范大学 2018 年研]

答：中小学常用的教学方法有：

(1)讲授法

教师通过语言向学生传授科学文化知识、思想理念。这种方法要预构讲授的内容、方法，注意激发学生兴趣，讲授内容要严谨而有趣，要运用一定的语言艺术。

(2)谈话法

教师按一定的教学要求向学生提出问题让学生回答，通过问答、对话的形式来引导学生思考、探究。这种方法要准备好谈话计划，要善于提问诱导，要有耐心。

(3)读书指导法

教师指导学生阅读相关书籍来达到自学的目的。这种方法要向学生提出要求，进行方法的指导，尽可能扫除某些阅读障碍，启发学生在阅读中发现问题与解决问题。

(4)练习法

教师指导学生运用新学的知识去反复完成一项的操作以加深理解和形成技能。这种方法要循序渐进、逐步提高，教师要进行一定的督导和检查。

(5)演示法

教师通过展示实物、教具或播放有关教学软件、课件使学生认识事物、获得知识。这种方法要做好演示前的准备，使学生明确演示的目的、要求，还要注意适时讲解。

(6)实验法

教师指导学生运用一定的仪器设备进行科学实验。这种方法要做好实验前的准备，使学生明确实验的目的、要求和程序；注意示范与指导，并做好实验小结。

(7)实习作业法

教师指导学生进行特定的学科实践活动以培养学生实际操作能力。这种方法要做好实习作业前的准备与动员；在实习作业过程中要给予指导，结束后要善于总结。

(8)讨论法

学生在教师指导下围绕某个主题进行探讨。这种方法要设计有吸引力的讨论主题，要善于启发、引导学生发表独特的见解。

(9)研究法

学生在教师的指导下通过查阅资料、实验、考察等展开科研的方法。这种方法要选定正确研究课题，提供必要的条件，让学生独立探索并给予一定的指导。

6. 教学方法有何重大教育价值？为何教育家都很重视教学方法的运用和改进？

答：(1)教学方法的重大教育价值

①科学的教学方法有助于教学工作的顺利有效的开展。科学的教学方法有助于全面而正确地反映教学目的、教学任务、教学内容以及现代教学的发展趋向，在教学过程中真正发挥激励、引领与规范的作用，从而保障教学工作的顺利开展。

②科学的教学方法有助于教师教学工作的进行。科学的教学方法可以使教师指导该如何组织教学，开展教育活动，如何调动学生的积极性和主动性，如贯彻循序渐进原则要求要按教材的系统性进行教学，以及抓主要矛盾，解决好重点与难点，这样的要求就可以很好地引导教师开展教学。

③科学的教学方法有助于学生更好的学习。教学方法是根据相关学科知识和学生身心发展规律，经过历代的学者积累、研究而成的。因此，在科学教学方法的引导下，按照学生的身心规律，由浅入深、由易到难、由简到繁的呈现和设计教学，使学生更容易理解和掌握知识，从而提高教学质量。

(2)教育家都很重视教学方法的运用和改进的原因

教学方法在教学中具有重要的意义，不仅因为不运用一定的教学方法就不能完成一定的教学任务，而且在于教学方法关涉与体现教师组织与引导学生学习与运用文化科学知识，获得相应发展的基本活动。这种活动的方式极其灵活多样，在不同方式的活动中，师生所处的地位、构成的关系及其积极性发挥的状况也大不一样，其教学效果与质量亦相差悬殊。故自古以来，尤其是近现代教育家都重视教学方法的研究和改革。

7. 强调练习是否就意味着“题海战术”？怎样才能正确而高效地进行练习？

答：（1）强调练习并不意味着“题海战术”

练习法是指学生在教师指导下反复完成一定的操作以加深理解和形成技能的方法。“题海战术”则是指为达成某一任务，多指考试或检测，机械地做大量的相关习题，并不考虑其质量与效率，亦不进行思考、分析。强调练习并不意味着“题海战术”，具体原因分析如下：

①练习的目的是学以致用，培养解决实际问题的初步能力。因此，练习注重思考问题、分析问题，注重学生思维的参与程度。而“题海战术”则一味地强调数量，机械地反复、重复。

②在练习的过程中，学生要不断地发现自身的问题和不足，以便今后改进与提高，这是练习有效进行的保证。而“题海战术”更关注学生所做题目的数量，学生没有时间来发现自己的问题。

③练习最终目的是学以致用，解决实际问题，因此，练习是有目的地、有针对性地进行的，强调循序渐进，逐步提高。而“题海战术”更关注死记硬背，能够通过考试是其最终目的。

通过以上分析，可见练习与“题海战术”还是存在本质差别的，不可将其混为一谈。而且，在实际教学中，要避免因练习操作不当，而变为“题海战术”的情况发生。

（2）正确而高效地进行练习的基本要求

①提高练习的自觉性。要让学生明确练习的目的、程序、规范、要领、关键、原理与方法，才能提高他们练习的自觉性和质量。

②循序渐进、逐步提高。在练习的质量、难度、速度、独立和熟练程度、综合应用和创造性上，对学生都应有计划地提出要求，由易到难逐步提高、熟练与完善。

③严格要求。无论是口头练习、书面练习或操作练习，都要严肃认真，要求学生一丝不苟、刻苦训练、精益求精，达到最高的水平，体现出创造性。

五、论述题

1. 论述教学原则及其要求。［东北师范大学 2018 年研］

答：教学原则是反映教育规律的，在教育系统内部制约和指导教育进程的基本法则和标准，是教育工作必须遵循的基本规范。我国中小学的教学原则主要有：

（1）直观性原则

①直观性原则，是指在教学中要通过学生观察所学事物或教师语言的形象描述，引导学生形成所学事物、过程的清晰表象，丰富他们的感性知识，从而使学生正确理解书本知识，发展其认识能力。

②贯彻直观性原则的基本要求：a. 正确选择直观教具和现代化教学手段；b. 直观要与讲解相结合；c. 重视运用形象生动的语言直观。

（2）启发性原则

①启发性原则，是指在教学中教师要承认学生是学习的主体，注意调动学生学习的主动性，引导他们独立思考，积极探索，生动活泼地学习，自觉掌握科学知识，提高学生分析问题与解决问题的能力。

②贯彻启发性原则的基本要求：a. 调动学生学习的主动性；b. 启发学生独立思考，发展学生的逻辑思维能力；c. 引导学生动脑、动口、动手，进行创造性的学习，培养独立解决问题的能力；d. 发扬教学民主。

(3)系统性原则

①系统性原则，又称循序渐进原则，是指教学要按照学科的逻辑系统和学生认识发展的顺序进行，使学生系统地掌握基础知识、基本技能，形成严密的逻辑思维能力。

②贯彻系统性原则的基本要求：a. 按教材的系统性进行教学；b. 抓主要矛盾，解决好教学中的重点与难点；c. 由浅入深、由易到难、由简到繁。

(4)巩固性原则

①巩固性原则，是指教学要引导学生在理解的基础上牢固地掌握知识和技能，使之长久地保持在记忆中，并能根据需要熟练地再现出来，以利于知识技能的运用。

②贯彻巩固性原则的基本要求：a. 在理解的基础上巩固；b. 重视组织各种复习；c. 在扩充、改组和运用知识中积极巩固。

(5)量力性原则

①量力性原则，又称可接受性原则，是指教学的内容、方法和进度要适合学生身心发展的现状和特点，既是学生能够接受的，但又要有一定的难度，需要他们经过努力才能掌握，以促进学生的身心发展。

②贯彻量力性原则的基本要求：a. 了解学生的发展水平，从实际出发进行教学；b. 考虑学生认识发展的时代特点。

(6)思想性和科学性统一的原则

①科学性和思想性统一原则，是指教学要以马克思列宁主义为指导，在向学生传授科学知识的同时，结合知识的教学对学生进行社会主义品德和正确人生观、科学世界观教育。

②贯彻科学性和思想性统一原则的基本要求：a. 保证教学的科学性；b. 发掘教材的思想性，注意在教学中对学生进行思想品德教育；c. 教师要不断提高自己的专业水平和思想修养。

(7)理论联系实际原则

①理论联系实际原则，是指教学要以学习基础知识为主导，从理论与实际的联系上去理解知识，注意运用知识去分析问题和解决问题，达到学懂会用、学以致用。

②贯彻理论联系实际原则的基本要求：a. 书本知识的教学要注重联系实际；b. 重视培养学生运用知识的能力；c. 正确处理知识教学与技能训练的关系；d. 补充必要的乡土教材。

(8)因材施教原则

①因材施教原则，是指教师要从学生的实际情况、个别差异出发，有的放矢地进行有差别的教学，使每个学生都能扬长避短，获得最佳的发展。

②贯彻因材施教原则的基本要求：a. 针对学生的特点进行有区别的教学；b. 采取有效措施使有才能的学生得到充分的发展。

2. 联系实际，试分析高等学校教学方法改革的趋势。

答：高等学校教学方法的改革，是在高等教育改革的大背景下，与高等教育其他方面的改革同时进行的。一般而言，教学方法的改革，离不开教育思想的转变、教育理论的深化和教育教学手段的现代化。当今世界高等教育改革及相应的教学方法改革，从目前来看存在着一些共同趋势。下面从教学方法的功能、指导思想和结构特征三个方面的变化，来阐述高等学校教学方法改革的一些共同趋势：

(1)在教学方法的功能定位上，由教授知识向教会学习转变

科学的发展和技术的进步表明，通过高等学校教学传授给学生的各种专业技术知识，已经无法达到使学生成为某一方面专业技术人才的目的，学生通过教学过程所获得的知识在一个不长的时期内可能就会被淘汰，应付不断变化的专业技术发展要求的知识和技能，主要由学生在毕业后自己获得。因此，在高等学校教学中，人们越来越多关注教会学生学习的问题。

(2)在教学方法的指导思想上，推行启发式，废止注入式

启发式与注入式并不是两种具体的教学方法，而是两种不同的教学指导思想。因此，即使是同一种具体的教学方法，如讲授法，在实际运用过程中，由于指导思想的不同，既有可能被列入启发式，也有可能被列为注入式。在启发式教学中，教师既要发挥教学过程中的主导作用，也要注意充分调动学生接受知识和锻炼能力的积极性和主动性，使学生在整个学习过程中保持一种积极的兴奋状态。学生在这一过程中所获得的不仅是知识的增加，更重要的是通过独立的、经常性的积极思考，一方面把新知识以较快的速度内化到自己原有的知识体系中去，另一方面锻炼了自己的独立思考和研究能力、逻辑归纳能力和表达能力等多方面的能力。

(3)在教学方法的结构上，由讲授为主向指导学生独立学习与研究为主

高等学校的教学内容日渐丰富和深入，学生需要学习和掌握的内容也越来越多，高等学校已经无法把学生希望学的、教师希望教的所有知识都通过讲授法来完成了。与此同时，学生对新知识的渴求与敏感，促使他们越来越希望能够通过多种手段获取他们希望得到的知识。因此，教会学生独立进行学习和研究已经成为高等学校教学的一个不可忽视的目标和任务。

(4)在高校教学实践中，越来越多的新方法被运用到高校教学中

例如，现在很多高校的管理课程采用案例、课堂游戏等教学方式，避免死板的课本灌输式，鼓励学生自己组织参与、自己思考，在案例的实施过程中就参与进去，边做边学，在实践中掌握实用的知识，并且在实践中发现一些课本中学不到的东西。此外，现在的高校中广泛使用多媒体教学，计算机辅助教学(CAI)和计算机管理教学(CMI)得到很好的运用，在课堂上通过形象的音乐、电影等方式，使学生很直观地去了解一些信息，并鼓励学生自由思考和发表自己对于某个信息的观点，这些都是较新型的教学方法，对于培养高校学生的各方面素质都很重要。

3. 常言道："教学有法，但无定法。"请联系实际说明你是怎样领悟这句话的。

答：教学方法是指在教学过程中，教师和学生为了实现教学目的、完成教学任务而采取的教与学相互作用的方式的总称，包括教师教的方法和学生学的方法。教学方法是教学过程整体结构中的一个重要组成部分，是教学的基本要素之一。它直接关系着教学工作的成败、教学效率的高低和把学生培养成什么样的人，对于教育质量提高有着重要的意义。

我对于“教学有法，但无定法”的理解如下：

(1)选择和运用教学方法才能有效地调动师生双方在教学中的积极性、主动性，良好地完成教学任务。常有这种情况，有的教师教学效果不太好，不是因为他没有水平，对教学内容的理解不当，而是由于教学不得法，教学方法的选择、搭配与运用不当，达不到应有的效果。特别是在部分教师思想中，还存在重教学内容、轻教学方法的倾向。所以，教师应当注重教学方法的选择与运用。

(2)在教学中，万能的方法是没有的，只依赖于一两种方法进行教学无疑是有缺陷的。教学方法的选择与运用，既要讲科学与规范，又要重艺术与创新。每个教师都应当依据上述方面，恰当地选择和创造性地运用教学方法，表现自己的教学艺术和形成自己的教学风格。

(3)“教学有法”是指经过历代的探讨与争论，在以往教学经验累积的基础上，形成了一套科学的、系统的教学方法，在实际教学中发挥了重要的作用；“但无定法”是指由于教学的对象是人，因此，在具体的教学情境中，教师应该根据不同的教学对象和不同的教学情境，灵活运用教学方法，或适时的进行相应的调整。

教师的教学工作是具有创造性的劳动，它需要教师具备较高的智慧和能力，在实际教学中，善于根据具体教育情境的不同，因地、因时、因人制宜的选择和运用恰当的教学方法，促进学生身心发展，提高教育、教学质量。

第9章　教学(下)

9.1　复习笔记

【知识框架(庖丁解牛)】

- 教学(下)
  - 教学组织形式
    - 教学组织形式的种类
    - 教学工作的基本环节
  - 教学评价
    - 教学评价的概念
    - 教学评价的功能
    - 教学评价的种类
    - 教学评价的原则
    - 教学评价的方法
    - 教学评价的内容

【考点难点归纳(厚积薄发)】

考点六、教学组织形式

表9-1　教学组织形式

要点	具体内容	
教学组织形式的种类	基本组织形式	班级上课制：又称课堂教学，是把一定数量学生按年龄特征和学习特征编成班组，使每一班组有固定的学生和课程，由教师根据固定的授课时间和授课顺序(课程表)，根据教学目的和任务，对全班学生进行连续上课的教学制度
	辅助组织形式	作业、参观、讲座、辅导等
教学工作的基本环节	备课	①形式：学期(或学年)教学进度计划、单元(或课题)计划、课时计划(教案)。 ②要求：钻研课程标准、教科书和相关参考书，了解学生整体特点和个别情况，设计最佳教学方案
	上课	①前提：明确教学目的。 ②质量要求：保证教学的科学性与思想性。 ③内在动力：调动学生的学习积极性。 ④关键：注重解惑纠错。 ⑤保障：组织好教学活动。 ⑥有机组成：布置好课外作业
	课后教导工作	对学生课后的作业、自学环节进行督促和辅导

【习题精选】

为何班级上课制一直被肯定为教学的基本组织形式？它有何局限，如何改进？

答：(1)班级上课制一直被肯定为教学基本组织形式的原因

当前，我国学校的教学仍以班级上课制为基本组织形式，这是因为：

班级上课制有利于提高教学效率；有利于加速普及教育和发展教育事业；有利于发挥教师的主导作用；有利于发挥班集体的作用；有利于系统地传授各科知识。总的来说，班级上课制具有其他教学形式无法取代的优点，在提高教学质量和效率上仍能起主要的作用。

(2)班级上课制的不足之处

肯定班级上课是教学的基本组织形式，并不意味着它已完美无缺，事实上，班级上课制还存在着不少严重缺陷，主要体现在：

①班级上课制要求教学面向全班学生，难以照顾学生的个别差异，不利于因材施教。

②教学领域主要局限于课堂，容易产生理论脱离实际的现象。

③学生的主体地位或独立性受到一定的限制，不利于学生生动活泼主动地学习。

(3)改进

以班级授课制为基础，吸收其他教学组织形式的优点，如分组教学、合作学习等，实现多种教学组织形式的综合运用，最大限度地发挥班级授课制的优势。

考点七、教学评价

表9－2 教学评价

要点	具体内容	
教学评价的概念	依据一定的教学目标和标准，对学生的学和教师的教进行系统的调查，并评定其价值的优缺点以求改进的过程	
教学评价的功能	诊断功能	通过评价能有效地判断学生的发展状况，为教师和学生分析存在的问题提供依据
	激励功能	合理有效的评价能够激发被评价者的内在动力和潜力
	导向功能	学生为获得理想的评价，倾向于依据评价标准来调整其发展状态
	教学功能	评价本身也是一种教学活动，在这种活动中，学生的知识、技能将获得增长
	发展功能	实施评价的过程是学生不断地认识自我、发展自我和完善自我的过程
	管理功能	评价结果可作为学生有效分流的主要依据之一，也是评价教师工作质量的依据之一
教学评价的种类	根据评价在教学过程中的作用划分	①诊断性评价：又称教学前评价或前置评价，一般是在教学活动开始之前对学生的知识和技能等状况进行的评价，如摸底考试。 ②形成性评价：又称过程评价，一般是在教学活动过程中，为及时了解阶段教学的结果和学生学习的进展情况、存在问题等进行的评价，如对学生的口头提问、课堂作业及书面测验等。 ③总结性评价：又称终结性评价或事后评价，一般是在教学活动告一段落时为验明学生的学业是否达到了各科教学目标的要求而进行的评价，如期末考试等

续表

要点	具体内容	
教学评价的种类	根据评价所运用的方法和标准划分	①相对性评价：又称常模参照性评价，是用常模参照性测验对学生成绩在该班学生成绩序列中或常模中所处的位置来评价和决定他的成绩优势。常模通常为该团体在测验中的平均成绩。 ②绝对性评价：又称目标参照性评价，是在群体之外找到一个客观的、固定的标准进行学生之间的差异比较，从而找到学生在群体中的位置，注重教学目标的要求而忽略了评价对象的整体水平，适用于升级考试、毕业考试和合格考试等方面的选拔
	根据评价的主体划分	①教师评价：班主任或任课教师对学生进行的评价，如提问、作业、考试等。 ②学生自我评价，学生对自己进行的评价
教学评价的原则	科学性原则、客观性原则、指导性原则、发展性原则、整体性原则、计划性原则	
教学评价的方法	观察法、测验法、调查法、自我评价法	
教学评价的内容	学生学业成绩的评价、教师教学工作的评价	

【习题精选】

为什么当今教学很注重形成性评价和强调教师与学生的自我评价？

答：当今随着社会的发展和对创造性人才的迫切需求，形成性评价和教师与学生的自我评价得到了极大的重视与强调。

(1)注重形成性评价的原因

形成性评价，是在教学进程中对学生的知识掌握和能力发展的比较经常而及时的测评与反馈。当今教学之所以强调形成性评价，原因如下：

①形成性评价有助于发现教学和学习中的问题。形成性评价是在学习过程中进行的，可以是一节课或是一个课题教学中对学生进行的提问、作业或测验、考试。因此，它有助于及时地发现教学和学习中存在的问题，以便及时改正和完善，有利于教学质量的提高。

②形成性评价有助于学生自主学习。形成性评价为学生提供了展示其创造性思维和动手能力的空间，使学习与生活实际的联系更加紧密，有助于学生在完成各自的任务时发挥积极性和创造性，有助于学生个性的发展和自主学习的开展。

③形成性评价有助于以人为本的评价思想的形成。形成性评价关注在评价过程中，学生的知识和技能有哪些提高，反映出什么样的学习兴趣、态度和价值观，是否总结出适合自己的学习方法，有无合作意识和创新精神等，这些都有助于以人为本的评价思想的形成。

(2)强调教师自我评价的原因

教师自我评价是指教师遵循评价原则，按照一定的评价标准，对自己的工作表现做出价值上的判断，并确定教师个人的发展需求，制定发展目标。强调教师自我评价对于提升教学质量，促进教师专业发展与成长具有重要的作用。

①教师自我评价能有效地培养教师本身的自我意识，并有助于培养教师的创新精神。

教师的自我评价是教师通过认识自己、分析自己来提高自己，在这个过程中，教师的自我意识和创新精神得到了充分的培养，进而也为培养具有自我意识和创新精神的学生提供了前提。

②教师自我评价体现了以人为本的教育思想。教师自我评价能体现教师个人在学校组织中的价值，有利于充分调动教师的积极性，激发教师的潜力。同时也使教师对学生的评价转向到学习过程的评价，有助于激发学生的学习动机，使学生成为学习的主人。

（3）强调学生自我评价的原因

学生自我评价，是指学生在各种学习活动和社会实践活动中对自身表现或自身在群体中的表现的价值判断。当今教学开始强调学生自我评价的原因有：

①强调学生自我评价有利于克服评价主体单一的弊端。多年来，在对学生的评价上，评价主体是比较单一的，即只能由教师来评价学生，而很少或根本没有学生的自我评价。这样就很容易造成评价结论的片面性、主观性，难以保证评价结果的客观性、公正性。而且由于学生始终处于被动的地位，自尊心和自信心得不到很好的保护，对评价往往采取应付、冷漠、讨厌甚至对立或者害怕、恐惧、逃避的态度，更有甚者出现欺骗、弄虚作假的行为。

②强调学生自我评价有利于现代教学目标的实现。现代教学强调学生要主动参与教学的全过程，并能自我评价和反思，自我调整学习策略，最终成为学习的主人。学生要成为学习的主人，关键之一是要在学习中培养和锻炼自我评价、自我反思、自我调控的能力。而开展学生自我评价活动，是培养和锻炼这种能力的有效方法。

③学生学会自我评价在学习上具有极为重要的意义。这意味着他们开始懂得了要有意识地、细心而严格地检验自己的学习成果，分析、评价其正误、优劣，肯定自我的优点，找出差错与不足并加以改进。特别是学生有了自我评价的意识和习惯之后，就更能重视和深刻领悟教师对自己的评价，甚至将两者结合起来，用以加强个人学习的动力，从而也有助于提高教学的效率与质量。

总之，形成性评价和教师与学生的自我评价对学生的学习与发展，教师的发展，以及师生关系的融洽等都具有积极的意义和作用。因此，当今教学很注重形成性评价和教师与学生的自我评价。

9.2 典型题（含考研真题）详解

一、单项选择题

1. 研究表明，人的发展存在个体差异，充分尊重和利用这种发展特点的教育措施特有（　　）。[统考2015年研]

A. 个别辅导，分层教学，小组合作学习

B. 个别辅导，分层教学，班级授课

C. 分层教学，班级授课，小组合作学习

D. 班级授课，小组合作学习，个别辅导

【答案】A

【解析】个别辅导，又称个别教学，是指在课堂教学的基础上教师针对不同学生的情况进行个别指导的教学组织形式。分层教学知识教师根据学生现有的知识、能力水平和潜力倾向把学生科学地分成几组各自水平相近的群体并区别对待，这些群体在教师恰当的分层策略和相互作用中得到最好的发展和提高。小组合作学习是在承认课堂教学为基本教学组织形式的前提下，教师以学生学习小组为重要的推动性，通过指导小组成员展开合作。三种教学方法的共性都是充分尊重个体的发展特点进行教学。

2．我国中小学的考试制度主要由(　　)两个部分组成。

A．考查和考试　　B．考核和考试

C．考查和考核　　D．检查和评价

【答案】A

【解析】我国中小学的考试制度主要由考查和考试两个部分组成。考查一般是指对学生的学习情况和成绩进行的一种经常的小规模或个别的检查与评定。考试一般是指对学生学业成绩进行的阶段性或总结性的检查与评定。因此答案选A。

3．班级上课的特殊形式是(　　)。

A．单一教学　　B．复式教学　　C．分组教学　　D．复杂教学

【答案】B

【解析】复式教学是把两个或两个以上不同年级的学生编在一个教室里，由一位教师分别用不同的教材．在一节课里对不同年级的学生进行教学的一种特殊组织形式。

4．教师教年龄较大的学生，再由其中的佼佼者去教年幼或学习差的学生，这种教学组织形式称为(　　)。

A．特朗普制　　B．道尔顿制

C．贝尔-兰卡斯特制　　D．开放课堂

【答案】C

【解析】贝尔-兰卡斯特制，也称为导生制，是由英国人贝尔和兰卡斯特在18世纪末19实世纪初创始的，这种教学组织形式仍以班级为基础，但教师不直接面向班级全体学生，教师先把教学内容教给年龄较大的学生，而后由他们中间的佼佼者——导生，去教年幼的或较差的其他学生。

二、概念题

1．教学组织形式[哈尔滨师范大学2017年研；华中师范大学2005年研；东北大学2004年研；上海师范大学2004、2001年研]

答：教学组织形式是指为完成特定的教学任务，教师和学生按一定标准组合起来进行活动的结构。教学组织形式主要研究教师是如何把学生组织起来进行教学活动、如何分配教学时间、如何利用教学空间等问题。在教学活动中，教学任务的完成、教学过程的实施、教学方法的运用、课程的开设等，都必须凭借和运用一定的组织形式来落实。教学组织形式不是固定不变的东西，它是随着社会政治经济和科学文化的发展而不断发展和改进的。历史上曾出现过多种教学组织形式，主要有：①古代学校的教学组织形式，包括个别教学

和集体教学的萌芽。②近现代的教学组织形式，包括班级授课、贝尔-兰卡斯特制、道尔顿制、设计教学法、文纳特卡制等。当前我国学校的教学以班级授课制为基本形式。

2. 班级授课制［杭州师范大学2016年研］

相关试题：

简述班级授课制的优缺点。［简答题，青岛大学2018年研；福建师范大学2018年研］

答：班级授课制是指把一定数量的学生按年龄与知识程度编成固定的班级，教师根据规定的课程、教学进度、教学时间表，有计划地对学生进行集体教学的一种组织形式，它是我国学校教学的基本组织形式。班级授课制的主要特征是学生固定、教师固定、内容固定、时间固定和场所固定。班级授课制的优点是：①有利于提高教学工作的效率。②有利于发挥教师优势。③有利于发挥班集体的教育作用。④有利于师生身心健康发展。⑤有利于提高教学质量。其缺点是：①这种教学组织形式面向班级，使用统一的教材、统一的教学要求和教学进度，不利于因材施教。②教学主要局限于课堂，容易产生理论脱离实际的现象。③学生的主体地位或独立性受到一定的限制，教学活动多由教师直接做主。④实践性不强，学生动手机会少等。

3. 教学评价［山东师范大学2017年研；北京师范大学2015年研；东北师范大学2015年研；上海师范大学2015年研；华东师范大学2013年研］

答：教学评价是一种中观和微观的教育评价，它是依据一定的教学目标和标准，对学生的学和教师的教进行系统的调查，并评定其价值的优缺点以求改进的过程。教学评价的本质是一种主观判断，为了提高评价活动的效度和信度，学习评价必须以客观资料为基础，在对客观资料量化处理的基础上进行价值判断，判断学生的学习掌握程度及心理结构的形成情况与教学目标的差异，同时需分析教学成效，对今后的教学工作提出明确的改进措施。教学评价的功能主要表现在诊断教学问题、提供反馈信息、调控教学方向、检验教学效果，并在此基础上提供一定的建议和措施。教学评价遵循静态评价与动态评价相结合、定性分析与定量分析相结合、单项评价与综合评价相结合的原则。

4. 形成性评价［天津大学2018年研；中国海洋大学2018年研；首都师范大学2004年研；中山大学2003年研］

答：形成性评价是在学习活动实施的过程中，对计划、方案执行的情况和结果进行的评价，又称过程性评价。在课程评价领域，形成性评价是指贯穿于校本课程各个阶段或整个过程的评价。它侧重过程的指导和对学习中存在的问题与不足的揭示，注重细节的分析，旨在寻找原因，及时发现问题，提出改进措施，及时调整学习过程，使课程更加趋于合理。因此，在课程的实施过程中，利用形成性评价可以了解课程本身的缺陷、学生的学习困难以及教学中出现的各种问题，以此作为完善课程和提高教学质量的依据。形成性评价是现代教育评价的发展趋势之一，也是新课程评价中非常强调的一种方法。当前提倡的形成性评价的重点在于学习的过程，其手段除了常用的经常性检查、作业、日常观察等，还可使用档案袋评定的方式。

三、简答题

1. 简述教学不同组织形式及内涵。［浙江师范大学2015年研］

答： 随着社会的发展及其对培养人才要求的不断提高，教学组织形式也不是固定不变的。教学史上影响较大的教学组织形式有个别教学制、班级上课制、道尔顿制、分组教学制和特朗普制。

(1)个别教学制

教师分别对学生进行个别教学的组织形式。古代教学基本采用这种形式。

它最显著的优点在于教师能根据学生的特点因材施教，使教学内容、进度适合于每一个学生的接受能力。因此在个别教学中，即使是同时上学的学生，他们各自学习进度也会有很大差别。但采用个别教学，一个教师所能教的学生数量是很有限的，教学效率比较低。

(2)班级上课制

以班级为单位，教师同时对几十名学生进行集体教学的组织形式。最早在欧美一些学校出现。

它最显著的优点在于教学的效率高，一个教师同时能教几十个学生；适合学生身心发展的年龄特点；能够发挥学生之间的相互影响作用，有助于提高教学质量。但它过于注重集体化、同步化、标准化，长于向学生集体教学，而不便于照顾学生的个别差异、对学生进行个别指导，不利于培养学生的志趣、特长和发展他们的个性。

(3)道尔顿制

教师不再上课向学生系统讲授教材，只为学生分别指定自学参考书、布置作业，由学生自学和独立作业，有疑难时才请教师辅导，学生完成一定阶段的学习任务后向教师汇报学习情况和接受考查。

它最显著的优点在于重视学生自学和独立作业，在良好的条件下，有利于调动学生学习的主动性，培养他们的学习能力和创造才能。但因为大多数学生尚不具备独立学习与作业的能力，如果没有教师的系统讲解，他们往往在摸索中白白浪费时间而无多大收获，学不到系统知识。而且道尔顿制要求有较好的教学设施与条件，而这是一般学校都不具备的。

(4)分组教学制

教师按学生的能力或学习成绩把他们分为水平不同的组进行教学。它有能力分组和作业分组两种类型。后又发展为内部分组和外部分组两种形式。

它最显著的优点在于它比班级上课更切合学生个人的水平和特点，便于因材施教，有利于人才的培养。但是，它仍存在一些较严重的问题。分组教学很难科学地鉴别学生的能力和水平；在对待分组教学上，学生、家长和教师的意愿常常与学校的要求相矛盾；分组后造成的副作用很大，使快班学生容易骄傲，使普通班、慢班学生的学习积极性普遍降低。

(5)特朗普制

把大班上课、小班研究、个别作业三种教学组织形式结合起来进行教学，其教学时间分配为大班上课占40%，小班研究占20%，个别教学占40%。

它最显著的优点在于它在一定程度上实现了不同教学组织形式之间的融合，取长补短，既照顾到了个体差异，发挥了学生的主动性；又提高了教学效率，重视教师的主导作用。但它在三种教学形式之间结合的比例和结合的方式方面仍有待于进一步改进。

总之，教学的组织形式是不断发展的。每种教学组织形式都有它的优点和缺点，都只能在一定条件下和范围内发挥作用。但没有一种教学组织形式是万能的，也不可简单否定任何一种曾流行过的教学形式的独特作用。我们应当全面掌握各种教学组织形式的性质与功能，综合地利用，使之有主有辅地结合起来，更好地改进和提高教学。

2. 简述现代教育评价的特点。[武汉大学2003年研]

答：现代教育评价在发展过程中呈现以下一些特点和趋势：

(1)评价的指导思想从筛选转向多样化

现代教育评价是适应现代社会经济发展的需要，适应教育平等和民主的需要，以及终身教育的需要，目的在于全面地、最大可能地促进每个学生的发展，力求帮助发现、选择和形成一切可能的有效的教育方式，创造好的教育环境，形成一种适合于每个学生的教育。

(2)评价的对象和范围突破了学习结果评定的单一范畴，扩大到整个教育领域

当代教育评价已经突破课堂，扩展到教育的全领域。评价对象有学生的学习和发展的成就，教师的教育教学工作，校长的领导水平，还有学校的管理与办学水平、课程教材、教学计划、教育发展战略、教育科研成果等。

(3)在方法和技术上从单纯的定量分析发展到定量和定性分析相结合

人们现在非常重视从实际出发，对不同的评价对象分别采用不同的定量或定性的方法，或定量与定性相结合的方法，以便更恰当地反映评价对象。在现代教育评价中，问卷调查、观察、交谈等定性分析的方法与测量、统计分析等定量方法更多地被结合起来使用。

(4)教育评价日益重视被评价者及其自我评价的地位和作用

现代教育评价已不把被评价者作为被动接受检查的客体，而是把他们看作评价的主体，采取各种途径和方法，使之积极参与评价过程。在许多评价中，自我评价都成了重要的组成部分。

(5)教育评价将更加重视对评价的再评价

出于对评价活动科学性、可靠性的思考，人们逐渐加强了对再评价的重视。国外研究者在近几十年提出了许多再评价的标准。再评价有利于各种评价方案和制度的进一步改进和完善，有助于提高评价的质量水平和价值。

3. 运用分析法与记分法评价教学，各有何优缺点？应如何改进？

答：(1)运用分析法评教的优缺点

分析法是根据一定教学目的、原则或标准来分析和评价教师教学质量的方法。它是一种常用的评教方法。分析法能帮助教师明确揭示一节课的优点与不足，并分析其产生的根源，有助于教师提高和改进教学。但它缺乏定量评定，难以明确区分不同教师的教学质量与水平的差距。

(2)运用记分法评教的优缺点

记分法是通过量化的分项记分来评价教师教学质量的方法。它先将教学的整体活动分为若干项目，并规定每个项目的分数和评分标准，要求评价者分项记分和得出总分。然后，通过统计，算出被评教师每个人所得分数，根据分数高低显示教学的优劣。记分法比较全面，其结果便于比较和统计，能够区分每位教师教学得分的高低；但记分不易做到精确，

难以分析存在问题，且比较费时。

(3)改进建议

通过上述分析可以看出，分析法与记分法的优缺点是互补的。因此，在实际的评教过程中，可以根据情况适当的将分析法与记分法结合起来，互相补充，相互促进，以便评教正确、客观，达到理想的效果。

四、论述题

分析下列材料所揭示的问题及其原因，并论述如何通过课堂教学组织形式的改进促进教学过程中的机会均等。

每个教师都意识到应努力为班内的所有学生提供均等的学习机会，然而，群体教学中的实际情况与这种理想相差甚远。对师生在课堂里相互作用所进行的观察表明：教师(十分无意识地)针对某些学生进行教学与讲解，而忽视了其他学生。教师给予了某些学生更多的积极强化与鼓励，鼓励他们积极参与课堂讨论以及回答问题，对待其他学生就并非如此。一般说来，教师对班内三分之一或四分之一的优秀生最为关注并给予最多的鼓励，班内半数较差的学生所得到的关注与帮助最少。师生之间关系的这些差异使得一些学生得到了(其他学生所得不到的)更多的机会与鼓励。[统考2008年研]

答：(1)材料所揭示的问题是：教学过程中的机会均等是教育机会均等的一个重要方面，大多数教师能够意识到在教学中应该给学生提供均等的学习机会，实践中却难以做到。

(2)材料揭示了造成上述问题的一个重要原因：现行的教学组织形式影响了学生在教学过程中获得均等的教育机会。由于班级授课制是一种面向学生集体的教学组织形式，如何保证学生享有均等的学习机会，一直是班级教学中的一个难题。

(3)为了克服班级授课制的上述局限，可从以下几个方面改进课堂教学组织形式，促进教学过程中的机会均等：

①缩小班级规模，实行小班教学，使学生获得更多的学习机会。班级授课制虽然节省师资，可以快速地传授知识，但却不利于尊重学生的个性差异，会影响一部分学生的学习积极性。教育实践也进一步证明，班级规模会以潜在的方式影响学生的学习与行为，而只有小型化班级才有助于学生成绩的提高，也有助于学生情感的丰富和发展，有助于课堂教学公平的实现。

②压缩集体教学时间，增加个别辅导时间。班级授课制实施统一的学，难以针对个别学生的兴趣爱好施教。课堂教学应缩短集体教学时间，加强对学生的个别辅导，使师生在个别辅导中建立一种激励机制，充分表现教师对学生的重视，尤其是成绩落后的学生。

③增加辅导教师，实施小班教学。目前班级容量较大，有的学校一个班级就有七八十人。教师讲课很难顾及学生的接受能力，更谈不上为每个学生创造平等的受教育的机会。学校应增加辅导教师，实施小班教学，这样就可以减轻教师的负担，更多的照顾学生的差异，并尽力根据每个学生的特点采用不同的方式激发他们学习的积极性。

④组织小组合作学习，发动学生辅导同伴。小组合作学习能起到学生群体间相互作用的效果，从而提高教学工作的整体效益。小组合作学习的主要特征是：

a. 组内异质，组间同质。组内异质为学生与学生之间的互助合作奠定了基础，而组间同质又为全班各小组之间展开公平的竞争创造了条件。

b. 任务分割，结果整合。小组成员在学习内容和学习结果上有很强的相互依赖性，各小组分担课题，然后全班汇总，有效地调动了学生的积极性，实现了资源共享。

c. 个人计算成绩，小组合计总分。在合作学习中，每个人都必须依靠自己的努力去独立完成任务，为小组做出应有的贡献。那些学业较差的学生将在其他同学的帮助和个人努力下，不再拖后腿。

d. 公平竞赛，合理比较。在合作学习中，取消常模参照评价，根据学生的学业成绩，优等生与优等生一起分组测验，差生与差生一起分组测验。各测验组每个成员的表现与原属合作小组团体总分挂钩，优生组第一名与差生组第一名均为各自原来的小组赢得相同的积分点数。这种各人在原来起点进行合理竞争、公平评价其贡献的做法，最终使得每个学生无一例外地受到激励。

e. 分配角色，分享领导。在小组合作学习中，分别指定协调员、读题员、记录员、操作员、计算员、报告员等，在不同学习任务中，角色可能轮流互换，这样既保证了小组互助合作学习分工明确，秩序井然，又能使个人的特长得以充分利用和彼此协调。

⑤按能力或兴趣分组，进行分组教学。班级授课制难以做到适应学生个别差异、不利于因材施教。按能力或兴趣分组，进行分组教学是对班级授课制的完善。它比班级授课制更切合学生个人的水平和特点，便于因材施教，有利于人才的培养。

第10章 德 育

10.1 复习笔记

【知识框架(庖丁解牛)】

- 德育
  - 德育概述
    - 德育的概念
    - 德育的意义
    - 德育的功能
    - 德育的任务
    - 德育的内容
  - 道德发展规律
    - 道德诸要素的发展规律
    - 道德发展的一般规律
  - 德育过程
    - 德育过程的概念
    - 特点
  - 德育原则
    - 理论和生活相结合原则
    - 疏导原则
    - 长善救失原则
    - 严格要求与尊重信任相结合原则
    - 因材施教原则
    - 集体教育与个别教育并举原则
    - 教育影响一致性和连贯性原则
  - 德育途径与方法
    - 德育途径
    - 德育方法

【考点难点归纳(厚积薄发)】

考点一、德育概述

表10－1 德育概述

要点	具体内容
德育的概念	教育者按照一定社会或阶级的要求，有目的地培养受教育者品德的教育活动
德育的意义	①德育是社会主义现代化建设的重要条件和保证。 ②德育是培养具有道德发展性的人的条件和保证。 ③德育是学生健康生长的条件和保证

续表

要点	具体内容
德育的功能	①社会性功能：德育对社会政治、经济、文化发生的影响。 ②个体性功能：德育对个体生存、发展、享用发生的影响。 ③教育性功能：德育对智、体、美诸育的促进功能
德育的任务	《中小学德育工作规程》规定："培养学生成为热爱社会主义祖国、具有社会公德、文明行为习惯、遵纪守法的公民。在这个基础上，引导他们逐步确立正确的世界观、人生观、价值观，不断提高社会主义思想觉悟，并为使他们中的优秀分子将来能够成为坚定的共产主义者奠定基础。"
德育的内容	科学世界观和人生观教育、爱国主义教育、集体主义教育、理想教育、劳动教育、民主与法治观念的教育、心理健康教育

考点二、道德发展规律

表10－2　道德发展规律

要点	具体内容	
道德诸要素的发展规律	道德认识的发展	①皮亚杰：将儿童的道德发展划分为"自我中心阶段"或前道德阶段(0～2岁)；"权威阶段"或他律道德阶段(2～8岁)；"可逆性阶段"或自律道德阶段(8～12岁)；"公正阶段"或自律道德阶段(12岁以后)
		柯尔伯格：将儿童道德判断分为三种水平，六个阶段： ①前习俗水平：以惩罚与服从的道德定向阶段、以工具性相对主义为定向阶段。 ②习俗水平：以"好孩子"为定向阶段、以维护权威或秩序为定向阶段。 ③后习俗水平：以社会契约和个人权利为定向、以普遍的伦理原则为定向阶段
		李伯黍：儿童道德观念发展具有有序性和分阶段性的特点；我国儿童转入成熟判断的年龄，普遍早于皮亚杰等人的研究资料中的转折年龄
	道德情感的发展	弗洛伊德：重视非理性因素特别是道德情感在道德行为形成和发展中的作用，强调儿童早期经验的重要性
		朱智贤：道德情感的发展呈现逐步上升趋势，但不均衡；城市学生的发展水平显著高于乡村学生；除爱国主义情感外，在其他范畴上女生高于男生
	道德行为的发展	班杜拉：学习者通过观察、模仿别人的行为，可以抑制已经习得的反应，也可以激励或强化原有的行为倾向和行为模式，还可以获得新的反应方式
		朱智贤：道德意志发展的主要特征是坚持性和自制力，随着年龄的增长逐步提高；小学发展较快，中学发展相对缓慢，同时存在着明显的性别差异，女生均优于男生
道德发展的一般规律	①道德发展是主体在活动和交往的基础上自我建构的结果。 ②内部矛盾是促进道德发展的直接动力。 ③道德的发展具有阶段性、连续性，是从不自觉到自觉的过程	

考点三、德育过程

表 10－3　德育过程

要点	具体内容
德育过程的概念	教育者把一定社会的思想准则和道德规范转化为受教育者个体思想品德的过程
特点	①德育过程是个体社会化与社会规范个体化的统一过程。 ②德育过程是教师指导下学生的能动的道德活动过程。 ③德育过程是培养学生知情意行的过程。 ④德育过程是促进学生品德发展矛盾的积极转化的过程。 ⑤德育过程是提高学生自我教育能力的过程

考点四、德育原则

表 10－4　德育原则

要点	具体内容
理论和生活相结合原则	引导学生把思想道德的学习同生活实践结合起来，做到知行合一
疏导原则	要循循善诱、以理服人，调动学生的主动性
长善救失原则	调动学生自我教育的积极性，依靠自身的积极因素去克服消极因素
严格要求与尊重信任相结合原则	尊重学生与进行必要的指导、监督相结合，信任爱护学生与对其错误和缺点进行严肃批评相结合
因材施教原则	从学生实际出发，根据他们的年龄特征和个性差异进行不同的教育
集体教育与个别教育并举原则	通过集体来教育个人，又要通过个别教育来加强和影响学生集体
教育影响一致性和连贯性原则	有目的、有计划地把来自各方面对学生的教育影响加以组织、调节、整合，使其互相配合、协调一致、前后连贯地进行

考点五、德育途径与方法

表 10－5　德育途径与方法

要点	具体内容	
德育途径	思想政治课与其他学科教学；班主任工作；劳动和其他社会实践；校园生活；课外活动和校外活动；学校共青团、少先队活动；心理咨询	
德育方法	说服教育法	通过摆事实、讲道理，使学生提高认识、形成正确观点
	榜样示范法	以他人的高尚思想、模范行为和卓越成就来影响学生品德
	情境陶冶法	通过创设良好的情境，潜移默化地培养学生品德
	实践锻炼法	有目的地组织学生进行一定的实际活动以培养他们的良好品德
	自我修养法	学生经过自觉学习、自我反思和自我行为调节，使自身品德不断完善
	制度规范法	通过构建良好的学校制度来引导规范和培养学生品德
	评价奖惩法	对学生的思想和行为做出评价，奖善罚恶培养学生品德

10.2 典型题(含考研真题)详解

一、单项选择题

1. 以下道德教育模式中，将“学会选择”作为核心理论的是(　　)。[统考2017年研]

A. 价值澄清模式　B. 认识发展模式　C. 体谅模式　D. 社会学习模式

【答案】A

【解析】价值澄清模式是指路易斯·拉思斯等人针对美国儿童在多元社会中必须面对多种价值观的选择而提出的德育理论，核心理论是“学会选择”，即让学生澄清自己的价值观，帮助他们选择自己的价值观。

2. 学生出现下列哪种情形，教师可以考虑采用惩罚来教育？(　　)[统考2016年研]

A. 认知错误　B. 明知故犯　C. 作业错误　D. 情绪失控

【答案】B

【解析】惩罚是对学生的不良行为给予否定或批评处分，防止这种行为再次发生的教育手段。ACD项都是学生可能会发生的正常的行为，只有B是不良行为。

3. 学校德育对政治、经济、文化发生影响的功能即指(　　)。

A. 发展性功能　B. 个体性功能　C. 教育性功能　D. 社会性功能

【答案】D

【解析】德育的社会性功能是指学校德育能够在何种程度上对社会发挥何种性质的作用，具体指德育对社会政治、经济、文化及生态环境方面产生的影响。

4. 德育个体性功能的最高境界是(　　)。

A. 德育的政治功能　B. 德育的生存功能

C. 德育的发展功能　D. 德育的享用性功能

【答案】D

【解析】德育的个体性功能是指德育对德育对象个体发展能够产生的实际影响，包含着德育对个体生存、发展、享用发生影响的三个方面，其中享用性功能是德育个体性功能的最高境界。

5. 学校有目的、有计划、系统地对学生进行德育的基本途径是(　　)。

A. 各学科教学　B. 政治课　C. 班主任工作　D. 共青团活动

【答案】A

【解析】我国德育的途径主要有：政治课与其他学科教学、课外活动与校外活动、劳动、共青团活动、班主任工作等。其中各学科教学是学校有目的、有计划、系统地对学生进行德育的基本途径。

6. 能较全面地反映被评价者的品德情况，且应用较广的品德评价法是(　　)。

A. 加减评分法　B. 操行评语法

C. 评等评分评语综合测评法　D. 模糊综合测评法

【答案】C

【解析】进行道德教育之后，需要对受教育者的品德情况进行全面的评价，而目前运用较为广泛的品德评价方法是评等评分评语综合测评法，这种方法最能反映受评价者品德的真实状况。

7. 注重受教育者的良好个性塑造培养，属于德育内容中的(　　)。

A. 政治教育　　B. 思想教育　　C. 道德教育　　D. 心理健康教育

【答案】C

【解析】道德教育注重受教育者的良好个性塑造培养，包括有关道德知识学习、传统美德教育、审美及情操教育、社会公德教育，以及道德思维能力、道德情感、信念以及良好的行为习惯等。因此答案选 C。

8. 德育要调动学生自我教育的积极性，依靠和发扬他们自身的积极因素去克服他们品德上的消极因素，这是德育的(　　)。

A. 理论和实践相结合原则　　B. 发扬积极因素、克服消极因素原则

C. 严格要求与尊重学生相结合原则　　D. 教育影响一致性和连贯性原则

【答案】B

【解析】德育中的长善救失原则，是指进行德育要调动学生自我教育的积极性，依靠和发扬他们自身的积极因素去克服他们品德上的消极因素，促进学生的道德成长，因此，也称为发扬积极因素、克服消极因素原则。

9. 发现并重视团体生活对个人道德思维方式深刻影响的德育模式是(　　)。

A. 集体教育模式　　B. 道德认知发展模式

C. 社会学习模式　　D. 体谅模式

【答案】B

【解析】A 项，集体教育模式以集体为教育对象，通过集体来教育个人，是教育者对集体和集体中每一个成员的教育影响是同时的、平行的。B 项，道德认知发展模式主要涉及的是道德判断问题，着眼于发现并重视团体生活对个人道德思维方式的深刻影响。C 项，社会学习模式强调观察学习和模仿学习对儿童道德行为形成的影响。D 项，体谅模式把道德情感的培养置于中心地位。

10. 德育过程是对学生知情意行的培养提高过程，其进行的顺序是(　　)。

A. 以知为开端，知情意行依次进行　　B. 以情为开端，情知意行依次进行

C. 以意为开端，意知情行依次进行　　D. 视具体情况，可有多种开端

【答案】D

【解析】德育过程一般以知为开端，以行为终结。但由于社会生活的复杂性，德育影响的多样性等因素，在德育的具体实施过程中，又具有多种开端，可根据学生品德发展的具体情况，或从导之以行开始，或从动之以情开始，或从锻炼品德意志开始，最后达到使学生品德在知、情、意、行几方面和谐发展的目的。

二、概念题

1. 德育过程[华南师范大学2015年研；上海师范大学2012年研；北京航空航天大学2006年研；北京师范大学2005年研；武汉大学2003年研；华中科技大学2002年研；上海交通大学2001年研]

相关试题：

论述德育过程的规律性。[论述题，曲阜师范大学2018年研]

答：德育过程是指在教师有目的有计划的教导下，学生主动积极地进行道德认识和道德实践，逐步提高自我修养能力、形成社会主义品德的过程。德育过程与品德发展过程之间有内在的联系和区别。教师对学生的德育影响，必须经过他们主体的选择、吸收与能动的实践活动，才能转化为他们的品德。德育过程作为一个动态系统来考察，是一个发展变化的过程，是教育者用社会所要求的品德规范影响受教育者，启发他们自觉接受教育，形成教育者所期望的思想品德的过程。在德育过程中，要引导学生能动地进行道德活动，培养他们的知、情、意、行和促进他们品德发展内部矛盾的转化，都有赖于培养和发挥学生个人的自觉能动性和自我教育能力。

2. 德育的发展原则[华东师范大学2002年研]

答：德育的发展原则是指进行德育应当有目的、有计划地把来自各方面对学生的教育影响加以组织、调节，使其互相配合、协调一致、前后连贯地进行，以保障学生的品德能按教育目的的要求进展的原则。学生的品德是在学校、家庭、社会等各方面的长期教育影响下发展的，这些影响纷繁复杂，不仅相互之间存在着矛盾与对立，而且往往前后并不连贯。如果不加以组织则必将削弱学校教育对学生的影响。尤其在现代社会，科学技术的进步，使学生活动和交往的范围扩大，通过书刊、影视接收的信息大大增加。在这种情况下，要有效地教育学生，必须加强学校对各方面教育影响的控制和调节。贯彻发展性原则的要求是：组建教师集体，使校内教育影响一致；发挥学校教育的主导作用，使学校、家庭和社会对学生的教育影响互相配合；做好衔接工作，使对学生的教育前后连贯和一致。

3. 陶冶教育法[华中师范大学2004年研；浙江大学2004年研；北京师范大学2003年研]

答：陶冶教育法是教师利用环境和自身的教育因素，对学生进行潜移默化的熏陶和感染，使其在耳濡目染中受到感化的德育方法。陶冶教育法具有两个重要特点：①它体现了教师对学生无私的、真诚的爱以及对学生的理解、尊重、关怀和信任。②陶冶教育法是渐进的，而不是立竿见影的；但是它一经发生作用，成为心理定式稳定下来，就不易发生改变，而成为深刻而持久的人格特征。陶冶教育法把学生置于一定的活动情境中，这种情境必须具体、生动、形象、直观，而且要强烈地吸引着学生。这种情境从表面看是“无求的”“自发的”，而实际上是经过教师精心设计安排的，使学生在不知不觉中，在有意识和无意识地相互作用的过程中，经过较长时间的熏陶，渐渐地达到陶情冶性的目的。陶冶教育法的方式主要有人格感化、环境陶冶、艺术陶冶等。

4. 说服法[东北师范大学2017年研]

答：说服法是指通过摆事实、讲道理，使学生提高认识、形成正确观点的方法。它的应用很广泛，无论运用哪一种德育方法，都离不开提高学生的认识，都需要结合运用说服的方法。说服法主要包括讲解、谈话、报告、讨论和参观等形式。在教师对学生进行说服时，需注意以下几方面的要求：明确目的性，富有知识性、趣味性，注意时机，以诚待人等。教师只有待之以诚、动之以情，晓之以理，才能真正打开学生心灵的窗户，使其讲的道理能被学生欣然接受。

三、简答题

1. 简述影响学校德育实效的主要因素。[统考2007年研]

答：影响学校德育实效的因素可以从学校内部和学校外部两方面来说：

(1)学校内部因素，如指导思想与目标、课程与教学、校园文化、管理、德育的内容、方法与途径、教师与学生、教育评价等。树立合理的指导思想和目标，德育课程设置科学，德育内容贴近学生生活，教学有方，建设积极健康的校园文化，加强学校管理，建立融洽的师生关系等是学校德育出实效的重要保证。

(2)学校外部因素，如家庭和社会因素等。学校德育过程不能脱离社会而孤立存在，它不可避免地要受到来自社会、家庭等各方面的影响。影响学生品德发展的外部因素，主要指学校德育的要求同社会、家庭等方面对学生的影响不一致而产生的矛盾。它一般可分为两种，一种是家庭教育或有关社会教育同学校教育对学生的要求不一致而产生的矛盾。这种矛盾的形成与发展，必将削弱各自的力量，干扰学校对学生品德的培育。另一种是学校教育与环境对学生产生的各种自发影响(包括来自现实生活、社会交往、书刊和电影、电视、广播对学生的不良影响)的矛盾。这种矛盾的激化，也必将严重削弱、甚至可能完全压倒学校教育对学生的影响。上述两种矛盾都是经常而且大量存在的。若等闲视之、不予理睬，则会对青少年学生进行德育带来严重阻碍，不利于他们的品德健康地成长。

2. 为什么说德育过程是提高学生自我教育能力的过程？[中山大学2005年研；浙江大学2003年研]

答：在德育过程中，要引导学生能动地进行道德活动，培养他们的知情意行和促进他们品德发展内部矛盾的转化，都有赖于培养和发挥学生个人的自觉能动性和自我教育能力。这体现在以下几个方面：

(1)自我教育能力在德育过程中发挥着重要作用

自我教育能力主要由自我评价能力和自我调控能力所构成：自我评价能力是进行自我教育的认识基础；自我调控能力是在自我评价的基础上建立起来的自觉调节控制自己思想与行为的能力，它是进行自我教育的重要机制。

学生的自我教育能力是德育的一个重要条件，只有注意培养与提高学生的这种能力，学生品德内部矛盾才能转化，德育才能进行得更顺利、更有效；此外，学生的自我教育能力又是学生品德发展程度的一个重要标志，德育的任务就在于把青少年从缺乏道德经验与能力、依赖性较强的孩子逐步培养成为具有自我教育能力的、能独立待人接物的社会成员。

(2)德育要促进学生自我教育能力的发展

儿童的自我教育能力的发展是有规律的。它同儿童的认识能力、自我意识的发展，同儿童的社会交往、道德实践的扩大及其道德的积累与道德能力的提高分不开。儿童自我意识和自我教育能力的发展规律大致是从自我中心发展到他律，再从他律发展到自律。教育者要认识这一规律性，从实际出发，因势利导，有计划地培养与提高学生的自我意识、自我评价和自我调控能力，以形成和发展他们的自我教育能力。在德育过程中，要依据学生自我教育能力的发展规律，充分调动学生的积极性，充分发挥他们在培养自身品德中的主体作用。

3. 市场经济对个人品德的发展是有利还是有害？市场经济条件下，人们从事经济活动最直接的出发点是追求个人利益的最大化，这究竟是有利于还是有害于集体利益？或者说，市场经济条件下，究竟还应不应该把集体主义当作核心道德原则？

答：(1)市场经济对个人品德发展有利也有害

在我国社会主义市场经济建立后，市场经济作为一种经济体制和社会组织手段，对人们的人生观和价值观有正负双重影响效应。市场经济在促进社会道德进步的同时，一些社会不道德现象、恶的行为选择也大量增加。

①积极影响

市场经济带给了人们一系列的全新思维和价值观念：人们的思维由单一化走向多元化、开放化；市场经济的自主、平等，有助于主体意识、平等意识的形成和发展；市场经济是一种竞争机制，有助于人们主体意识的弘扬和自我价值的实现。

因此，在社会主义市场经济环境下，人们的人生价值观念趋于务实，注重自我价值的实现；竞争观念和开拓进取的意识得到进一步强化。这有助于摆脱传统观念的束缚，培养现代人格所要求的人文精神，并以这种精神来指导自己的言行。

②消极影响

市场经济肯定了人的物质利益，如果人们过分追求物质利益，将导致精神世界的空虚、信仰危机，容易导致唯利是图、金钱至上、功利主义、享乐主义和极端个人主义等，也使个人主义和自我中心思想滋生，使中国传统的集体互助精神受到损害。

因此，市场经济会使人们缺乏远大的理想和抱负，过多地考虑自己的需要，过于关注金钱、利益，甚至急功近利。市场经济也会淡化人们对自身文化素质的培养，淡化爱国主义、集体主义和艰苦奋斗等优良传统和作风，导致精神世界的空虚。

(2)市场经济条件下，仍应将集体主义当作核心道德原则

集体主义是建立在公有制基础之上、并为社会主义公有制服务的一种价值观念。它强调个人利益服从集体利益，强调个人利益和集体利益的辩证统一，强调集体要尽最大努力关心个人利益和个人幸福，并在集体价值实现的同时实现个人价值。在市场经济条件下，仍然应该将集体主义当作核心道德原则，原因如下：

①社会主义市场经济与集体主义是紧密结合的。社会主义市场经济不仅同社会主义基本经济政治制度结合在一起，而且同社会主义精神文明结合在一起。因此，集体主义不但与社会主义市场经济相契合，而且也正是社会主义市场经济的反映。

②市场经济条件下，集体主义有助于克服不良思想和现象。市场经济也有诱发功利主义、个人主义、拜金主义思想的不利一面，因而不可避免地产生某些负面效应。坚持社会

主义集体主义有助于克服这些思想和现象，保证社会主义市场经济沿着正确方向健康发展。

③市场经济条件下，集体主义提倡集体利益与个人利益辩证统一。在市场经济条件下，更加强调集体主义的双向性：从集体的角度来讲，要求个人利益服从集体利益，这是一个大前提。在这个大前提下，集体应尽最大可能来满足个人的正当利益，为个人的全面发展创造条件。

通过以上的分析可以看出，在市场经济条件下应该更加强调集体主义，应该仍然将集体主义当作核心道德原则，这对于国家、社会和个人都是有益的。

4．学校德育哪些地方是成功的？还存在什么问题？你认为应当如何改进？

答：(1)学校德育的成功之处

改革开放以来，我国学校德育工作在不断探索改进与创新的过程中得以快速发展，在许多方面都取得了众所瞩目的成就，分别如下：

①德育内容和内涵不断丰富，德育形式逐步扩展，并趋向多渠道、多元化。目前，我国学校德育在包括教育教学为主要内容的德育工作的基础上，逐步丰富德育的内涵，拓宽德育渠道，扩展德育空间。现代学校德育在进一步完善主渠道，调整德育工作体系的基础上，校园文化、心理咨询、成才就业辅导等一批新的德育形式应运而生，在学校德育工作中发挥着愈来愈明显的作用。

②德育管理体制进一步完善，德育队伍建设得以巩固和加强。在我国学校的德育管理体制和运作机制不断得到完善的同时，为适应新形势、新任务的要求，学校还加强了德育教师队伍建设，增加了生活指导老师、心理咨询老师等，在稳定队伍、扩充力量、优化结构和提高队伍人员素质等方面做了大量而有效的工作。目前，我国学校德育已初步建成一支以专为主、专兼结合、优势互补、结构合理、素质较高、动态平衡的较为稳定的德育工作者队伍。

③学校德育方法不断丰富和完善，形成了一套完备的方法体系。德育方法是指用来提高学生思想认识，培养学生道德行为习惯，形成完整品德的方法。目前，我国学校德育已经形成了包括说服、榜样、锻炼、修养、陶冶、奖惩和制度等一系列方法。德育工作者可以根据学生的具体情况，有针对性地对学生采取恰当的德育方法。

④在高校基本建构并完善了德育的学科体系，加强了德育工作的科学化和规范化建设。新时期，我国高校为实现德育工作的科学化，推动德育学科建设作了不懈的努力。到目前，思想政治教育专业已遍及全国高校，形成了从本科、双学士学位到硕士、博士等结构层次合理的学科人才培养格局。与此同时，在学科研究方面，思想政治教育已被作为一门以马克思主义理论为基础，思想性、政策性、综合性强的科学正式列入社会科学的研究范畴。

(2)学校德育存在的问题

①价值观念多元化趋向。目前我国正处于社会转型期，原有价值体系正在发生巨变，形成了多元价值取向并存的局面。在新的社会主流价值观念尚未确立的时候，这种多元的局面也必然是混乱的，人们的价值取向也是多变的。目前我国社会正处于价值迷乱到价值澄清阶段，人们的价值取向是多元的、易变的。从理论上确立并为目前社会所倡导的新的集体主义价值观还不为人们所普遍认同，缺乏号召力。这是目前学校德育面临的一大挑战。

②大众传媒的误导与社会消极现象的影响。大众传媒对社会生活影响极大，深入到人

的内心世界，具有极强的导向功能。这种导向最终体现为价值观导向。理论上，大众传媒应大力宣传积极的价值观念，以促进社会价值观念的积极变化。但是，近年来，大众传媒的价值导向并非明确与一致，存在着混乱与误导现象。此外，目前社会上出现的消极腐败现象，其影响也渗透到社会各个方面，对青少年的价值观、人生观的形成具有极大的破坏力。

③学校德育落后于现实的要求。当前，学校德育落后于现实是其面临的又一挑战。主要体现在德育工作缺乏对德育理论的掌握，导致忽视社会现实和客观环境以及学生的心理发展实际，提出过高的德育要求；忽视对学生主体性的激发和启动，教师唱独角戏。此外，学校德育工作还存在脱离现实的情况，如宣讲大道理的多，联系实际解决问题的少；注重形式的多，注重实效的少；讲老一套的多，研究新情况的少，等等。

(3)解决德育问题的基本对策

①制定明确具体的德育目标。德育要增强实效性，首先要求制定明确具体的目标系统。在改革德育目标时，应注意两点：一是基础性。中小学正是行为习惯、道德情操、思想品德形成的重要时期，该阶段应着重教育学生学会做人，防止过高的目标要求。二是可操作性。制定目标时不要过于笼统，应根据不同年级、不同年龄阶段的学生提出不同的目标要求，分出层次，列出序列，循序渐进。

②设计系统有序的德育内容。德育内容是实现德育目标的重要保证。面对社会发展和价值观念的多元化趋向，必须对德育内容进行改革，要把握时代脉搏，结合学生实际，提出有时代气息、反映时代要求的德育内容。同时，还应注意德育内容的序列化问题，根据学生的年龄特点，对不同年级的学生提出不同要求的德育内容，形成由浅入深、由低到高、循序渐进的序列化德育内容。

③探索行之有效的德育途径与方法。目前我国虽已形成了一系列的德育方法，但在具体运用中，还存在德育方法与途径呆板，形式化与成人化倾向严重等问题，造成德育效果不佳。其问题不在于德育方法本身，而在于现行德育方法论片面强调以整体或社会为价值取向，忽略了作为历史主体的人的价值和作用。因此，应努力构建现代德育方法论，充分重视受教育者的主体地位和作用，注重提高他们的道德判断能力和选择能力。目前在改革德育方法与途径方面应注意：从封闭走向开放；从看管走向互动；从灌输走向启发；从注重知识教育走向注重能力培养；从平面走向立体。

④进行科学合理的品德评价。品德评价对学生品德的形成具有重大意义。要进行科学合理的品德评价，就要求构建科学合理的品德评价指标体系，使测评效果公正客观；采用多元化的考评方法，不仅有传统的定性评语法，还要有评分法、矩阵法和等级评定法等定量评价法，使考评具有客观性、全面性、层次性、差异性等特点；重视学生参与评价。

⑤建立高素质的德育工作者队伍。尽管目前我国学校德育队伍建设不断得以巩固和加强，但仍需要在以下方面做出努力：a. 转变教育观念，树立现代教育观，确保跟上时代发展的要求；b. 加强师德建设，提高教师道德修养水平，提高其工作的积极性，把热爱教育事业落实到热爱学生上；c. 开展德育科研，解决新问题，把工作热情与工作的科学性结合起来，提高德育工作的针对性与时效性。

四、论述题

1. 评述"德育是培养知情意行的过程"。［海河大学2018年研；华中师范大学2016年研；北京师范大学2015年研］

答：德育过程是培养学生品德的过程，而学生的品德是由道德的知、情、意、行四个因素构成，所以德育过程也就是培养学生知、情、意、行的过程。

(1)知，即道德认识，是人们对道德规范及其意义的理解和掌握；对是非、善恶、美丑的认识、判断和评价，以及在此基础上形成的道德识辨能力，也是人们确定对客观事物的主观态度和行为准则的内在依据。

(2)情，即道德情感，是人们对社会思想道德和人们行为的爱憎、好恶等的情绪态度，是进行道德判断时引发的一种内心体验。它伴随品德认识而产生发展并对品德认识和品德行为起着激励和调节作用。判断积极或消极情绪体验好坏的标准，是看它跟何种品德认识相联系以及它在"长善救失"中的地位和作用。

(3)意，即道德意志，是为实现道德行为所做的自觉努力，是人们通过理智权衡，解决思想道德生活中的内心矛盾与支配行为的力量，它常常表现为用正确动机战胜错误动机、用理智战胜欲望、用果断战胜犹豫、用坚持战胜动摇，排除来自主客观的各种干扰和障碍，按照既定的目标把品德行为坚持到底。

(4)行，即道德行为，是人们在行动上对他人、社会和自然所做的行为反应，是人的内在的道德认识和情感的外部行为表现，是衡量人们品德的重要标志。道德行为包括一般的行为和经多次练习所形成的道德行为习惯。道德行为受道德认识、情感和意志的支配、调节，同时又影响道德认识、情感和意志。

总体而言，构成品德的知、情、意、行这四个因素是相对独立的，又是相互联系、相互作用的，其中，"知"是基础，"行"是关键。在德育具体实施过程中，要注意发挥知、情、意、行的整体功能，首先，德育要注意全面性，要全面关心和培养学生品德中的知、情、意、行，对他们要晓之以理、动之以情、导之以行、持之以恒，使四者相辅相成、全面而和谐地得到发展；其次，德育要有针对性，要针对品德结构中诸因素发展不平衡的状况，有的放矢、因材施教，弥补其薄弱环节，改变其发展不平衡的状况。

2. 论述现代学校德育制度改革的趋势。［北京航空航天大学2003年研］

答：现代德育是从原始形态德育、古代学校德育变革演化而来的，既继承了前两种类型德育中的许多合理的内核，又呈现出一些新的特点：

(1)德育目标的变化

现代德育目标主要是个人全面发展。同时，现代德育的目标也有政治方面的内容并且占有重要地位，但它还包括思想的、法纪的、道德的等方面的内容，并且其中贯穿着科学和民主的精神。另外，品德心理保健和品德能力培养方面的目标日益突出并显示出它的重要性，培养健全的人格，良好的心理品质，培养健康的品德情感等，促进和保持整个心理健康、平衡，是现代德育的重要目标。

(2)德育功能的变化

现代德育除社会功能外，它还具有并发挥着日益明显的外在的或工具性的自然性功能和内在的个人全面发展的功能。现代德育除了政治性、思想文化性功能外，它还日益明显地发挥着推动社会生产力的发展、现代科技的发展和商品经济的发展等功能。

(3)德育结构上的变化

在现代，德育的综合系统化或整体结构化的趋势日益显著。大德育观正在逐步取代单一、孤立、片面的德育观念，组织化、科学化、民主化的德育日益社会化和社会日益德育化。

(4)德育内容的变化

现代德育内容已由固定不变的一般化、单一化的社会、阶级和民族规范教育，逐步增加着现代社会的一般的或普遍的社会规范和技术规范教育的内容。人道主义、科学精神、法纪和道德教育的内容，环境意识、法律和道德、全球意识、和平与发展的意识、合作意识等全社会、全人类共同的一般行为规范教育已成为德育的重要内容。自由民主和平等合作的教育成为德育的基本内容之一。

(5)德育社会地位的变化

随着德育主客体条件的变化，德育也日益确立它的主体地位，增强它的相对独立性，使之在与社会和人的品德发展中不只是扮演消极适应的角色，而是日益走上超前、先行、主导的地位，呈现出日益明显的主体性、进取性。

(6)德育本性的变化

变革已成为现代德育存在和发展的本性，并引发出德育稳定性、继承性和变革性的矛盾。现代德育的变革性，首先表现在德育观念的更新，如系统整体性观念，发展的观点，结构观点，主体性观点，多样性的观点，实践、活动和交往的观点，特别是科学和民主的观点，合作的意识等，已成为现代德育的重要观点。

3. 请针对当前我国中小学德育存在的主要问题，论述德育过程为什么是教育者引导下学生能动的道德活动过程。[华中师范大学2004年研]

相关试题：

论述德育过程是教师引导下学生能动的活动过程。[江西师范大学2017年研]

答：(1)当前我国中小学德育存在的主要问题：

①德育工作中严重的功利主义倾向。德育工作者希望在短时间内看到效果，而没有看到德育是一个长期的过程。

②德育过程中严重的知识主义倾向。重视德育的知识，不重视德育的实践。在德育过程中倾向教育者对受教育者的单向灌输和刻板空洞的说教，而无视受教育者品德学习的主体参与和情感体验；忽视学生作为德育的主观能动性，致使学生知行脱节，道德认识和道德行为不能互相转化；学生在遇到复杂社会现象需要做出道德判断时难以适应。

③德育管理中严重的主观主义倾向。德育缺乏明确的目标和计划，单从个人意志出发，从个人兴趣出发。

④德育评价过程中严重的形式主义倾向。德育评价没有落到实处，没有全面评价的指标体系，评价避重就轻、泛泛而谈、轻描淡写。

上述问题的后果是大大降低了德育工作的效果，使德育工作日益空泛和形式化。这是与德育在全面发展教育中的重要地位和在整个社会主义精神文明建设中的作用不相称的，对学生身心的健康发展也十分不利。

(2)之所以说德育过程是教师教导下学生能动的道德活动，是基于以下方面的原因：

①学生品德的发展是在活动中能动地实现的。儿童吸取社会的影响形成自己的品德，主要是通过两个方面的活动：一方面，儿童总是自觉或不自觉地从他们的现实生活、经济关系和社会交往中吸取道德思想，形成自己的善恶、是非等道德观念，产生好恶、爱憎等情感，养成一定的行为习惯；另一方面，儿童上学以后作为学生，在学校教育引导下，开始转向有目的的德育活动，日益自觉地发展自己的品德，提高自我修养的能力。青少年学生在吸取社会和教育影响的活动中，不仅是被影响、被教育的对象，而且是能动地吸取环境和教育影响的主体。因为他们逐渐已有自己的生活经验、价值观念和思想倾向。

②道德活动是促进外界的德育影响转化为学生自身品德的基础。将外部的教育影响比较顺利地转化为学生的内在品德，从根本上说，这个转化只能在学生与外在社会相互作用的活动中实现，而不能在他们处于静态中进行；而道德活动则是促进德育影响转化为学生品德的基础。如果德育过程基本处于静态，只让学生端坐静听教师的长篇道德说教，不仅缺乏使学生深感兴趣的外部教育活动，而且必将导致压制学生内部的思想情感活动。

③进行德育要善于组织、指导学生的活动。这些活动包括两个方面，一是学生的学习、劳动、工作、社会服务、文娱和体育等外显的实际活动；二是学生在思想情感上进行的内部心理活动。由于人的心理活动是对外部世界的反映，所以一般来说，在德育过程中，首先要组织好学生的各种表现为外部行为的实际教育活动，才能启迪、激发和引导他们积极开展内部心理活动，以促进他们思想认识的提高和品德的发展。人们内部思想情感上的心理活动一经发动和开展起来，又会表现出巨大的能动力量，指导和促进他们的社会实践活动。

4. 有一位教师在课堂上劝中学生努力学习，考上重点大学，因为只有这样才能“挣大钱，当大官，娶美女”。可是孔子却把颜回树为楷模，称赞说：“一箪食，一瓢饮，在陋巷，人不堪其忧，回也不改其乐，贤哉回也！”请谈谈你的看法。

答：(1)材料所反映的问题

孔子极力赞美颜回安贫乐道的精神，而题中这位教师却教育学生以金钱、权利和美色等生活享受作为努力学习的动力。这一鲜明对比既反映了当今社会价值取向的多元化，也反映了部分教师的道德素养不高，并将一些腐化的观点传递给学生，不利于学生良好品德的养成，也削弱了学校德育的效果。

(2)教师在学校德育中的重要作用

教育是培养人的活动。教育活动这一本质特点，决定了教师的劳动必然带有严格的示范性。进入现代社会，虽然人们的道德观、价值观呈多元化趋势，但教师的道德观、价值观总是代表着居于社会主导地位的道德观、价值观，并用这种观念引导年轻一代。学生具有尊敬教师、乐于接受教师的教导，以教师为表率，即所谓“向师性”的特点。特别是小学生的模仿性更强，对教师有一种特殊的信任和依赖之情，教师在他们的心目中有崇高的威信。教师的一言一行、道德风貌、行为习惯、个性特征等都会通过言传身教潜移默化地影响着学生。所以，教师的道德素养、言行举止对于学生良好道德品质的形成具有非常重要的影响，甚至还可以决定学校德育的效果。

(3)提高教师思想道德素质的措施

①健全师德建设的学习培训机制。加强教师职业道德规范的学习和培训，开展教师职业理想教育是提高教师思想道德素质的基础和前提。建立师德教育的学习培训机制，就是要求把师德教育作为教师继续教育的首要内容，将教师学习职业道德规范制度化、规范化；就是要求将师德教育纳入学校日常教育工作，时时讲，处处讲；就是要求教师自觉加强职业道德规范的学习，知道哪些行为教师可为，哪些行为教师不可为，主动提高道德修养，自觉运用规范约束自己的教育教学活动。只有在日常思想政治学习中，加强教师的职业理想、职业形象、职业责任、职业纪律和职业道德的教育，让广大教师掌握了解教师职业道德规范的内涵和要求，理解遵守职业道德的目的和意义，教育教师热爱本职工作、忠于职守，引导教师树立正确的教育价值现、质量观和人才观，加强尊重学生、爱护学生、保护学生的责任意识，才能帮助教师不断提高思想政治素质和业务素质。教师在日常工作和生活中才能遵守规范，充分发挥工作的积极性和创造性。

②建立师德建设的考评监督机制。充分发挥教师职业道德考评和社会监督的作用，这是提高教师职业道德水平的重要保证。教师的学期考评或年度考评，是对教师德才表现和工作实绩的综合检查，是激励督促教师提高自身素质、认真履行职责的有效途径。教师职业道德考评是教师考评的重要内容。为了保证考评工作的客观公正和民主公开，充分发挥考评工作的积极导向作用，有必要建立师德的考评监督机制。为此，学校可依据教师职业道德考核测评标准，积极建立个人自评、教师互评、学生评价、家长评价和组织评价相结合的师德考评机制。这样既可确保学校师德考评工作落到实处，不流于形式；同时又有利于发挥教师、学生、家长和组织等方面的监督作用。

③完善师德建设的激励约束机制。提高教师的思想道德素质，既要靠教育，也要靠激励和约束。教育是基础，激励约束是手段。激励就是表彰先进、树立榜样，对依法执教、敬业爱岗、无私奉献、为人师表的教师及其优秀事迹大力表彰，同时利用报纸、杂志、电视台广泛宣传，在教师队伍中营造争优创优的声势和气氛。先进人物事迹的道德感召和情操感染，使得人们对美好道德向往的需求间接地获得满足，并在内心产生一种愉悦而高尚的内心体验。这种道德情感渗透在教师的道德认识和道德行为中，将促使他们向着积极的方面努力，从而达到提高职业道德素质的目的。在坚持正面宣传教育为主的同时，又要注意强化政策导向，严肃法纪，严格将教师职业道德表现与教师的奖惩、培训、聘任以及教师职务晋升、工资晋升挂钩，加强对违反职业道德规范的教师的处理。凡是违反教师职业道德规范的，都要按照规定严肃查处。在道德压力和纪律约束下，教师在内心深处对规范就会产生敬畏心理，知道违背职业道德带来的后果，从而自觉约束自己的行为和思想，遵守规范和准则。

④加强师德建设的内化自律机制。进行师德建设，提高师德水平，关键在于建立内化自律机制。无论是学习培训，还是考评奖惩，目的都是为了促进教师建立起内化自律机制。内化就是教师将社会约定的职业道德规范转化为教师自身的行为准则，将外在的约束和要求转化为自身道德修养的过程。自律就是无论是否有外在的约束和监督，教师都能严格要求自己，自觉自愿地遵守规范。内化自律机制的建立，使得教师在行动中遵循这些规范时，内心会感到欣慰和愉悦；如果违背了自己的原则，就会内疚和自我谴责。这种机制，可以

通过学习教育，帮助教师增强教书育人、以身立教的社会责任感和神圣使命感来建立；可以通过奖励表彰先进事迹的精神感召力，促进教师获得内在的道德满足感和上进心来建立；可以通过监督和约束产生内疚感和自责感来建立。这样，教师就会将自己的思想意识、言行举止纳入规范之中，自觉监督自己的行为，执行行为规则，并且一有逾矩，心中自有约束。建立内化自律机制，使教师从满足社会的希望到履行自己内心的道德准则，这是师德建设的目的，也是师德建设的最高境界。

总之，教师职业道德建设，直接关系到整个社会的精神文明建设。师德建设是一个系统工程，要卓有成效地开展师德教育，需要建立健全师德建设的学习培训机制、考评监督机制、奖励约束机制和内化自律机制。

5. 有人说，现在的青年一代是垮掉的一代；有人则说，不！现在的青年一代是生气勃勃、大有希望、值得信赖的一代。你对此有何评论？

答：对于题目中这两种截然不同的观点不能一概而论，应该辩证地进行分析。青少年的思想、观念是客观社会现实影响的产物。现实的教育是最有力的教育。我国社会主义改革的实践造成的新环境，新现实，使青少年思想产生了新变化、新特点。这些特点中体现出青年一代思想活跃，知识广博，敢于创新，求实务实，爱国奉献等优点，但也存在着很多令人担忧的问题。教育工作者应该用科学、发展的眼光看待青年一代，针对青年一代的问题做好德育工作。

(1)当代青少年的优点

①创新意识和批评精神不断增强。今天的青少年由于置身于精神解放、观念更新、意识超前的社会变革中，他们的精神世界自觉不自觉地囊括了许多与其前辈不同的思想、信念与价值观念。

②关注自我形象及有较高的自信心。当代绝大多数青少年，在许多方面都能够接受自己、赞许自己、肯定自己。这种成功者的心态对其成长有着非常积极的意义。

③有较强的平等意识、法律意识和自我保护意识。当代青少年儿童的平等意识反映在三个方面：一是需要与父母平等相处；二是希望老师公平处理问题；三是同学之间真诚相处的要求。另外，当代青少年不仅学习和掌握了大量的法律知识和法律程序，还懂得用法律来维护自身的合法权益。

④有较强的共勉意识与关心国家大事。当代青少年对于国家大事都较为关心，并且富有奉献精神和共勉意识。

⑤愿意用事实说话。当代青少年对人、对事、对物的判断，不喜欢以空洞的说教为标准，而愿意从他们熟知的事实出发；敢于在事实面前、在真理面前说真话、说实话。

(2)当代青少年存在的一些问题

①早熟与“自我中心”。由于社会环境逐渐复杂化，当代青少年多表现出“心机”过重、童心太轻、童趣太少、童韵太薄的现象。同时，由于当前青年一代相当多的人都是独生子女，从小的生活环境导致他们易产生“以自我为中心”的倾向。

②独立生活能力有一定的欠缺。由于受社会不良风气的影响，加上某些学校、家庭教育存在着“重智轻德”的现象，使许多青少年只会埋头死读书，缺乏生活常识和自理能力。

③心理承受能力较弱。当代青少年遇到困难和挫折时常显得力不从心，情感脆弱、心

理承受能力差。更有甚者，遇到一些小的挫折就采取极端的方式来对待。因为一些小困难就轻生或者报复社会的事件已经屡见不鲜。

④生理成熟与心理成熟程度不相适应，早恋现象有所发展。由于现代社会的高度产业化，城市化及社会活动频繁，物质生活条件的改善等因素，青少年发育期普遍提前已成为事实。部分青少年心理上的不大成熟与生理成熟的前倾不相适应。他们开始意识到两性的差异，产生对异性的好奇，萌生了体验异性情感的欲望。有些中学生可能会出现早恋或两性关系的错误，甚至出现违法犯罪的行为。

对青少年的诸多问题的处理与解决，不能先介入、先下指示、先导航，而应该首先对其进行全面的、客观的、耐心的了解和把握。目前不仅需要全体教师、家长热情、积极地投身到青少年的思想道德教育工作中来，更需要全社会各界人士的关爱和支持。

第11章 美 育

11.1 复习笔记

【知识框架(庖丁解牛)】

美育
- 美育概述
  - 美育的概念
  - 美育理论概述
  - 美育的意义
- 美育的任务及内容
  - 美育的任务
  - 美育的内容
- 美育的实施
  - 美育过程
  - 美育原则
  - 美育途径和方法

【考点难点归纳(厚积薄发)】

考点一、美育概述

表11-1 美育概述

要点	具体内容	
美育的概念	又称美感教育或审美教育，是通过培养学生认识美、体验美、感受美、欣赏美和创造美的能力，从而使他们具有美的理想、美的情操、美的品格和美的素养的教育	
美育理论概述	孔子	培养文质彬彬的君子
	席勒	培养“理性之人”
	马克思	培养全面发展的人
美育的意义	①有助于提高人的审美素质。 ②有助于教育自身的完善。 ③有助于人类物质文明和精神文明的和谐发展	

【习题精选】

1．简述席勒的审美教育思想。

答：席勒是18世纪德国著名的美学家，被称为“现代审美教育之父”。他关于审美教育的思想主要反映在他的《审美教育书简》一书中。席勒的审美教育思想主要有以下几个方面：

(1)从启蒙主义立场提出的审美教育思想

席勒认为，美育的内涵可界定为“自由”，即人性解放的自由，其途径和过程是通过审美克服人性之割裂走向人性之完整。美育的特殊作用即是其成为沟通感性与理性、自然与人文、知识与道德、感性王国与理性王国之中介。这就使美育成为由自然之人成长为理性之人的必由之途。

(2)揭示审美教育的目的

席勒认为，美育就是以造就审美的人即具有完满人性的人为其最根本的目的，美育不仅是改造人性使之达到完满的重要手段，而且是改造社会使之实现政治自由的根本途径，它可以完成社会革命所不能完成的使人真正自由的伟大使命。

(3)揭示审美反思与道德理性、知识反思的辩证关系

在席勒美的理想的概念中包括优美与崇高两部分。优美是感性与理性的和谐，崇高是感性与理性的矛盾。席勒认为在美的欣赏中，虽然人已经从作为力量的自然中独立出来了，但人仍然受自然力量的支配。而崇高才使人真正意识到自己的精神立法，从而超越自然的感性立法。但是，在从美感到崇高感的转变中，人必须以知识反思和道德理性的修养为前提。

(4)探讨审美修养与感性实践的关系

席勒认为人保持自己的意志有两种途径：一是身体的修养，即劳动；二是文化修养，即道德宗教修养与审美修养。席勒认为审美修养是人保持自己道德意志的最好途径。在这两者关系的辨析中，席勒揭示了审美修养与感性实践包括劳动的统一。席勒认为在感性实践中，人已经表现出了美感和崇高感所培养的人的道德禀赋。

2. 马克思人的全面发展思想与审美教育有何联系？

答：马克思人的全面发展思想与审美教育的联系为：

(1)马克思关于人的全面发展思想是包括审美教育在内的全面发展

马克思主义关于人的全面发展是指人的劳动能力，包括人的智力和体力的充分、统一的发展，同时，也包括人的社会关系、道德品质及审美意识的多方面发展。从这个意义上说，审美教育是马克思关于人的全面发展教育的重要组成部分，没有审美教育，也就不能称其为全面发展。

(2)审美教育是促进人的全面发展的教育

审美教育作为人的全面发展教育的重要组成部分，它对人的全面发展起着十分重要的、不可替代的作用。主要体现在：

①审美教育促进个体和谐发展。发展完美的人格，是指人的全面而自由的发展，即人的本质力量的完满和充实，人的智力、品格、情操和体魄得到全面而和谐的发展。审美的基本功能就是通过运用人类长期实践活动所创造的美的产品和揭示出美的规律，去影响个体的感官和心理，增强审美感受的创造力，形成平衡和协调的心理结构，并间接地影响智力和品德的发展，最终实现完美人格的塑造。

②审美教育有助于协调和发挥德、智、体各育的功能。从教育活动是个完整统一的过程来看，审美教育对于德育、智育、体育都有积极的影响。教育活动既不是单一的智力活动，也不是单一的情感活动，而是多种因素包含在其中的综合性育人活动。

考点二、美育的任务及内容

表11－2　美育的任务及内容

要点		具体内容
美育的任务		①树立学生正确的审美观点，提高审美能力。 ②培养学生健康的审美情趣，对美的热爱和追求。 ③发展学生表现美和创造美的能力
美育的内容	形式教育	包括形式美(音、形、色之美)与美的形式(外部美的表现形态和内部美的结构方式)
	理想教育	理想具有形象性和情感性，包括社会理想教育、个人理想教育等
	艺术教育	表演艺术、造型艺术、语言艺术、综合艺术等

考点三、美育的实施

表11－3　美育的实施

要点		具体内容
美育过程		是指教师根据审美能力形成、发展的规律，有目的地指导学生通过审美活动培养和发展学生审美能力的过程，是教育过程的特殊形式
美育原则	形象性	美不是抽象的，是以生动可感的形象出现的，这是美的第一个特征
	情感性	感受美的事物要融合自己的情感，形成审美感受，做出审美判断
	活动性	通过参与艺术鉴赏和艺术创造等活动受到审美的熏陶
	差异性	根据学生的年龄特征、个性差异以及兴趣爱好选择不同的方式进行美育
	创造性	引导学生创造性地感知、理解和创造美
美育途径和方法		①通过课堂教学和课外文艺活动进行美育。 ②通过大自然进行美育。 ③通过日常生活进行美育

【习题精选】

1. 如何理解审美教育过程?

答：具体而言，审美过程可做如下理解：

(1)通过审美感知，形成审美感受，为鉴赏美和创造美奠定基础

审美感知是人对于能够引起心理愉悦的事物完整形象的反映。人的审美活动是由感知、想象、情感和理解等几个心理要素和谐动态地组合而产生审美经验，形成审美观念、趣味与理想，发展审美创造力的。审美感知是审美过程的起点，感性直观是人的审美活动和儿童审美心理的重要特点。

(2)通过美的鉴赏活动，理解美的本质特征，发展审美判断力

人在审美感知的基础上会产生对审美对象形象性、情感性的鉴别和评价，也即一种审美判断。审美感受和审美判断是在直接对审美对象感知的基础上形成的，既依靠感官的知觉，又需要情感的激励和理性的思考；而审美感受性的提高，又可丰富想象和情感，增强理智感，掌握美的本质与特性。从学生的发展上来看，就是学生审美能力的提高。

(3)通过审美创造活动，发展创造美的能力

儿童审美的鉴赏力和创造力的发展是以生活、学习、劳动和艺术鉴赏活动为基础的。他们从那些活动中感知到美，又通过联想和想象创造出新的形象来。美育过程是培养学生审美感受力、鉴赏力和创造力的过程；是学生审美艺术、审美能力形成和发展的过程；是把社会审美意识转化为个体审美意识实现人自身美化的过程。

2. 结合学校审美教育实际谈谈审美教育的实施。

答：当前我国学校的审美教育可以通过各科教学和组织各种形式的活动来实施，也可以通过大自然和日常生活来进行。

(1)通过课堂教学和课外文化艺术活动进行美育

①课堂教育是学校实施美育最主要的途径。通过科学文化知识的教学来实施美育，要求改变传统的教学方法，重视发掘学科内在的审美因素，揭示不同学科内含的审美价值。

②对学生进行美育，还可以通过艺术学科教学和课外文艺活动进行，如通过班级组织开展艺术欣赏活动、开展课外兴趣小组活动等，目的是让学生在艺术实践活动中提高鉴赏美和创造美的能力。

(2)通过大自然进行美育

欣赏大自然的美可以让学生开阔视野，增加知识，陶冶情操，从而增强学生的审美感知能力和理解能力；教师要重视启发学生认识人与自然的审美关系，理解欣赏自然美的“比德”“畅神”等审美观念。

(3)通过日常生活进行美育

①利用家庭环境进行美育。不同家庭的经济条件不一样，但最基本的是要保持房间的干净、整洁，有条件的情况下进行适当的装饰，整体上让人觉得舒适、和谐。

②组织学生参加美化学校环境的活动。学校环境的美化应与社会环境的美化协调统一。最基本的要求要做到干净、整洁，从而产生一种赏心悦目的感觉。

③让学生明了爱美是热爱生活的表现，在日常生活中要充分体现美，如教育学生讲究言谈举止、仪表风度美等。

11.2 典型题(含考研真题)详解

一、单项选择题

1. 按照美的规律对自己劳动条件和劳动产品进行设计和加工，对居室、日用品、服饰等方面按照美的观念做出选择与合理的配置属于(　　)。

A. 感受美　　B. 鉴赏美　　C. 创造美　　D. 领悟美

【答案】C

【解析】创造美主要体现为学生参与丰富多彩的艺术欣赏和表演的活动、按照美的规律和理念进行产品的加工、设计及选择。

2. 美育之“超美育”功能，即指(　　)。

A. 直接育美功能　　B. 间接育德、促智、健体功能

C. 超越性美育功能　　D. 美育的附加功能

【答案】C

【解析】美育的功能分别是：①直接功能即“美育”。②间接功能即育德、促智、健体等。③美育的超越性功能即对于现实生活的超越所形成的人生意趣和理想境界追求等，被称为“超美育”功能。

3. 关于美育的价值，下列表述不正确的是(　　)。

A. 美育使教育走向完善

B. 美育促成人的自由与解放

C. 美育是教学的根本目的

D. 美育使人类社会的优秀文明成果得以延续和发展

【答案】C

【解析】美育的价值和意义主要包括：①美育有助于提高人的审美素质，促进人的自由和解放。②美育有助于教育自身的完善。③美育有助于人类物质文明和精神文明的和谐发展。美育不是教学的根本目的，教学的根本目的是培养全面发展的人。

4. 下列不属于学校美育内容的是(　　)。

A. 形式教育　　B. 艺术教育　　C. 理想教育　　D. 和谐教育

【答案】D

【解析】学校美育内容主要包括三个方面：形式教育、理想教育和艺术教育。和谐教育不属于学校美育内容。

5. 学校实施美育最主要的途径是(　　)。

A. 课堂教学　　B. 通过大自然进行美育

C. 课外文艺活动　　D. 通过日常生活进行美育

【答案】A

【解析】学校通过课堂教学、课外文化艺术活动、大自然、日常生活等途径实施美育，其中，课堂教学是学校美育的主要途径。

二、概念题

1. 美育[北京师范大学2021年研；华中师范大学2017年研；深圳大学2016年研；杭州师范大学2016年研；内蒙古师范大学2016年研；东北师范大学2014、2010年研；北京航空航天大学2009年研；华中科技大学2007年研；中山大学2007年研；浙江大学2006、2003、2001年研；大连理工大学2005年研；西安电子科技大学2006年研]

答：美育，又称审美教育，是使学生掌握审美基础知识、形成一定的审美能力，培养正确的审美观点，美化其心灵、行为、语言、体态，提高道德与智慧水平的教育。美育一般通过审美活动进行，即指导学生对自然美、社会美、艺术美的鉴赏，发展审美能力，美化主观世界和客观世界。美育具有形象性、情感性，即以具体、鲜明的形象感染、教育人，以美感人，以情动人。美育活动过程中具有愉悦性，可寓教于乐，使人赏心悦目，在潜移默化中接受教育。美育以科学的审美观为指导，继承历史上有审美价值的财富并加以创造，可以丰富人类文化艺术宝库；能扩大视野，陶冶情操，提高社会道德水平，加强精神文明建设；美育与德育、智育、体育结合，促进人的全面发展。

2. 审美观点[华中师范大学2003年研]

答：审美观点是指人们在审美活动中所持的态度和看法。由于人们的经济地位、生活经历、文化背景、思想倾向、审美素养不同，他们的审美观点也不相同，对同一美的现象或艺术作品会有不同的审美判断和审美评价。学生在审美活动中，会自觉或不自觉地坚持某种审美观点。学校德育的首要任务就是要帮助学生树立正确的审美观点，教育他们懂得什么是美，什么是丑，什么是高尚，什么是庸俗，能够对现实生活和艺术作品做出正确的判断。

三、简答题

1. 简述美育的基本任务。[上海师范大学2004年研]

答：美育的基本任务是提高审美主体的修养，促进人的全面发展。具体来说，主要包括以下三个方面：

(1)培养正确、进步、高尚的审美观

审美观是人们对美丑的基本观点，它是人的世界观的组成部分，属于意识形态。审美观根源于人的社会生活实践及其在实践中的审美感受，同时又反过来在审美中起指导作用。不同社会实践造就了不同人的不同审美观。一般认为，马克思主义审美观是正确的、进步的、高尚的审美观。美育的任务之一就是通过对马克思主义美学理论的宣传及这一力量在审美实践中的不断运用，使受教育者树立以创造和贡献为美的审美观，反对以不劳而获、自私享乐为美等错误、陈腐的审美观。

(2)提高审美能力

审美能力是一种善于在生活、自然、艺术中发现美、捕获美的能力。这种能力的获得是和审美经验的积累、生活阅历、文化知识修养、艺术修养等因素密切相关的。在美育中，一方面要求受教育者提高全面修养，但主要是从审美经验和方法方面进行指导。

(3)培养创造美的能力

培养创造美的能力包括培养正确的审美理想，以确立创造美的指导思想；培养创造美的心理素质(包括对美的事物的感受能力、认识能力、联想与想象能力、理解能力等)；锻炼驾驭美感形式的能力；培养在美的创造中充分发挥个性的能力。

2. 学校美育过程应遵循哪些基本要求？[南京师范大学2004年研]

答：为了使美育的进行符合美育过程原理和教育原理，应遵循以下基本要求：

(1)美育内容的思想性和艺术性统一。要求美育内容是健康的、积极的，表现内容的艺术形象生动、鲜明，有感染力、说服力，有较高审美价值。

(2)情绪体验和逻辑思维的正确结合。审美活动是情感与思维交织活动过程，要充分发挥美育以美感人、以情动人的作用，重视引起学生情绪体验，又要掌握审美知识，借助逻辑思维，对审美对象充分感受、理解。

(3)掌握艺术内容和掌握艺术方法相统一。艺术内容总是通过一定的方法表现出来，一定的方法总是为表现艺术内容服务。通过演戏、唱歌、画画等，把掌握内容和掌握方法统一起来，才能保证艺术价值的表现和审美教育的效果。如唱歌，只有很好理解了歌曲内容，又掌握了演唱方法，才能表现其艺术价值和获得唱歌的教育影响。

(4)内在美与外在美统一。内在美是人的理想、道德、情操、知识等主观世界的美，外在美是人的相貌、体态、服饰、行为举止的美。外在美受内在美制约，内在美通过外在美表现。美育按美的规律育人，应将外在美与内在美统一起来。

3. 学校进行美育时应该遵循哪些原则？［安徽师范大学2017年研］

答：根据我国中小学实施美育的经验和人的审美意识发生发展的规律，实施学校美育主要应遵循以下原则：

(1)形象性原则

①含义：教师运用现实的或艺术的美的形象，使学生直接感知到美的和谐、对称、节奏等形式。

②实施要求：教师要注意根据美育的任务和特点选择美的形象，引导学生掌握美的规则和显现方式，教育学生体会美的形象的意蕴，从而发现审美价值。

(2)情感性原则

①含义：教师引导学生深入到美的意境中去，激起情感上的共鸣，从而使美陶冶心灵。

②实施要求：教师要运用各种形式美来调动与培养学生的审美情感，引导学生带着审美情感去发觉、彰显生活中的美。

(3)活动性原则

①含义：教师通过情境教学等审美活动对学生进行美育，让学生在活动中去感受美、鉴赏美、创造美。

②实施要求：教师应具有一定的审美素养和语言艺术，在教学过程中利用幻灯片、图片资料、影像资料等形象化教学手段来增强美育的效果。

(4)差异性原则

①含义：教师根据学生的年龄特征、兴趣差异及个性特点采用灵活的方式、选择不同的内容进行美育。

②实施要求：教师要了解学生的整体情况和个别情况，审美教育的方式和内容要丰富，有可选择的余地。

(5)创造性原则

①含义：教师引导学生积极主动地尝试美的创造，动脑与动手相结合。

②实施要求：教师要培养学生审美创造的技能技巧，为学生创造良好的环境和条件。

4. 如何理解审美教育的内涵？

答：一般而言，只有从人的审美活动出发，并结合人们对美和审美的主张来认识审美教育的属性，才能真正揭示出审美教育的内涵。具体来说，对审美教育内涵的理解应把握以下几点：

(1)美育内涵的确定应该体现手段与效果相一致的原则

正确把握美育的内涵要求人们必须从艺术和美的根本性质入手，并结合艺术和审美在人生实践中的独特作用来理解，必须处理好审美与教育这二者之间的关系，既不能以审美吞没教育，把审美变成一种消遣、娱乐活动，又不能不顾艺术和美自身的审美特性，从而导致审美教育主旨的丧失。把审美与教育有机地统一起来，才是确定审美教育独特内涵的基本出发点。

(2)美育内涵的确定还应遵循直接效果与间接效果兼顾的原则

所谓直接效果，主要是指通过审美教育，在个体身上所产生的性情陶冶、意气风发、心灵愉悦等直接的成果效应。所谓间接效果，则是指通过审美教育直接效果的不断积累，从而导致个体心理结构的重大变化以至形成完美人性的终极性的成果效应。确定美育的内涵，必须同时兼顾直接效果与间接效果两个方面，舍弃任何一个方面都可能走向片面。

(3)美育内涵的确定还应遵循独特性原则

所谓独特性，即美育的本质属性。这主要体现在以下两方面：

①与其他形式的教育相比，美育的独特性在于，它通过对人内在情感的直接感染，调动起人的各种心理能力并使之和谐运动，从而潜移默化地实现对人的塑造，使人的精神境界不断提升。审美教育的本质属性，是由审美活动的性质所决定的。

②与一般的审美活动相比，美育不仅能够使审美对象的审美特性得到更为有效的发挥，而且能够通过创设一种特定的情境，如可以根据时空条件的特殊性，或者根据受教育者的年龄特点选择相应的审美手段和媒介，也可以将文学作品的内容分成不同的角色，让不同的学生去朗读等等，使受教育者获得较为明确、稳定、持久的定向教育。

综上所述，审美教育作为一种特殊的教育方式，其独有的内涵和性质，只能由其所使用的媒介手段、所达到的直接和间接效果所决定。根据上述三个原则，对审美教育的内涵可做如下界定：审美教育是审美主体以艺术和各种美的形态作为具体的媒介手段，通过展示审美对象丰富的价值意蕴，直接作用于受教育者的情感世界，从而潜移默化地塑造和优化人的心理结构，铸造完美人性的一种有组织、有目的的而互动的教育活动。

5. 审美教育的价值应从哪几个方面去理解?

答：审美教育的真正价值在于：培养作为未来理想社会新基础的自由而全面发展的人，即审美的人。这样的人就是具备敏锐的审美能力、良好的审美趣味、健康的人生态度、完善的心理结构、丰富的个性魅力，并具有自由的超越精神和炽热的理想追求的人。具体而言，体现在以下三个方面：

(1)美育使教育走向完善

①美育有助于实现教育目的。促进人的全面发展是我国教育目的的根本价值取向，就审美教育而言，其作用体现在培养人们辨别美的能力、感受美的能力、创造美的能力以及人的精神世界的提升。

②美育有助于教育自身的完善。教育活动在一定意义上可以说是一种追求美的创造活动。追求教育美主要在于实现教育目的或教育目标。事实上，我们今天的教育还远远没有达到审美上的要求，教育过程中还存在着许多不尽如人意的地方，这就更需要教育工作者认真地研究教育教学过程，真正使教育活动按照美的规律来运行。

③美育有助于协调和发挥德、智、体各育的功能。教育活动是德、智、体、美诸因素渗透其中的综合性育人活动，各因素相互影响，相互制约，共同促进人的发展。学校美育是一种旨在培养学生健康向上的情感教育，同时促进德、智、体的和谐发展。

(2)美育使人类社会的优秀文明成果得以延续和发展

学校美育同德育、智育、体育等一道有着传播人类文明的责任和作用。美育使人类物质文明和精神文明和谐发展，是人类精神家园的一方沃土，同时美育引导人们在自己创造的幸福家园中诗意地栖居。

(3)美育促成人的自由与解放

人不仅有物质的需要，也有精神的需要。学校实施审美教育在一定程度上可以满足人的精神需要，主要表现在：美育能够促进人的主体性向高级阶段发展；美育能够协调人与世界的关系。

6. 美育与艺术教研组有何关系？

答：美育与艺术教研组的关系可归纳如下：

(1)现代美育需要以艺术教研组为依托

美育是以艺术教育为切入口，对学生进行全面素质教育的一种模式，这种模式决定了美育必须依托于教研组的形式才能完成。

①传统学校艺术教师在长期的技能训练中以个体劳动为主，在技能和风格上主张有个人风格和鲜明的个性特征，但在学校的美育教学中这种个体行为势必会影响学生的鲜明人格的塑造、发展和鲜活的创造思维能力的形成，也不利于教学以及教师专业化发展。

②在艺术教学中，教研组通过教研的形式，定期交流教学的方法和经验，采取相互听课、评课的方式，可以使教师在互相学习的过程中，及时解决教学过程中遇到的棘手问题，加强信息的沟通。同时，还可以使教师互相激励，促进教学的全面提高。

(2)艺术教研组建设是促进学校美育实施的一个重要途径

课堂教育是学校实施美育最主要的途径，它不仅包括各科教学，更主要的是艺术学科教学等形式。艺术的形式有很多，如音乐、舞蹈、绘画、雕塑、诗歌、散文、小说、戏剧、电影、电视等。学生通过形式多样的课内外艺术鉴赏活动，可以增加审美经验，发展审美能力。艺术教研组作为直面艺术学科教学的最基本的教师团体，它的建设关系到课堂教学质量的提高、教师的专业化发展和学校整体工作。现代美育中进行艺术教研组建设，可以体现以研促教的教育理念，服务艺术教育教学，弘扬美育特色，促进学校美育工作的健康发展。

四、论述题

试论美育的功能及其对学生德智体各方面的促进作用。[武汉大学2004年研；南京大学2004年研]

相关试题：

学校美感教育的内涵及功能。[简答题，华南师范大学2019年研]

答：美育是以培养学生感受、表现、鉴赏、创造美的能力，从而促使学生追求人生的情趣与理想境界等为目标的教育。

(1)美育的功能

①美育的直接功能。美育的任务可以概括为树立正确的审美观，培养欣赏美和创造美的能力。美育的直接功能(审美观以及审美、创作能力的培养等)与狭义的美育概念或形式

美育相关。

②美育的间接功能。这是一种附带功能，或者说是一种潜在功能，是为其他教育功能发挥提供前提条件的作用，具体而言，即美育的育德、促智、健体功能等。

③美育的超越性功能。“超”是相对于既定的美育功能观而言。这实际上是一种形式美育概念，是与实质美育概念相联系的、对于现实生活的超越所形成的人生意趣和理想境界追求等，已经“超”出了原有的直接和间接功能范畴。

(2)美育对学生德、智、体各方面的促进作用

①美育可以给学生以积极的思想影响，促进德育的发展。审美教育本身就含有德育的内容，审美教育的首要任务就是帮助学生树立正确的审美观点和审美理想。理想和人生的目标相联系，是对未来的向往与追求，美好的理想直接影响着美好的心灵，优美的艺术形象可以给学生展示出社会生活的画卷，展现出美好的生活图案，形象而深刻地揭示社会生活的本质，给人们提供区别善恶、美丑、荣辱、正义非正义的标准。学生在美好的事物中体验美，而美好的情感正是高尚道德的基础。

②美育与智育具有不可分割性。从美育来看，它可以帮助学生认识现实、认识历史，扩展学生的视野，丰富学生的知识，同时可以发展学生的观察力、想象力，丰富学生的形象思维，培养他们的创造能力。如果学生爱自然、爱文艺、爱音乐等生活的美，那么对于学生的智力发展与知识的丰富，是极其重要的。人们在认识客观世界时可以采用科学理性的方法，也可以采用艺术形象的方法。任何艺术作品的特点，都是以具体感人的艺术形象再现生活中的图景。艺术是人们认识世界的一条重要途径，可以帮助人更深刻地探究和更完善地了解各种生活现象，唤起人的新的感情。同样，要想真正地理解与欣赏艺术，就必须有较高的文化修养，那样才能真正地理解作品的意义。

③美育还有利于体育的开展。体育是健与美的有机结合，不仅要求增强学生体质，训练学生的运动技巧，而且还要求他们动作协调，姿态优美。美育可以协调身体的发展，使体态匀称，形成有力的、熟练的、敏捷的、健美的动作。同时美育还要求有整齐清洁的环境，良好的卫生习惯，这些都有利于学生的健康，有利于体育的开展。

第12章 体 育

12.1 复习笔记

【知识框架(庖丁解牛)】

- 体育
  - 体育概述
    - 体育
    - 现代学校体育的主要特征
    - 学校体育的意义
    - 学校体育的任务
    - 学校体育的内容
  - 体育过程的基本要素和规律
    - 体育过程的基本要素
    - 体育过程的特殊性
    - 体育过程的基本规律
  - 学校体育促进学生发展的基本策略
    - 建立学生正确的体育观念
    - 增强学生的体质
    - 培养学生的锻炼习惯
    - 发展学生的体育专长

【考点难点归纳(厚积薄发)】

考点一、体育概述

表12-1 体育概述

要点	具体内容	
体育	广义	体育运动，是以身体练习为基本手段，有目的、有组织地增强体质、增进健康、提高运动技术水平、丰富社会文化生活的活动
	狭义	学校体育，是有目的、有计划、有组织地为促进身体全面发展，增强体质，传授锻炼身体的知识、技术、技能，培养思想品德的教育过程，是与德育、智育、美育、劳动技术教育一起，构成全面发展教育的重要组成部分
现代学校体育的主要特征	①在进行身体教育的前提下，融竞技体育、身体娱乐活动为一体。 ②学校体育促进人的发展和促进社会发展两大功能受到普遍重视。 ③运动教学构成了学校体育过程的基本方面	
学校体育的意义	①学校体育可以促进学生身体健康的生长发育。 ②体育与智育、德育、美育和综合实践活动是密切联系的。 ③发展青少年体育，既是普及的需要，也是提高的需要	

续表

要点	具体内容
学校体育的任务	发展学生体力，增强学生体质
学校体育的内容	田径运动、体操、球类、游戏、军事体育、游泳、武术等

【习题精选】

何谓体育？如何正确理解学校体育的概念？

答：(1)体育的概念

参见本章复习笔记考点一。

(2)正确理解学校体育的概念需把握三个基本要点

①学校体育是一种教育活动。学校体育区别于社会体育的根本是以在校学生为教育对象，以促进学生的全面发展为根本目的。如果社会体育主要是娱乐性、竞技性的话，学校体育的特点则在于其教育性和基础性，即通过传授身体锻炼的基本知识和技能，养成学生自学锻炼身体的习惯，来达到促进学生全面发展的目的。

②学校体育是完整的教育活动的一个组成部分。它与德、智、美以及综合实践活动一起，全面担负起培养人的职责。在历史上，最早是亚里士多德从促使人和谐发展的角度，将教育分解为德育、智育、体育，并认为和谐发展的人一定是受过和谐教育的人。因此，学校体育不仅是身体的运动和训练，它还渗透着德育、智育的因素，是和谐教育、全面发展的教育必不可少的一部分。

③学校体育的根本任务是增强学生体质。它通过运动技能、锻炼技术的掌握，逐渐养成学生身体锻炼的兴趣和运动的习惯。从这种意义上讲，学校体育的教育价值具有延时性，甚至影响学生终身的健康。特别是在当前基础教育对体育重视不够，青少年身体素质出现下滑的背景下，理解学校体育对提升人的身体素质更为重要。

考点二、体育过程的基本要素和规律

表12-2　体育过程的基本要素和规律

<table>
<tr><th>要点</th><th colspan="2">具体内容</th></tr>
<tr><td>体育过程的基本要素</td><td colspan="2">教师；学生；场地与器材</td></tr>
<tr><td rowspan="4">体育过程的特殊性</td><td>操作性</td><td>体育教学要运用一定的场地与器材才能开展</td></tr>
<tr><td>流动性</td><td>体育教学不断变换运动场地、器材</td></tr>
<tr><td>分散性</td><td>体育教学多采取按性别、项目、能力分组的形式</td></tr>
<tr><td>强度性</td><td>体育教学要在运动强度上做周密安排</td></tr>
<tr><td rowspan="2">体育过程的基本规律</td><td>纵向</td><td>①自由活动、规范活动、自主活动交替展开。
②准备部分、基本部分、结束部分循序渐进</td></tr>
<tr><td>横向</td><td>①发展身体机能与提高精神素养相结合。
②掌握体育知识与参加体育锻炼相结合。
③规范训练与自主活动相结合。
④普及体育观念与提高运动成绩相结合</td></tr>
</table>

【习题精选】

1. 体育过程区别于一般教学过程的特殊性有哪些?

答:参见本章复习笔记考点二。

2. 学校体育过程有哪些基本规律?

答:参见本章复习笔记考点二。

考点三、学校体育促进学生发展的基本策略

表 12-3 学校体育促进学生发展的基本策略

要点	具体内容
建立学生正确的体育观念	引导学生正确理解体育的含义;要求学生坚持上好体育课;倡导多种形式普及的现代体育观念
增强学生的体质	对教育者进行现代体育观念的教育;必须保证学生每天有不少于1小时的锻炼时间;建立和完善合理的体质测评指标体系
培养学生的锻炼习惯	启发学生参加体育锻炼的自觉性;从学生实际出发设计体育课堂教学;改革体育教育方法,寓趣味性、愉悦性于体育教学中;组织好课外体育活动
发展学生的体育专长	发现苗子,培养尖子;上好体育专项提高课;坚持办好校运动队

【习题精选】

学校体育应该如何促进学生发展?

答:参见本章复习笔记考点三。

12.2 典型题(含考研真题)详解

一、单项选择题

1. 将人的灵魂分为营养的灵魂,感觉的灵魂和伦理的灵魂,并根据此主张实施体育、德育和智育的古希腊教育思想家是(　　)。[统考2015年研]

A. 苏格拉底　　B. 柏拉图　　C. 亚里士多德　　D. 毕达哥拉斯

【答案】C

【解析】亚里士多德认为灵魂包括三部分,即植物的灵魂、动物的灵魂和理性的灵魂。植物的灵魂只有营养生长功能,表现为营养、发育、生长等生理方面,属于灵魂的最低级部分。动物的灵魂除具有营养生长的功能外,还具有感觉运动功能,表现为本能、情感、欲望等方面,属于灵魂的中级部分。理性灵魂功能表现在思维、理解、判断等方面,属于灵魂的高级部分,亦是人之所以为人的根本所在。亚里士多德据此主张三种教育:体育,为了身体、生理;德育,旨在以理性支配情感和欲望;智育,旨在发展理性灵魂。

2. 在全面发展教育中,各育是相互联系的,但又相对独立,各自发挥不可替代的作用。其中提供物质基础的是(　　)。

A. 德育　　B. 智育　　C. 体育　　D. 劳动技术教育

【答案】C

【解析】“全面发展教育”的基本组成包括：德育、智育、体育、美育、劳动技术教育。德育的作用是为其他各育提供方向性的保证，智育的作用是为其他各育提供知识基础和能力基础，体育的作用是提供物质基础。

3. 关于现代学校体育的主要特征，下列说法不正确的是(　　)。

A. 学校体育概念的内涵日渐丰富和扩大

B. 学校体育概念的外延日渐丰富和扩大

C. 学校体育的社会作用受到普遍重视

D. 课外体育锻炼构成了学校体育过程的基本方面

【答案】D

【解析】现代学校体育的主要特征包括：①学校体育概念的内涵和外延逐渐丰富与扩大。②学校体育的作用受到了普遍重视。③运动教学构成了学校体育过程的基本方面。D项，认为课外体育锻炼构成了学校体育过程的基本方面是错误的。

4. 在我国全面发展教育的组成部分中，体育的根本任务是(　　)。

A. 促进学生身体正常发育

B. 发展学生的人体基本活动能力

C. 使学生掌握体育的基本知识和技能

D. 增强学生体质

【答案】D

【解析】增强学生体质、增进学生健康是学校体育的根本目的，为学生终身体育打下基础，培养学生终身体育意识、能力和习惯是学校体育的根本目标。

5. 我国颁布的“中小学体育锻炼标准”反映出学校体育的主要内容是(　　)。

A. 田径和体操　　B. 田径和球类　　C. 体操和游戏　　D. 田径和游戏

【答案】A

【解析】学校体育的内容是根据学校体育的任务和学生的年龄特征确定的，田径和体操是我国颁布的“中小学体育锻炼标准”反映出的学校体育的主要内容。

6. 下列哪一项未列入学校体育的功能？(　　)

A. 教育功能　　B. 娱乐功能　　C. 健体功能　　D. 个体享用功能

【答案】D

【解析】体育是授予学生健康的知识、技能，发展他们的体力，增强他们的自我保健意识和体质，培养参加体育活动的需要和习惯，增强其意志力的教育，它具有教育功能、娱乐功能和健体功能，不包括个体享用功能。

7. 下列不属于学校体育的特性的是(　　)。

A. 分散性　　B. 集中性　　C. 流动性　　D. 操作性

【答案】B

【解析】体育过程的特性包括：操作性、流动性、分散性和强度性，不包括集中性。

8. 学校体育促进学生发展的基本策略不包括(　　)。

A. 形成学生正确的政治思想观念　　B. 增强学生的体质

C. 发展学生的体育专长　　D. 培养学生自我锻炼的能力与习惯

【答案】A

【解析】学校体育促进学生发展的基本策略包括：①形成学生正确的体育观念。②增强学生的体质。③培养学生自我锻炼的能力与习惯。④发展学生的体育专长。A项表述错误。

9. 发展学生的体育专长要求(　　)。

A. 组织好课外体育活动

B. 上好体育专项提高课

C. 建立和完善合理的体质测评指标体系

D. 从学生实际出发设计体育课堂教学

【答案】B

【解析】发现并培养学生的体育专长，主要可以从以下几个方面着手：①发现苗子，培养尖子。②上好体育专项提高课。③坚持办好校运动队。因此只有B项正确。

二、概念题

1. 体育[华中师范大学2013年研]

答：体育是人们通过身体运动来增强体质，促进身心发展的教育。它有广义、狭义之分。广义的体育又称体育运动，泛指以身体练习为基本手段，有目的、有组织地增强体质、增进健康、提高运动技术水平、丰富社会文化生活的活动；狭义的体育指有目的、有计划、有组织地为促进身体全面发展，增强体质，传授锻炼身体的知识、技术、技能，培养思想品德的教育过程，是与德育、智育、美育、劳动技术教育一起，构成全面发展教育的重要组成部分。体育属于社会文化教育范畴，是人类特有的社会现象，产生于人类生产劳动和社会生活的需要，受一定社会政治和经济的制约，并服务于一定社会的政治和经济。它的作用主要体现在：①能促进人体正常生长发育，提高人体机能水平，全面发展人的体能，增进人体适应能力，预防疾病，康复身心，健身、健美，延年益寿。②对社会主义精神文明建设和丰富个人的生活，娱人娱己有重要作用。③可振奋民族精神，发展国际交往，加强民族团结，增强民族自豪感。④对社会生产也有促进作用，与社会教育、军事、医疗卫生、宗教、休闲娱乐活动密切相关。

2. 身心素质

答：身心素质包括身体素质和心理素质。身体素质是人体机能活动的一种能力，是指人体在活动时所表现出来的力量、耐力、速度、灵敏性、柔韧性等机能能力。身体素质取决于身体形态结构特点和内脏器官、神经系统机能调节状况。它是人们劳动、生活的物质基础，掌握运动技能，提高运动成绩的前提条件。任何一项运动，既对某种素质发展有主要作用，又在不同程度上影响其他素质的发展。心理素质包括人的认识能力、情绪和情感品质、意志品质、气质和性格等个性品质诸方面。心理是人的生理结构特别是大脑结构的特殊机能，是对客观现实的反映。心理素质是人的整体素质的组成部分。一个人的心理素质是在先天素质的基础上，经过后天的环境与教育的影响而逐步形成的。心理素质具有人类素质的一般特点，但也有自己的特殊性。

三、简答题

1. 体育锻炼的基本原则有哪些？

答：体育锻炼要取得良好的效果，必须遵循增强体质的生理规律和心理活动规律。其基本原则主要有如下几个方面：

（1）提高认识，自觉锻炼

提高认识，指锻炼者必须提高对体育锻炼重要意义的认识和体育健身的意识。自觉锻炼，指进行体育锻炼要出自锻炼者内在的需要和自觉行动，亦称自觉积极性原则。自觉来自对体育价值有正确的认识和发自内心的需要。在不断深化认识体育价值的过程中，提高直接参与体育健身的意识，激发锻炼身体的自觉性和积极性，由“要人锻炼”转化为“我要锻炼”。才能克服自身的惰性，排除各种不利因素的干扰，培养对某项体育活动的兴趣，养成经常锻炼身体的良好习惯。此外，定期检测锻炼效果，获得信息反馈，经常了解自己锻炼的结果和进步，增强自信心，有助于提高和巩固锻炼身体的自觉性、积极性。

（2）循序渐进，持之以恒

循序渐进的原则，是指要遵循人体发展和适应环境的生理规律。人体各器官系统的活动功能，有一个逐步适应，逐步提高的过程。锻炼身体的运动量要由小到大，运动的持续时间、距离、次数、速度、频度和强度等要逐渐增加，锻炼的内容和方法也要由易到难，从简到繁，逐步提高。

（3）适量负荷、因人而异

适量负荷，指体育锻炼要承受适宜的生理负荷。因为锻炼的效果，很大程度上取决于运动刺激的强度，运动量太小、对机体的影响轻微，不足以引起人体生理功能的变化，锻炼效果不佳。运动量过大，反而有损身体健康，容易引起运动性疾病。

（4）全面发展，讲求实效

全面发展是要求体育锻炼必须追求身心全面协调发展，使身体形态结构、生理功能、运动能力、各种身体素质以及心理素质等方面得到全面和谐发展，塑造健美的体形体态。锻炼身体要讲求实效，不追求运动的外部形式，每个人从自己身体的实际或职业需要出发，选择一些锻炼效果大、自己感兴趣的运动项目为主，辅以其他运动项目或各种辅助练习，使身体得到全面协调的发展。

（5）因地制宜，讲究卫生

因地制宜，指体育锻炼应根据不同地区和环境条件来选择适宜的运动项目，安排锻炼身体的手段和方法。各个地区、学校之间，甚至同一学校的各系之间，可供体育锻炼的场地、器材设备等条件都会有所差异。如我国高等学校学生人数较多，供学生课外体育锻炼的场地、器材设备普遍不足，更要利用各种可以利用的场地，开展形式多样，简单易行的各种体育活动，以活跃大学生的校园文化生活。

增强体质与讲究卫生密切相关，体育锻炼要与运动卫生、环境卫生和饮食卫生结合起来，才能达到促进健康、增强体质的效果。讲究卫生主要包括以下几点：①加强医务监督，定期检测身体状况，按合理的运动处方进行锻炼。②遵守生活作息制度，运动与休息交替间隔必须合理安排，要注意劳逸结合、防止过度疲劳。③注意饮食卫生，合理补充营养，以促进运动后体力迅速恢复。④注意环境卫生和个人卫生。

2. 如何理解学校体育、竞技体育和群众体育的联系与区别？

答：(1)学校体育、竞技体育和群众体育的区别

①三者内涵不同

a. 学校体育是促进身体全面发展，增强体质，传授锻炼身体的知识、技术、技能，培养思想品德的一种有目的、有计划、有组织的教育活动。随着现代学校体育内涵和外延的日渐丰富和扩大，学校体育不仅包括通过身体活动进行的教育，还包括竞技体育和群众体育。

b. 竞技体育是指以提高运动成绩和在比赛中获胜为目的的身体训练。

c. 群众体育泛指有益于身心健康发展的一切运动形式，是一个国家国民身体素质提高的基本条件和表现。

②三者的目的不同

a. 学校体育重在增强学生体质，提高人的身心素质，促使人的全面发展。

b. 竞技体育重在创造新的运动成绩，培养运动员。

c. 群众体育以健身、康复、健美和休闲娱乐为目的。

(2)学校体育、竞技体育和群众体育的联系

学校体育、竞技体育、群众体育是一个国家体育事业的三个组成部分，它们各有自己的发展道路和工作规律，并应该建立起自己的普及与提高的体系。但三者之间又是相互渗透、相互依赖、相互支援、相互促进的关系。

①学校体育为竞技体育打基础，主要体现在增强年轻一代的体质和掌握基本运动技能上，少数人可能成为专业运动员；同时，学校体育通过发挥自身的教育功能，为群众体育运动的广泛开展打基础，教会人基本的自我运动能力和自我发展能力，还培养终身、全民、快乐的体育思想。

②竞技体育一是提高了运动兴趣，提高了群众体育意识，二是产生很大的社会效益，良好的社会效益又能推动学校体育与群众体育的发展。比如提供设施、人才、资金等形成良好的体育气氛，带动群众体育的发展，增强了人民体质。

③群众体育的良好开展为学校体育与竞技体育打下良好的基础，更有利于学校体育和竞技体育的发展。

第13章　综合实践活动

13.1　复习笔记

【知识框架(庖丁解牛)】

- 综合实践活动
  - 综合实践活动概述
    - 定义
    - 现实背景
    - 历史发展
    - 本质特征
  - 综合实践活动的设计与实施
    - 根本价值与目标
    - 基本内容

【考点难点归纳(厚积薄发)】

考点一、综合实践活动概述

表13－1　综合实践活动概述

要点	具体内容
定义	在教师引导下，密切联系学生自身生活和社会实际，体现学生自主对知识综合应用的实践性课程
现实背景	①经济全球化、信息化、知识经济等时代发展的需要。 ②改革中小学课程教学目标脱离社会实际的需要
历史发展	起源于19世纪末20世纪初的欧洲新教育运动和美国进步教育运动，20世纪90年代以来，主要的发达资本主义国都开始开设综合实践活动课程
本质特征	实践性、综合性、开放性、生成性、自主性

考点二、综合实践活动的设计与实施

表13－2　综合实践活动的设计与实施

要点	具体内容	
根本价值与目标	促进学生全面发展，培养学生创新精神	
基本内容	研究性学习	①从学生生活和社会生活中选择和确定研究专题，以个人或小组合作的方式进行自主性、探索性学习。 ②通过亲身实践获取直接经验，养成科学精神和科学态度，掌握基本的科学方法，提高综合运用所学知识解决实际问题的能力

续表

要点	具体内容	
基本内容	社区服务与社会实践	①社区服务主要通过学生在本社区以集体或个人形式参加各种公益活动，进行社会责任意识、助人为乐精神的教育，为社区的建设和发展服务。 ②社会实践主要通过军训和工农业生产劳动对学生进行国防教育、生产劳动教育，培养组织纪律性、集体观念和吃苦耐劳精神
	劳动与技术教育	①强调学生动脑与动手相结合，通过人与物、人与人的互动来从事操作性学习。 ②学生通过学习可以了解必要的通用技术和职业分工，形成初步的技术意识和技术实践能力
	信息技术教育	①信息技术教育以培养学生对信息技术的兴趣、帮助学生了解和掌握信息技术的知识和技能为主要目标。 ②信息技术教育为学习者提供资源和环境，具有与其他科学整合的特性，是学习者全面持续发展的可靠保障，是教育走向信息化、产业化、民主化、经济化的支持性技术基础

【习题精选】

综合实践活动有何价值？开展综合实践活动对解决“高分低能”的现象有什么作用？

答：(1)综合实践活动的价值

①丰富学生的经验。作为一种经验性课程，综合实践活动的独特价值集中地体现在学生经验和体验的获得上。与学科课程不同，综合实践活动是在开放的生活空间中，以学生在现实生活中遇到的问题或主题为中心组织实施，以学生亲历体验和自主实践的方式来主动地接触自然、了解社会、反思自我，引导学生形成对自然、社会、自我的整体认识，获得对自然、社会、自我的丰富体验。

②完善学生的生活方式。综合实践活动面向学生的生活世界，让学生通过走近自然，走入社会，反思自我，学会了与人进行交往，与同学合作；通过研究、服务、设计、制作等活动，增进了进行各种实践性活动的能力。此外，在综合实践活动中，学生往往还会关注自我的生活方式和行为，甚至对自己的衣着都十分注重。

③发展学生的创新精神和实践能力。实践表明，学生是在综合实践活动的实施过程中，从生活的细微处发现问题，明确活动主题，学会如何去思考与研究这些问题、去与他人交往、与社会部门进行联系；并尝试运用已有的知识基础去解决各种实际问题，学会去实践。同时，也逐步形成了各种相应的良好品行。

此外，综合实践活动课程的价值还表现在促进学校课程建设能力的发展，促进教师课程意识的形成与发展上，但综合实践活动课程的根本价值体现在满足学生发展的内在需要上。

(2)开展综合实践活动对解决“高分低能”现象的作用

“高分低能”现象主要表现为学生的实践动手能力差、动脑能力差、人际交往能力差和综合素质较差等方面。究其原因主要在于学校以成绩为本，单纯地注重学科知识的教学，而忽视了学生的实践能力的培养、思维智力的开发。开展综合实践活动对解决上述现象的作用如下：

①综合实践活动面向学生的生活世界，强调以学习者的经验、社会需要和问题为核心进行课程的整合，能够有效地培养和发展学生解决问题的能力和综合实践能力。

②综合实践活动以活动为主要形式，强调学生的亲身经历，要求学生积极参与到各项活动中去，有利于加强学生对自然、对社会的了解与参与，密切与社会生活的联系，在“做”“考察”“实验”“探究”等一系列的活动中发现和解决问题、体验和感受生活，发展实践能力和创新能力。

③综合实践活动的开放性、生成性、自主性决定了它充分尊重学生的兴趣、爱好，关注学生在活动过程中所产生的丰富多彩的学习体验和个性化的创造性表现，鼓励学生根据现有的课程资源、自身已有的经验，采取不同的方式进行研究和学习，有利于发展创新、自主、合作精神。

13.2 典型题（含考研真题）详解

一、单项选择题

1．信息能力结构的核心是（　　）。

A．信息分析能力　　B．信息利用能力

C．信息传播和交流能力　　D．信息收集和处理能力

【答案】D

【解析】《美国图书馆学会“信息能力”主席委员会总结报告》将信息能力的内容结构分为“定位”“评价”和“有效利用”三个方面。一般来说，信息能力具体包括以下六个方面的要素：信息收集能力、信息处理能力、信息分析能力、信息利用能力、信息资源管理能力、信息传播交流能力。其中，收集和处理信息的能力是信息能力结构的核心。因此答案选D。

2．综合实践活动课程的设置与实施，克服的局限性不包括（　　）。

A．课程教学目标单一　　B．教学方式单一

C．课程教学脱离社会实际和学生生活　　D．学习方式单一

【答案】B

【解析】新课程方案中规定综合实践活动课程是我国九年义务教育阶段的一门必修课程。综合实践活动设置与实施的目的在于克服已有课程体系的局限和不足，主要有：课程教学目标单一、学生学习方式单一、课程教学脱离社会实际和学生生活。因此答案选B。

3．下列不属于美国中小学的综合实践活动类型的是（　　）。

A．自然与社会研究　　B．“综合学习时间”

C．社会参与性学习　　D．设计学习

【答案】B

【解析】美国中小学开展多类型的综合实践活动，体现出主题研究性、综合实践性、社会参与性、生活体验性特征，主要包括自主研究课程、项目课程、主题课程，如自然与社

会研究、设计学习、社会参与性学习。因此答案选 B。

4. 综合实践活动是一种(　　)的课程。

A. 以国家课程统一使用管理　　B. 以省级课程管理为主

C. 以校本管理为主　　D. 实行三级课程管理

【答案】D

【解析】综合实践活动课程集中体现了新的课程管理和发展制度。在新一轮基础教育课程改革中，综合实践活动课程是由国家统一制定课程标准和指导纲要，地方教育管理部门根据地方差异加以指导，学校根据相应的课程资源，进行校本开发和实施。“国家规定——地方指导——校本开发与实施”，这是综合实践活动课程“三级课程管理制度”的特征表现。因此答案选 D。

5. 综合实践活动课程设计的根本出发点是学生发展的内在需要，其根本价值与目标在于(　　)。

A. 丰富学生的经验　　B. 完善学生的生活方式

C. 促进学生发展　　D. 发展学生的创新精神和实践能力

【答案】C

【解析】综合实践活动是国家推行的新一轮基础教育课程改革中的一个重点、热点和亮点。它的本质在于：让学生自主参与到开放式的综合应用实践活动中，通过切身的体验，从而达到综合素质的提高和多方面能力的协调发展，其根本价值在于促进学生的发展。因此答案选 C。

6. 综合实践活动课程中的劳动与技术教育和信息技术教育都涉及的内容不包括(　　)。

A. 社会实践　　B. 劳动实践　　C. 信息实践　　D. 技术实践

【答案】A

【解析】《基础教育课程改革纲要(试行)》课程改革的目标指出，从小学至高中设置综合实践活动并作为必修课程，其内容主要包括：信息技术教育、研究性学习、社区服务与社会实践以及劳动与技术教育。A 项，社会实践是与劳动与技术教育、信息技术教育平级的概念，不是相互包含的关系，BCD 三项，均是劳动与技术教育和信息技术教育都涉及的内容。因此答案选 A。

二、概念题

1. 综合实践活动[福建师范大学 2016 年研]

答：综合实践活动是基于学生的直接经验，密切联系学生自身生活和社会生活，体现对知识的综合运用的实践性课程。综合实践活动的目标是：密切学生与生活的联系，推进学生对自然、社会和自我之间内在联系的整体认识与体验，发展学生的创新能力、实践能力以及良好的个性品质。综合实践活动具有整体性、实践性、开放性、生成性、自主性的特点。综合实践活动的内容包括：研究性学习、社区服务与社会实践、劳动与技术教育、信息技术教育。在新的基础教育课程体系中，综合实践活动与各学科领域形成一个有机整体，二者既有其相对独立性，又存在紧密的联系。因此，妥善处理综合实践活动与各学科领域的关系，既是一个意义重大的课题，又是一个富有创造性和艺术性的课题。

2．研究性学习

答：研究性学习是以“培养学生具有永不满足、追求卓越的态度，培养学生发现问题、提出问题、从而解决问题的能力”为基本目标；以学生从学习生活和社会生活中获得的各种课题或项目设计、作品的设计与制作等为基本的学习载体；以在提出问题和解决问题的全过程中学习到的科学研究方法、获得的丰富且多方面的体验和获得的科学文化知识为基本内容；以在教师指导下，以学生自主采用研究性学习方式开展研究为基本的教学形式的课程。学生通过研究性学习活动，形成一种积极的、生动的、自主合作探究的学习方式。研究性学习的目标可以概括为以下方面：获得参与探索的经验；提高发现、探究问题和解决问题的能力；形成合作与分享的意识；培养科学态度和道德；培养对社会和自然的责任感；培养收集、分析、处理信息和综合运用知识的能力。

3．劳动技术教育

答：劳动技术教育是引导学生掌握现代信息技术和现代生产的知识和技能，形成劳动观点和习惯，具有初步创业精神和人生规划能力的教育。它是全面贯彻国家教育方针，提高全民族素质，促进学生全面发展的重要措施之一。其目的是培养学生的劳动观点、劳动习惯和热爱劳动人民的思想感情；培养学生初步掌握一些生产劳动或通用的职业技术基础知识和基本技能。其特点包括：①实践性。学生亲身参加劳动实践、从事实际操作是其主要形式和基本方法。②技术性。通过劳动实践，使学生掌握生产劳动的技术知识和技能。思想教育、知识教育、卫生教育围绕生产技术教育而进行。③教育性。在生产物质产品过程中重视育人。劳动技术教育对我国基础教育的巩固、发展和提高具有深远的意义，主要表现在：①劳动技术教育是促进普通教育更好地适应社会生产发展的需要。②劳动技术教育是促进学生个体全面发展的需要。③劳动技术教育是引导学生创造物质财富，增加劳动收益，改善办学条件的需要。

三、简答题

1．综合实践活动的基本理念有哪些？

答：综合实践活动课程的开发与实施基于以下基本理念：

(1)突出学生主体地位，引导学生主动发展

综合实践活动的课程性质要求突出学生的主体地位和主体作用。综合实践活动课程的实施离不开学生主动积极的实践和各种实际操作活动。突出学生主体，意味着把学生作为课程的主体，一切从学生的实际出发，尊重学生的兴趣、爱好和需要，意味着发挥学生在活动过程中的主动性和积极性。综合实践活动的开发与实施要以学生的直接经验或体验为基础，将学生的需要、动机和兴趣置于核心地位，充分发挥学生的主动性和积极性，鼓励学生自主选择活动主题，积极开展活动，在活动中主动发展。

(2)面向学生完整的生活领域，为学生提供开放的个性发展空间

综合实践活动的开发与实施要克服当前基础教育课程脱离学生自身生活和社会生活的

倾向，面向学生完整的生活领域，密切联系现实的社会生活，促进学生与生活的联系，为学生的个性发展提供开放的空间。面向学生生活，密切联系学生的生活经验和社会发展的实际，是综合实践活动课程的基本要求。综合实践活动课程要超越书本或体系化的教材，超越单一的、封闭的课堂时空，引导学生从个体的学习生活、家庭生活、社会生活或自然生活中提出具有生命力的鲜活的活动主题、项目或课题；面向自然、面向社会、面向学生的生活和已有经验，在开放的时空中促进学生生动活泼地发展，增长学生对自然、对社会、对自我的实际体验，发展综合的实践能力。

(3)注重学生的亲身体验和积极实践，发展创新精神和实践能力

注重实践，是综合实践活动课程的本质规定。综合实践活动的开发与实施强调学生乐于探究、勤于动手和勇于实践，注重学生在实践性学习活动过程中的感受和体验，要求学生超越单一的接受学习，亲身经历实践过程，体验实践活动，实现学习方式的多元化，发展学生的创新精神和实践能力。

2. 综合实践活动实施的基本要求有哪些？

答：综合实践活动是教师与学生合作开发与实施的。教师和学生既是活动方案的开发者，又是活动方案的实施者。有效实施综合实践活动需遵循下列基本要求：

(1)正确处理学生主动实践与教师有效指导的关系

综合实践活动的实施，倡导学生主动实践。此外，指导教师还要根据学生活动主题的需要，设计具体的指导方案，对学生的活动加以有效指导。在综合实践活动实施过程中，应处理好学生自主活动与教师有效指导的关系。教师既不能“教”综合实践活动，也不能推卸指导的责任、放任学生，而应把自己的有效指导与鼓励学生自主选择、主动实践有机结合起来。

(2)处理好认识与实践的关系，克服形式化倾向

实践是综合实践活动课程实施的基本方式。实践的过程是学生基于已有的经验和知识，运用必要的工具，作用于客观对象的过程。学生的实践过程要建立在一定的认识基础上，克服盲目性。认识是实践的基础，真知来源于实践，学生通过实践形成自主获取知识的能力，并形成对自然、对社会、对自我的整体认识。要切实克服活动形式化、表层化的局限性，需要处理好认识与实践的关系。

(3)恰当处理综合实践活动实施过程中规范性与开放性的关系

综合实践活动要集中体现学校的特色，学校应对综合实践活动进行统筹规划。地方教育行政部门和学校要根据本地和学校的实际，制定出学校、年级以及班级三类相互衔接的综合实践活动计划。此外，综合实践活动的实施过程还具有开放性。一般而言，随着综合实践活动过程的展开，学生在与教育情境的交互作用过程中会产生出新的目标、新的问题、新的价值观，有效实施综合实践活动要求教师首先要认识到这些生成性目标与生成性主题产生的必然性，肯定其存在价值，并加以运用，从而将活动引向新的领域。地方和学校对综合实践活动的统筹规划不能限制其生成性，而应当使其生成性发挥得更具方向感和更富有成效。

(4)以融合的方式设计和实施综合实践活动

综合实践活动的内容范围是相对划分，而不是绝对分割的。以融合的方式处理研究性

学习、社区服务与社会实践、劳动技术教育、信息技术教育四个基本内容范围的关系，是综合实践活动的基本要求。要根据地方和学校的课程资源，以综合主题或课题的形式将四者融合在一起实施，使四个基本要素彼此渗透，达到理想的整合状态。

3. 综合实践活动评价的基本原则有哪些?

答：综合实践活动要求新的评价理念与评价方式。它主张采用"自我参照"标准，引导学生对自己在综合实践活动中的各种表现进行"自我反思性评价"，强调对师生之间、学生同伴之间的个性化的表现进行评定。综合实践活动评价的基本原则有：

(1)注重整体评价

综合实践活动评价应注重对学生进行整体评价：一方面，注重对学生在活动的各个环节进行综合评价，将学生在综合实践活动中的各种表现和活动产品(如研究报告、作品等)作为评价学生发展状况的依据；另一方面，强调把评价作为师生共同学习的机会。

(2)突出多元评价

综合实践活动的评价强调多元评价。首先，评价主体多元。对学生发展的评价不仅由指导教师来完成，还应积极鼓励学生自主评价、相互评价，有效利用学生家长的评价、社会有关人员的评价等。其次，评价标准灵活。不仅允许对问题的解决可以有不同的方案，而且呈现自己所学的形式也可以丰富多样。注重学生的"自我参照"评价，以发展性评价为主要标准，充分肯定学生在活动过程中的表现和收获，实事求是地指出学生在活动过程中所存在的问题。此外，评价方式多样。以学生能理解的语言描述学生的表现，避免将评价简化为分数或等级。

(3)关注过程，兼顾结果

综合实践活动的评价应处理好过程与结果的关系，重视过程，兼顾结果。要重视学生活动过程的评价，突出对学生活动体验和收获的评价；应注重评价学生在活动过程中的表现以及他们是如何解决问题的，而不仅是针对他们得出的结论，重视方法、态度和体验的评价。即使最后结果按计划来说是失败的，也应从学生获得了宝贵经验的角度视之为重要成果，肯定其活动价值，营造其体验成功的情境。

4. 如果由你来指导学生开展一个以综合实践活动为主题的活动，你将怎样指导和组织学生?

答：综合实践活动的开展，要在坚持学生自主选择、主动实践的前提下，强调教师对学生的有效指导和组织。由于每一个主题活动都可以分为准备、实施和总结交流三个阶段，教师应当在活动过程中，落实好每个阶段、环节，并给予细致的指导。具体来说，教师指导和组织学生开展一个主题的综合实践活动应做到以下方面：

(1)准备阶段的指导和组织

在活动的准备阶段，教师的主要任务是指导学生选择并确定合适的主题，指导学生进行活动的策划并制定活动方案，互相补充、启发、修订，最后形成切实可行的活动方案。首先，应在学生自主选择的前提下，指导学生从社会生活、学习生活、自然生活等领域发现活动主题。其次，要指导学生按兴趣分成各活动小组，教师要起到协调作用，指导各小组根据各自的主题或任务制定小组活动方案，此时应当指导学生充分考虑方案的可行性，并对可能遇到的困难加以预测，在此基础上组织各小组间活动方案的交流。

(2)活动实施阶段的指导和组织

在活动的实施阶段，教师主要给学生以方法上的指导，通过课堂教学、知识讲座等形式，让学生掌握方法，指导学生如何收集资料、用多种形式呈现资料，指导学生记录活动过程中的体验、反思、收获。此外，教师还要经常组织交流活动，通过课堂的交流，使各小组互相了解，互相促进，教师也能在学生的交流中，掌握实施情况，对发现的问题给予及时的解决，对学生遇到的困难，给予及时的指导、帮助，使活动得以深入开展。

(3)总结交流阶段的指导和组织

在总结交流阶段，教师可从以下方面给学生以指导：首先，指导学生整理活动成果，运用分类、对比、统计等手段分析活动成果，得出结论；其次，组织学生进行成果交流，指导学生运用正确的形式呈现活动结果，比如通过论文、宣传栏展示、作品演示等多种形式，把自己的实践成果展示给大家；最后，指导学生根据活动过程中记录的体验、感受等进行整个活动的反思、总结，达到情感目标，指导学生在实践活动中发现自己，体现自我。

四、论述题

结合“少儿拖把的研究与制作”的综合实践活动案例，谈谈综合实践活动课程特点是如何体现的？

一天，下午两节课后，我们班的学生正在清扫走廊，几个低年级的学生扛着大拖把走过来，拖把上的污水不时地甩到洁净的墙面上。这几个学生来找我去批评低年级学生，让他们不要把拖把扛在肩上，而低年级的学生说他们也不想把墙弄脏，可是拖把太沉，他们拿不动。于是我让我班的学生自己想想有什么办法可以解决这个问题。其中一个学生说：“学校配发的拖把不适合低年级学生，我们能否搞个调查，看看究竟什么样的拖把适合他们？”另一学生说“我们能否做几个适合小同学用的拖把呢？”这得到了大家的同意，学生把这个想法告诉了我。我认为这是一个很好的主题，就与他们一起把这次活动主题定为“小学低年级学生使用什么样的拖把更科学、更合适”。

主题确定以后，我与同学们又确定了活动的目标，即学习运用恰当的方法去收集各种信息，并能区分相关的信息和无关的信息；能根据有关的信息辅助完成设计图；能在家长或教师的指导下使用有关金工、木工等工具动手制作；在活动中具有相互合作和相互帮助的意识；知道知识产权可以用来保护自己的合法权益；提高学生在生活中发现问题、解决问题的能力。

首先是确定要研究的问题。为此，全班召开了班会，班会上大家推举了一个课题组长，通过热烈讨论，我与学生一起确定与选择了以下几个问题：适合低年级学生使用的拖把的最佳重量、最佳长度、拖把的最佳直径、拖把头的材料。课题组长根据要研究的内容，成立了重量组、长度组、直径组、材料组四个子课题研究组。学生根据自己的兴趣和研究方法的需要，选择其中一个子课题，并选出子课题的组长，其次是明确了活动的步骤，次为开展子课题研究、获得相关数据、设计少儿拖把的图纸、根据设计图制作拖把、申请专利、加工生产。

活动实施过程：接下来的两周，同学们开始了子课题的研究。每一个子课题都涉及两方面的问题，调查成人拖把的数据比例及低年级学生的各项有关数据，学生根据活动的任务和性质采取了不同的研究方法，用观察、调查、实施、测量、访谈等形式完成了任务，接着进行了子课题的汇报，完善大课题，生成新问题。

经过两个星期的调查，每一个子课题都有了结果，这时我们建议召开了课题汇报会。在汇报会上，同学们相互质疑、提问，最终取得了共识，又生成了两个新问题，即拖把的总重量有待研究、耐磨及吸水的布料由什么构成。然后学生分小组开始设计拖把的平面图。在设计时，同学之间相互交流和讨论，为了使设计更美观，他们还请了美术教师做指导。大课题完善以后，就开始分组合作，制作拖把。同学们四五个人一组，按照设计好的图纸，利用锯子、刨子、锤子等工具和材料，开始制作。指导教师对一些难度大的操作亲自演示，最后是展示与交流。当同学们把制作完成的拖把放在展示台上时，都显得很兴奋和激动，因为这是他们自己劳动与智慧的结晶。

答：在新的基础教育课程体系中，作为一种综合性的实践课程，综合实践活动具有独特的功能和价值。结合本案例可以看出，综合实践活动课程特点体现在以下几方面：

(1)实践性

综合实践活动以学生的现实生活和社会实践为基础，以活动为主要形式，以“实践学习”为主要特征。强调学生的亲身经历，要求学生积极参与到各项活动中去发现和解决问题、体验和感受生活，发展实践能力和创新能力。

该案例中，教师以学生大扫除时亲身经历的拖把事件为主题，确定了活动的目标；让同学们动手设计图纸，并分成小组，按照设计好的图纸，利用锯子、刨子、锤子等工具和材料，自己动手制作拖把等，这些都体现了综合实践活动的实践性。

(2)开放性

综合实践活动是一个开放的课程领域，它具有开放性。综合实践活动面向每个学生的个性发展，尊重每个学生发展的特殊需要，其课程目标、课程内容、活动方式都有开放性特点。

该案例中，教师根据自己班的学生想帮助低年级学生解决拿不动拖把的问题，把活动的主题确定为“小学低年级学生使用什么样的拖把更科学、更合适”；教师与学生一起经过热烈讨论确定与选择子课题，强调学生的主动参与，这些都体现了综合实践活动的开放性特征。

(3)自主性

综合实践活动尊重学生的兴趣、爱好，注重发挥学生的自主性。学生是综合实践活动的主体，它客观要求学生主动参与实践性学习的全过程，在教师的有效指导下自主学习、自主实践、自主反思。

该案例中，教师指导学生根据自己的兴趣和研究方法的需要，选择其中一个子课题，并选出子课题的组长；在设计时，同学之间相互交流和讨论；学生根据各自活动的任务和性质采取不同的研究方法等都体现了综合实践活动的自主性。

(4)生成性

综合实践活动注重发挥在活动过程中自主建构和动态生成的作用，处理好课程的预设性与生成性之间的关系。一般而言，学生的活动主题、课题或活动项目产生于对生活现象的观察、问题的分析，随着实践活动的不断展开，学生的认识和体验不断丰富和深化，新的活动目标和活动主题将不断生成，综合实践活动的课程形态随之不断完善。

该案例中，教师和学生在确定了活动的主题后，又与学生讨论并确定了活动要研究的几个子课题；在子课题的研究中，每一个子课题又都涉及两方面的问题；学生在进行子课题的汇报阶段，完善大课题，又生成新问题；课题汇报会上，同学们相互质疑、提问，最终取得了共识，又生成了两个新问题等，这些都体现了综合实践活动的生成性。

第14章　班主任

14.1　复习笔记

【知识框架(庖丁解牛)】

- 班主任
  - 班主任工作概述
    - 班主任工作的意义
    - 基本任务
    - 素质要求
  - 班集体的培养
    - 班集体的概念
    - 学生群体的类型
    - 集体的发展阶段
    - 培养集体的方法
  - 班主任工作的内容和方法
    - 内容
    - 方法

【考点难点归纳(厚积薄发)】

考点一、班主任工作概述

表14－1　班主任工作概述

要点	具体内容
班主任工作的意义	是班集体的教育者和组织者，起主导作用
基本任务	①协调各方面对学生的影响。 ②组织教育活动。 ③做好思想教育。 ④全面负责学生的课内外活动。 ⑤促进学生充分全面发展
素质要求	为人师表、热爱教育、关爱学生、组织亲和力较强、多才多艺

考点二、班集体的培养

表14－2　班集体的培养

要点	具体内容
班集体的概念	以教学班为单位，按集体主义原则组建起来的学生群体

续表

要点	具体内容	
学生群体的类型	正式群体	按班级、章程形成的学生群体
	非正式群体	按志趣、感情自发形成的学生群体
	参照群体	学生个人向往和崇尚的群体
集体的发展阶段	组建阶段	有明确的集体目的和相应的规章制度
	核心初步形成阶段	相互了解，能开展集体活动
	集体自主活动阶段	学生普遍热爱班集体、积极参与集体活动，形成正确的舆论与良好的班风
培养集体的方法	①确定集体的目标。 ②健全组织、培养干部以形成集体核心。 ③有计划地开展集体活动。 ④培养正确的舆论和良好的班风。 ⑤做好个别教育工作	

【习题精选】

班级中的非正式群体有无积极的一面？应当怎样对待它？

答：班级中的非正式群体是指学生自发形成或组织起来的群体，包括因志趣相同、感情融洽或邻居、亲友、老同学等关系以及其他需要而形成的学生群体，其类型多种多样。

(1) 非正式群体有积极的一面，具体体现在以下两个方面：

①是个人的需要，每个学生在班级的集体活动之余，都需要过一些非正式的小群体生活。健康的非正式群体能使班集体生活充满友谊与欢乐。

②有活力，在学生进行学习、娱乐、生活和交往过程中有着重要的促进意义，可以弥补正式集体活动的不足。

(2) 对待班级中的非正式群体，要做到以下几点：

①公正、热情地对待各种学生群体，不可偏爱正式群体，非难、歧视和打击非正式群体，而要关怀它和尊重它，看到它的积极一面才是主要的。

②善于引导非正式群体的发展，把那些在非正式群体中涌现出来的有威信、有能力的学生选拔出来，担任正式群体的适当工作，这样就能使它与正式群体的奋斗目标协调起来，为了集体的共同目标和利益，积极地发挥各自的作用。

③非正式群体也有盲目消极的一面，例如有的具有排他性，在班上闹不团结，但只要班主任真诚地对待和帮助他们，耐心细致地做工作，就可能缩小其不良影响，化消极因素为积极因素。

考点三、班主任工作的内容和方法

表 14－3　班主任工作的内容和方法

内容	方法
了解和研究学生个人情况、家庭状况、社会交往情况	观察、谈话、分析书面材料、调查研究

续表

内容	方法
教导学生学好功课	加强学习态度、学习纪律、学习方法的教育
组织班会活动	常规班会、生活班会和主题班会
组织课外活动、校外活动和指导课余生活	解决物质条件；做好思想和组织工作
组织学生的劳动	做好准备工作、组织与教育工作、总结工作
协调各方面对学生的要求	与任课教师、团队干部经常交换意见、研究工作
评定学生操行	学生自评、小组评议、班主任评价、信息反馈
做好班主任工作的计划与总结	学期计划，周计划；全面总结，专题总结

【习题精选】

为何在抓好学生集体教育时还要抓好个别教育？怎样才能做好个别学生教育？

答：(1)在抓好学生集体教育的同时还要抓好个别教育的原因

个别教育是班主任针对学生个人特点、需要以及存在的问题，通过个别接触的方式对学生进行教育，以期形成对学生最大的帮助。具体而言，班主任在抓好学生集体教育的同时还要抓好个别教育的原因有以下几点：

①集体教育与个别教育是紧密联系的。集体由个人组成，班主任在进行集体教育时，实际上就是为了促进每一个学生的发展；在进行个别教育时，实际上就是为了更好地促进集体的凝聚。

②集体教育与个别教育存在差异。个别教育不同于集体教育，它不是面向集体，而是面向个别；它是教师根据学生个人的特点、需要和问题而单独进行的教育。

③在做好集体教育的同时，做好个别教育便于有的放矢、因材施教，便于系统连贯和深入地做学生个人的思想工作，这种方式也易于被学生接受。

因此，班主任在抓好集体教育的同时，还要同时广泛接触学生个人，做好个别教育工作。

(2)做好个别学生教育工作的措施

①培养优秀典型。班主任要了解每个学生，帮助他们正确评价自己、看待同学，勉励他们互相学习、共同提高。特别要做好优秀生的个别教育工作，这样就能给全班学生树立学习的榜样，带动和鼓舞学生力争上游。

②促进后进转变。班主任要善于分析后进生的缺点，找出使他们落后的根源；同时要发现后进生的优点，树立他们奋发图强的信心。做后进生的思想转变尤其重要，思想上跟上去了，后进生就有向前行进的动力。

③调处违纪事件。一个班级总会不时发生一些偶发事件和个别学生的违纪事件。班主任遇事要冷静、沉着，弄清事情的真相，情节的轻重，产生的根源和后果的影响，慎重做好肇事者的个别教育工作，启发学生认识错误，改过自新，恰当地运用批评、处分等手段。

14.2　典型题(含考研真题)详解

一、单项选择题

1. 班集体内教育和教学活动的核心是(　　)。

A. 班主任　　B. 班委会　　C. 共青团　　D. 少先队

【答案】A

【解析】班主任是班级建设的主帅，是学校中全面负责一个班学生的思想、学习、生活等工作的教师，是班级的组织者、领导者和教育者，是学校办学思想的贯彻者，班主任在班集体的教育和教学活动中占据着核心地位。因此答案选 A。

2. 班主任工作的首要任务是(　　)。

A. 促进全班学生的全面发展　　B. 建立班集体

C. 培养学生健康的精神和民主作风　　D. 形成良好的学习风气

【答案】B

【解析】ABCD 四项均是班主任的工作任务，但其中 B 项建立班集体是开展其他工作的前提和基础。因此答案选 B。

3. 班主任工作的中心环节是(　　)。

A. 了解和研究学生　　B. 组织和培养班集体

C. 做好个别学生的教育工作　　D. 统一多方面的教育力量

【答案】B

【解析】选择班主任工作的首要环节是全面了解和研究学生，班主任工作的中心环节是组织和培养班集体。因此答案选 B。

4. 班主任接到一个教育基础较差的班级时，首先要做好的工作是(　　)。

A. 确定班集体的发展目标　　B. 建立班集体核心队伍

C. 建立班集体的正常秩序　　D. 组织形式多样的集体活动

【答案】C

【解析】教师在班集体的组建阶段，就应着手班集体的正常秩序的建立工作，特别是当接到一个教育基础较差的班级时，首先就要做好这项工作。因此答案选 C。

5. 班主任了解和研究学生的主要方法不包括(　　)。

A. 课堂教学　　B. 谈话　　C. 分析书面材料　　D. 调查研究

【答案】A

【解析】班主任了解和研究学生的主要方法有：观察、谈话、研究书面材料、调查访问等。课堂教学是班主任作为教师的重点工作，不是作为班主任了解和研究学生的主要方法。因此答案选 A。

6. 在领导班级的过程中，不是以直接的方式管理班级，而是以间接的方式引导学生属于班主任领导方式中的(　　)。

A. 权威型　　B. 民主型　　C. 放任型　　D. 迁就型

【答案】B

【解析】民主型的班级领导下，领导者注重对团体成员的工作加以鼓励和协助，间接关心并满足团体成员的需要，营造一种民主与平等的氛围，领导者与被领导者之间的社会心理距离比较近。因此答案选 B。

二、概念题

1. 非正式群体[中山大学 2012、2004 年研]

答：非正式群体，又称自然群体，是相对于学校班委会、团小组等一类正式群体而言的，是指在无正式规定下学生自发自然而形成的群体。由于非正式群体对学生个体的成长具有重大影响，因此如何对待学生非正式群体就成为每一个教育工作者不容忽视的问题。引导非正式群体必须区分不同情况，对于其中绝大多数具有亲集体倾向的非正式群体，不仅允许存在，还要视为班集体结构中不可缺少的一部分，予以支持和保护，但要防止发展成为功利的、庸俗的“义气”关系，注意协调它和班集体及其他非正式群体的关系，避免其特殊化，充分发挥其积极作用，鼓励他们提高自身素质，为实现集体目标多做贡献。对偏离集体目标的非正式群体则要在了解其首领及情感基础等情况后，审慎地做好引导工作，改善其与班集体和他人的关系。

2. 班集体

答：班集体是指由整个班级所组成，以完成学校教育任务为共同目标，有一定组织机构、规章制度的学生共同体，是班级群体发展的高级形式。班集体在教师指导下的班级共同活动中形成，一般经历三个阶段：①在外力(包括学校、教师等)组织下建立班级，确定目标。②建立学生组织领导核心。③形成集体规范和舆论。班集体对学生个体的思想品德和学习效果发生作用，是实现教育目的的力量与手段。一个真正的班集体，有明确的奋斗目标，健全的组织系统，严格的规章制度与纪律，强有力的领导核心，正确的舆论和优良的作风与传统。它能正常发挥其整体功能，有计划地开展各种教育活动，不断总结经验，使集体不断自我提高、自我完善和不断前进。

三、简答题

1. 简述中小学班主任工作的主要内容及如何建设班集体？[西北师范大学 2016 年研]

相关试题：

①举例说明，如何组织和培养学生班集体。[西南大学 2017 年研]

②简述培养班集体的方法。[华中师范大学 2012、2011 年研]

③试述班主任的工作任务。[论述题，华南师范大学 2018 年研]

答：(1)中小学班主任工作的主要内容

班主任工作的主要内容是依据我国教育目的和当前学校的教育任务，协调来自各方面对学生的要求与影响，有计划地组织全班学生的教育活动，做好学生的思想教育工作，并对他们的学习、劳动、工作、课外活动和课余生活等全面负责，把班集体培养成为积极向上的集体，使每一个学生在德智体美等方面都得到充分的发展，形成良好的个性。

(2)中小学班主任建设班集体的措施

①确定班集体的发展目标。目标是集体发展的方向和动力，一个班集体只有具有共同的目标，才能使班级成员在认识上和行动上保持一致，才能推动班集体的发展。为此，教师要精心设计班级发展的目标。

②建立班集体的核心队伍。一个良好的班集体都会有一批团结在教师周围的积极分子，他们是带动全班同学实现集体发展目标的核心。因此，建立一支核心队伍是培养班集体的一项重要任务。

③建立班集体的正常秩序。班集体的正常秩序是维持和控制学生在校生活的基本条件，是教师开展工作的重要保证。

④组织形式多样的教育活动。班集体是在全班同学参加各种教育活动中逐步成长起来的，而各种教育活动又可使每个学生都有机会为集体出力并显示自己的才能。设计并开展班级教育活动是教师的经常性工作。

⑤培养正确的舆论和良好的班风。班集体舆论是班集体生活与成员意愿的反映。正确的班集体舆论是一种巨大的教育力量，对班集体每个成员都有约束、感染、同化、激励的作用，是形成、巩固班集体和教育集体成员的重要手段。良好的班风是一个班集体舆论持久作用而形成的风气，是班集体大多数成员的精神状态的共同倾向与表现。良好的班风一旦形成，就会无形地支配着集体成员的行为，它是一种潜移默化的教育力量。

2．简要谈谈班主任素质要求。［扬州大学 2017 年研；福建师范大学 2016 年研］

答：班主任工作繁多而辛劳，责任重大，应该具有以下素质：

(1)高尚的思想品德

班主任是学生的教育者、引路人，是学生学习的榜样。班主任应有高尚的品德，饱满的工作热情，坚持不懈的进取精神，言行一致、表里如一，能为人师表。

(2)坚定的教育信念

教师应该坚信教育的力量，确信每个学生都有优点和才干，都有自己的前途，即使有缺点和错误的学生，只要对他做深入细致的思想教育工作，也能把他转变好。只有这样，班主任才能在工作中不畏困难曲折，从而收获辛劳的硕果。

(3)家长的心肠

班主任对待学生要像家长对待孩子一样，兼严父与慈母两任于一身。既要无微不至地关怀学生，真诚地爱护学生，与学生彼此信赖，培养深厚的情感，又要严格要求学生，对他们的缺点和错误毫不放过。

(4)较强的组织能力

一个称职的班主任必须善于计划和组织学生的各种活动，善于根据情况的变化迅速做出决定、采取措施、进行调整，在工作中表现出魄力，能令行禁止，坚定地引导学生积极开展活动，不断前进。

(5)多方面的兴趣与才能

青少年学生活泼好动，每个学生都有自己的兴趣与爱好，班主任需要开展各种各样、丰富多彩的活动来激发学生的兴趣，这就要求班主任具有多方面的兴趣与才能。一般来说，性格活泼开朗、兴趣广泛、多才多艺的班主任，往往与学生有较多的共同语言，易于打成一片，便于开展工作。

(6)善于待人接物

班主任为了教好学生，要与家长、任课教师、校外辅导员和有关社会人士联系和协作，因而要善于待人接物，协调各方面的教育力量，把班主任工作做好。

3. 简述班级组织的社会化功能。

答：班级组织的社会化功能主要体现在以下几个方面：

(1)传递社会价值观，指导生活目标

班级组织按照社会需要和教育目标，在组织学生开展学习、交往、游戏、劳动和社会实践活动中，对学生进行世界观、人生观、道德观、审美观和知识观教育，引导学生正确处理个人目标、集体目标与社会目标的关系，在社会主体价值观和公民精神的指导下，把个人的兴趣、需要、愿望升华为符合社会期望的生活理想、职业理想和社会理想，使学生成为热爱祖国、造福人民的集体主义者。

(2)传授科学文化知识，形成社会生活的基本技能

班级教学目标的规范性、课程结构的系统性以及教学过程的简约性和可控性，是学生学习社会经验，获取文化科学知识、技能的独特条件。教育者通过班级组织将人类社会长期积累的文化科学知识传递给学生，使他们获得社会生产生活的经验和技能，并为进一步发展社会文化科学知识奠定基础。

(3)教导社会生活规范、训练社会行为方式

班级组织的教育、教学活动是在师生交往及同龄伙伴交往中展开的，而班集体的人际交往和社会关系必然形成相应的社会规范。如班级制度、课堂规则、学生守则、学习纪律，还有集体的传统、舆论、风气等，甚至学生之间使用的特别的语言、行为方式，教师的举止、言谈、衣着、仪表等，都扮演着传递社会规范的角色，对学生具有一种同化力和约束力，使生活在其中的学生潜移默化地受到影响和熏陶，这对于培养学生的社会态度和社会行为方式具有重要作用。

(4)提供角色学习条件，培养社会角色

一个人要符合社会的要求，取得社会成员的资格，就必须通过学习适当的角色进入社会，获得一定的地位。班级组织为学生的角色学习提供了多方面的条件：班集体的目标、规范和人际关系结构对每个学生提出了明确的角色期望，而学生在课程学习中的态度、成绩和教师、伙伴的社会评价决定了他们在人际关系中的角色地位。在班级教学过程中的师生交往和小组学习中的伙伴交往，以及集体生活的多种多样的教育情境，为学生积累交往经验、学习变换角色、提高担当角色的能力，提供了锻炼和体验的机会和条件。

4. 为什么中小学教育要特别重视班主任工作?

答：中小学教育特别重视班主任工作的原因如下：

(1)班主任是班集体的组织者和教育者

班级是学校教导工作的基本单位，也是学生学习、活动的基层组织。当学校把几十名来自不同家庭、不同学校的年龄相当、身心发展水平相近的学生编成一个班级的时候，还不能说这样的班级就是一个集体。它需要由教育工作者通过大量的工作，有目的、有计划

地组织、培养而建设成为一个真正的集体。班主任对班集体的组织建设负有专门的责任。

(2)班主任是学生全面发展的指导者

中小学生正处在身心发展的重要时期，他们要长身体、长知识、增长独立生活和工作的能力，需要班主任专门指导，使他们在德、智、体诸方面得到生动活泼主动的发展。特别是在当今时代，班主任不仅要教会学生去适应社会生活，同时还要帮助他们开发潜能，使学生的创造力得到充分发展，从而为社会做出更大贡献。班主任对学生的全面发展起着重要的作用。

(3)班主任是联系班级中各任课教师的纽带

在一个班级中往往有好几位教师任教，他们都肩负着教书育人的重任。但是教育、教学的成果不是靠哪位教师单独创造出来的，而是教师集体长期共同劳动的结晶。班主任的作用就是使各位教师互相配合，步调一致，统一教育要求，形成教育合力，以增强教育的整体效应。除了各科教学之外，学校中各种学生组织及其开展的丰富多彩的活动也在对班级学生进行全面发展教育的过程中起着重要的作用。这也需要班主任把课堂教学和各种教育活动统一协调、妥善安排，以发挥良好的教育作用。

(4)班主任是沟通学校与家庭、社会的桥梁

学生处在学校、家庭、社会三种教育的交互影响下，从多方面接收信息、受到各种影响。班主任按照国家的教育目的、教育政策以及学校的教育要求来协调各方面对学生的影响，他在沟通学校、家庭、社会教育的过程中起着桥梁作用。

(5)班主任是学校领导实施教学、教育工作计划的得力助手和骨干力量

学校一般是通过班级来开展教学、教育工作的。国家教育目的的贯彻落实，学校工作计划的实施，各项活动的开展以及学生的成长都取决于班级工作的开展，取决于班主任工作的质量。因此，班主任在学校工作中有着特殊的地位和作用，他是学校领导的得力助手，是办好学校的骨干力量。

与其他教师相比，班主任与学生接触最多，对学生影响最大，对学校各项工作的顺利进行和对学生的个性形成与发展起着更重要的作用。因此，学校应当选派最优秀的教师来担任班主任，中小学教育也应当特别重视班主任工作。

5. 为什么说培养班集体是班主任工作的基础?

答：培养班集体不仅是班主任工作的一项重要任务，而且是班主任工作的基础。其原因分析如下：

(1)班集体具有强大的教育功能

班集体不仅是教育的对象，而且是教育的巨大力量。因此，进行班主任工作必先注意培养班集体。因为班集体一旦形成，它便能成为教育的主体，具有巨大的教育力量。它能向其成员提出要求，指出努力方向，并通过集体的活动、纪律与舆论来培养其成员的品德。它能紧密地配合班主任开展工作，成为班主任依靠的重要力量。

(2)班集体是促进学生个性发展的一个重要因素

在班集体的各种活动中，一方面，每个学生通过自己的经历和感受，都会积累集体生活的经验，掌握丰富的道德规范，养成社会主义思想品德，从而更加社会化；另一方面，每个学生都能找到适合于自己的活动、工作和角色，不断发展自己特有的志趣与爱好，从

而更加个性化。在集体中，学生个人的社会化与个性化是相互促进的。而每一个学生个性的充分发展，都将促进全班学生的全面发展。因此，班集体是班主任培育学生个性的重要基地。

(3)班集体还能培养学生的自我教育能力

班集体是学生自己的集体，有它的组织机构，需要学生学会自己管理自己，自己教育自己，需要学生自主地制定集体的活动计划，积极地开展各种工作与活动。这能有效锻炼和逐步提高学生的自我教育能力。随着集体的发展，学生的自我教育能力也能提高到自觉的程度。即使离开班主任的直接领导和监督，班集体也能独立地开展活动和很好地管理自己。班主任工作的重要方面就是要注重发挥班集体的自我教育功能，以便培养和提高学生的自我教育能力。

6. 什么是参照群体？应当怎样帮助学生选择正确的参照群体？

答：(1)参照群体的含义

参照群体是指学生个人乐意把它的目标、标准和规范作为自己的行为动机、调节自己思想和行为的一种群体。它是学生个人心目中向往和崇尚的群体。

(2)帮助学生选择参照群体的要求

①充分了解学生，进行有针对性的指导。每个学生选择的参照群体往往大不一样。在内外各种因素影响下，学生选择的参照群体也会不断变化。因此，了解每一个学生的参照群体十分重要，由此可以了解学生的内心世界，他的志趣与倾向，他的价值观，他的生活动力，从而能预测学生的个性发展，有针对性地对他们进行引导和教育。

②具体情况具体分析。对于参照群体和学校教育、班集体的发展方向一致的，班主任要帮助他们巩固与提高，使他们的追求更加自觉、明确、强烈；对于参照群体同学校的要求和班集体的活动不一致，甚至产生尖锐的矛盾与冲突的，班主任要善于因势利导、长善救失、发扬其积极因素和抑制其消极因素，根据学校的制度与纪律来安排、调节这些个人的感兴趣的活动，以利于个人和集体的发展；对于少数学生选择的参照群体具有极大的危害性而与教育要求背道而驰的，班主任稍有觉察就要立即制止，并做好思想转变工作，以防止严重事态的发生；此外，有的学生可能同时有两个性质相反的参照群体，这种情况十分隐蔽，较难防范。班主任只有系统、深入了解学生，才能弄清学生选择的参照群体，了解他们的内心世界和追求，才能有的放矢地进行教育，及时地给予正确的引导。

四、论述题

1. 联系实际论述班主任工作对班集体形成和学生品德发展的作用。[华东师范大学2017年研]

答：(1)班主任工作对班集体形成的作用

①确定集体的奋斗目标。目标是集体的发展方向和动力。培养集体首先要使集体明确奋斗的目标。集体的目标应当由班主任同班干部或全班同学一起讨论确定。但对一个新生班或后进班来说，班主任则应果断地不容置辩地提出要求作为集体必须实现的目标。集体的目标一般包括：近期的，如搞好课堂纪律；中期的，如成为优秀班；远期的，如每个学生都成为全面发展的好学生。目标的提出应当由易到难，实现一个目标后，立即又提出一

个更高的目标，以推动集体不断向前发展。

②健全组织、培养干部以形成集体核心。培养集体必须注意健全集体的组织与功能，使它能正常开展工作，发挥应有的作用。这里的关键是要做好班干部的选拔与培养工作。班主任经过一段时期了解，待积极分子涌现之后，再正式委派或选举班干部。干部一旦产生就要注意严格要求和培养提高。班主任对班干部不可偏爱和护短，以免助长他们的缺点、错误，导致干群对立和班的不团结；要教育他们谦虚谨慎、认真负责、不断提高修养水平和工作能力，以身作则，团结全班同学一道前进，充分发挥集体的核心作用。

③有计划地开展集体活动。班集体是通过开展集体活动逐步形成起来的。班主任在确定班的奋斗目标后，应制定集体活动计划，有计划地开展各种活动，使每个学生都能在活动中得到锻炼与提高，引导集体朝气蓬勃地向前发展。

④培养正确的舆论和良好的班风。班主任通过经常注意组织学生学习政治理论、道德规范，提高他们的认识；并坚持表扬好人好事，批评不良思想行为，为形成正确舆论打下思想基础。学校常常发生这类事，如一个班的学生拾得了别的班忘了带回的球，是归还原主呢？还是留下来自己玩？这对一个尚未形成集体的班来说，必定会引起一场争论。班主任发现后，要及时组织讨论、辩论，提高全班的认识，自觉做出正确决定，把球送还失主。

⑤做好个别教育工作。班主任根据学生个人的特点、需要和问题而单独进行的教育。通过促进学生个人的全面发展、培养优秀生典型，做好后进生的思想转变工作，做好偶发事件中的个别教育等工作，促进先进生和后进生的共同发展。

（2）班主任工作对学生品德发展的作用

①要对学生进行思想品德教育，完成学校所规定的思想品德方面的任务。班主任要对学生全面负责，但突出的一点是抓学生的思想。他通过与学生的经常接触，通过指导团队工作。通过组织班会及其他课外活动，对学生进行政治、法律、思想和道德等方面的教育，甚至对学生的言谈举止都要给以指导。所以班主任工作对学生品德的发展作用是很大的。一个品行端正、对工作认真负责的班主任，可以使全班学生的思想向着正确的方向发展，形成思想，工作、学习先进的班集体。甚至，能为学生一生思想的发展打下良好的基础。

②要教育学生努力学习，保证完成学校所规定的智育方面的任务。学习是学生的主要任务，班主任必须要设法督促学生完成他的主要任务。要教育学生有明确的学习目的，知道为什么要学习，使自己的学习和社会主义现代化建设结合起来，从而产生巨大的学习动力，有刻苦学习、克服困难的毅力。要教育学生遵守学习纪律，使学生明白只有大家都遵守学习纪律，才能保持安静的学习环境，才能够提高教和学的质量。还要经常了解学生的学习情况，及时掌握学生在学习目的、学习纪律、学习方法、学习质量等方面的问题，配合各科教师，及时给以帮助和指导。如组织补课，交流学习方法等。

③要关心学生的健康，指导学生的生活和体育锻炼。班主任对学生全面负责，不仅要关心学生的思想和学习的进步，而且要关心他们的健康，这就需要指导他们有规律的生活，如教育他们早起早睡，按时进行体育锻炼等。有些班主任为督促鼓励学生坚持体育锻炼，和学生一起上早操、课间操、进行课外锻炼等。

2. 结合具体案例，论述主题班会的价值。［首都师范大学 2017 年研］

答：主题班会是在班主任的指导下，以班级为单位围绕特定主题召开的全体成员会议。

一般内容是讨论并解决班集体学习、生活中的各种问题。通过主题班会来澄清是非、提高认识、开展教育，对促进学生的成长和树立人生观都起着重要的作用，是学生的必修课。

(1)主题班会的主题有：

①学生共同关心、感兴趣的问题。②学生之间认识有分歧的问题。③集体中产生的较重大的问题。

(2)主题班会的要求包括：

①中心思想明确，内容丰富集中。②切合学生需要，班级成员共同参与。③具有教育性、知识性、趣味性。④会前充分准备，尽可能发挥每个人的专长、爱好和创造性，形式活泼生动，安排紧凑，气氛和谐等。

(3)主题班会的价值包括：

①主题班会的开展有助于培养学生的民主意识，锻炼学生自治、自理、自主的能力，增强班集体的凝聚力，形成良好团结的班集体。并且，主题班会的开展还有利于带动全班学生，调动学生参与的积极性，充分发挥各人的才智，群策群力才能把班会开好。例如，从班会主题；班会地点、时间；活动对象；班会背景；班会目的；班会形式；班会准备；班会效果；班会程序等方面都需要学生们团结合作，才能成功开办一场有意义的主题班会。

②针对倾向性问题或热点问题，举办主题班会，有助于澄清学生模糊的认识，纠正错误观点，引导正确舆论，提高学生的思想认识水平及明辨是非的能力，使全班学生的思想向着正确的方向发展。主题班会是学校进行德育的一种组织形式。班会是班主任向学生进行思想品德教育的一种有效形式和重要阵地。例如：针对学生学习目的的模糊或错误，可以组织《为什么而学习》《以优异成绩向祖国汇报》等主题班会，要对学生进行人生观教育。

③主题班会是建设班级文化，培养正确的班级舆论，形成优良班风的重要途径。集体是一个熔炉，能把生铁炼成钢，也可能是个染缸，给尚未成熟的青少年以不良影响。学生在集体中，思想行为容易受到集体舆论的制约和同化。通过主题班会使全班学生树立正确的世界观、人生观、价值观，养成良好的道德行为习惯，建设思想、工作、学习先进的班集体。例如：以《我为班级做了什么》为题的主题班会就体现了培养集体荣誉感，形成了优良班风。《换位思考，律己宽人》培养学生宽容、理解的美德。

第 15 章　教　师

15.1　复习笔记

【知识框架（庖丁解牛）】

- 教　师
  - 教师工作概述
    - 教师劳动的特点
    - 教师劳动的价值
    - 教师的权利与义务
    - 教师职业的角色扮演
  - 教师的素养
    - 道德素养
    - 知识素养
    - 能力素养
    - 职业心理素养
  - 教师的培养与提高
    - 紧迫性
    - 教师个体专业性发展的过程
    - 培养、扩充和提高教师的主要途径

【考点难点归纳（厚积薄发）】

考点一、教师工作概述

表 15－1　教师工作概述

要点	具体内容	
教师劳动的特点	复杂性、示范性、创造性、专业性	
教师劳动的价值	内容	①社会价值：促进人类社会的发展；促进个人的成长。 ②个人价值：贡献社会；实现自我
	特点	模糊性、滞后性、隐蔽性
教师的权利与义务	权利	教育教学权、学术研究权、指导评价权、报酬待遇权、参与管理权、进修培训权
	义务	遵纪守法、教育教学、思想政治教育、爱护尊重学生、保护学生合法权益、提高思想业务
教师职业的角色扮演	角色丛	“家长代理人”“朋友、知己者”“传道、授业、解惑者”“管理者”“心理调节者”“研究者”

续表

要点	具体内容	
教师职业的角色扮演	角色冲突	①社会楷模与“普通人”的角色冲突。 ②“令人羡慕”的职业与教师地位低下的实况冲突。 ③教育者与研究者的角色冲突。 ④教师角色同家庭角色的冲突

考点二、教师的素养

表 15－2　教师的素养

要点	具体内容
道德素养	①对待事业方面——忠诚于人民的教育事业。 ②对待学生方面——热爱学生。 ③对待集体方面——具有团结协作的精神。 ④对待自己方面——以身作则，为人师表
知识素养	政治理论修养、精深的学科专业知识、广博的科学文化知识、必备的教育科学知识
能力素养	语言表达能力、教育教学能力、组织管理能力、自我调控和自我反思能力、教育科研能力、学习能力、观察学生的能力、创新能力以及运用现代教育技术手段的能力
职业心理素养	高尚的师德、愉悦的情感、良好的人际关系、健康的人格

【习题精选】

教师劳动有何特点和价值？一个称职的教师应该具备怎样的素养？

答：(1)教师劳动有何特点和价值

①教师劳动的特点

a. 具有复杂脑力劳动的特点，教育既是一门科学，又是一门艺术，需要经过专门训练才能掌握它。b. 具有鲜明的示范性，教师劳动与其他劳动的一个最大的不同点，就在于教师主要用自己的思想、常识和言行，通过示范的方式去直接影响劳动对象。c. 具有极大的创造性，教师面对的是千差万别的学生，不可能用种模式、个标准去塑造他、要求他。d. 具有极大的专业性，教师有严格的资格管理制度和学历标准，在专业水平上，要具备一定的教育知识和教育能力，还要有一定的管理能力。

②教师劳动的价值

a. 教师肩负着培养一代新人的重任，在学生发展中起着引导作用。

b. 教师是人类文化的传递者，在人类社会发展中起着承上启下、延续社会发展的作用。

c. 教师特别是高校教师通过理论建构、知识创新、技术革新等直接参与社会物质财富和精神财富的创造。

(2)一个称职的教师应该具备的素养

一般来说，一个好的教师要拥有专业知识、专业技能和专业情意三个方面的素养。

①专业知识，即教师职业区别于其他职业的理论体系与知识经验，是教师专业素质的

基础。

②专业技能，即教师在教学过程中运用一定的专业知识和经验顺利完成某种教学任务的基本技能和能力，是教师综合素质的集中体现，也是评价教师专业化水平的核心因素。

③专业情意，即教师在教育教学工作中长期形成的有关教育本质、教育目的和价值的理想与信念，是指导教师教育教学工作的世界观和方法论，是教师专业行为的理性支点和精神内核。

考点三、教师的培养与提高

表 15-3 教师的培养与提高

要点	具体内容
紧迫性	教师的分布与结构失调；教师的质量不均衡；教师队伍不够稳定，师资流失严重；不少教师还缺乏现代教育的意识与能力
教师个体专业性发展的过程	①凯兹：求生期、强化期、求新期和成熟期。 ②叶澜："非关注"阶段、"虚拟关注"阶段、"生存关注"阶段、"任务关注"阶段和"自我更新关注"阶段
培养、扩充和提高教师的主要途径	①加强和改革师范教育。 ②教师资格考察制度。 ③加强教师在职提高

15.2 典型题(含考研真题)详解

一、单项选择题

1. 热爱学生是教师应该具有的(　　)。

A. 知识素养　　B. 职业道德素养　　C. 能力素养　　D. 政治素养

【答案】B

【解析】热爱学生是教师职业道德的核心。热爱学生是指教师在教书育人的过程中，要正确处理教师与学生的关系，时时处处关心学生，爱护学生。其基本要求是：关心爱护全体学生，尊重学生的人格，平等、公正对待学生。对学生严格要求，耐心教导，不讽刺、挖苦、歧视学生，不体罚或变相体罚学生，保护学生合法权益，促进学生全面、主动、健康地发展。因此答案选 B。

2. 教师在教育过程中起(　　)。

A. 桥梁作用　　B. 决定作用　　C. 主导作用　　D. 辅导作用

【答案】C

【解析】教师的根本任务是教书育人，教师在教育过程中起主导作用。因此答案选 C。

3. "其身正，不令而行，其身不正，虽令不从"说明教师的劳动具有(　　)。

A. 示范性　　B. 长期性　　C. 复杂性　　D. 主体性

【答案】A

【解析】这句话表示教师如果身体力行，为学生立榜样，不用命令他人，学生会自己会遵行，反之则不然，从而表明了为人师表的示范作用，它表明教师的表率作用对学生有着特殊的影响。因此答案选A。

4. 教师的工作目的和使命是(　　)。

A. 热爱教育事业　B. 热爱学生　C. 创新开拓　D. 教书育人

【答案】D

【解析】教书育人是指教师关心爱护学生，在传授专业知识的同时，以自身的道德行为和魅力，言传身教，引导学生寻找自己生命的意义，实现人生应有的价值追求，塑造自身完美的人格。教师的根本任务是教书育人，这也是教师的工作目的和使命。因此答案选D。

5. “十年树木，百年树人”，隐含了教师劳动的(　　)。

A. 创造性　B. 复杂性　C. 长期性　D. 主体性

【答案】C

【解析】“十年树木，百年树人”强调一个较长的周期，体现了教师劳动的长期性。因此答案选C。

6. 下列选项中，属于《中华人民共和国教师法》明确规定的教师专业权利的是(　　)。

A. 指导学生学习与发展的权利

B. 对学校进行管理与领导的权利

C. 选择教材教法开展教学工作的权利

D. 检查与评价学生品行、学业、身体的权利

【答案】A

【解析】根据《中华人民共和国教师法》，教师享有以下权利：①进行教育教学活动，开展教育教学改革和实验。②从事科学研究、学术交流，参加专业的学术团体，在学术活动中充分发表意见。③指导学生的学习和发展，评定学生的品行和学业成绩。④按时获取工资报酬，享受国家规定的福利待遇以及寒暑假期的带薪休假。⑤对学校教育教学、管理工作和教育行政部门的工作提出意见和建议，通过教职工代表大会或者其他形式，参与学校的民主管理。⑥参加进修或者其他方式的培训。A项，对应且符合③。B项，对应⑤，但不符合。C项，未明确提及。D项，对应③，但不符合。因此答案选A。

7. 加强和改革师范教育要求(　　)。

A. 进行教学反思　B. 进行校本培训

C. 加强校外专业支援与合作　D. 实施教师资格考察制度

【答案】D

【解析】根据《关于师范教育改革和发展的若干意见》，师范教育改革和发展的主要任务是：全面贯彻教育方针，坚持社会主义办学方向，以教学改革为核心，全面推进师范教育各项改革，全面提高教育质量和效益。以改革促发展，使师范教育总体水平明显提高，培养培训教师的数量和质量满足中小学教育发展的需要。构建体现终身教育思想、具有中国特色的社会主义师范教育体系，逐步实现师范教育现代化。建设一支数量足够、质量合格、

结构合理并相对稳定的师资队伍是当下师范教育改革的重心，要实现这一目标，要求实施教师资格考察制度。因此答案选 D。

二、概念题

1. 教师职业道德[首都师范大学 2007 年研]

相关试题：

简述教师职业道德的内容。[简答题，北京师范大学 2018 年研]

答：教师职业道德是指教师在教育教学的实践活动中所应当遵守的、与教育教学实践有密切关系的道德规范和准则，它是一定社会的一般道德在教师职业生活中的具体表现。教师职业道德有两个基本特征：①既受一般社会道德以至社会统治阶级的道德原则所制约，又具有鲜明的职业特征。②既受社会经济关系的制约，又有自身的相对独立性，有较大的历史继承性和连续性。教师职业道德主要应体现在：热爱教育事业，热爱学生，教师之间团结协作和互相尊重，为人师表、以身作则，精通自己的专业知识和具有宽广的文化修养。

2. 教师专业发展[南京师范大学 2018 年研；河南大学 2018 年研]

答：教师专业发展是指教师作为专业人员从专业思想到专业知识、专业能力、专业心理品质等方面由不成熟到比较成熟的发展过程，即由一个专业新手发展成为专家型教师或教育家型教师的过程。教师专业发展包括两个方面：一方面是教师自身的专业成长过程，这是教师通过自身自省和反思在专业知识与技能、态度上实现个人成长；另一方面是促使教师专业成长的过程，这是学校或其他部门开展的各种提升专业的学习活动或培训活动，促进教师达到专业成熟。教师的专业发展大致要经历四个发展阶段：①专业形成阶段。②专业成长阶段。③专业成熟阶段。④充分专业化阶段。教师的专业发展不仅仅是一个时间的延续，伴随这一历程的是教师专业内涵的持续改变，主要包括以下内容：①专业知识的发展。②专业才能的发展。③专业情意的发展。④专业自我的形成。教师的专业发展主要通过新教师的入职辅导和在职培训两条途径来实现。总之，教师专业发展是一个持续不断的成长过程，其最终目标是达到专业的成熟，即成为一个相对成熟的教育专业人员。

三、简答题

1. 简述“新手”向“专家”转变过程中知识发生改变的主要特征。[统考 2019 年研]

答：当个体从“新手”转向“专家”时，其知识结构也发生了变化，转变过程知识发生改变的特征如下：

（1）掌握更加丰富的陈述性知识（事实和言语信息）。

（2）以自己的方式存储大量的程序性知识去解决问题。

（3）围绕中心问题来组织知识。

（4）存储了大量的条件产生式（关于在什么情境下采取什么行动的知识）等。

2. 简述您对教师职业角色的认识。[东北师范大学 2018 年研；中山大学 2005 年研]

答：教师是学校中传递人类科学文化知识和技能、进行思想品德教育，把受教育者培养成一定社会需要的人才的专业人员。社会、学校、家长和学生赋予教师多种多样的职责、功能，要求教师根据社会不同方面的期望和要求，扮演不同的角色。因此，教师职业角色主要包括以下几方面的内容：

(1)知识传授者

教师在教学中最首要的角色是知识的传授者，是一个发动、指导和评定学习的人。教师的特殊功能是把知识传授给学生，扮演一个知识的传授者和信息源的角色。教师不仅应掌握有关的学科知识，而且应掌握传授这些知识的技能、技巧。

(2)行为示范者

教师的言传身教对学生的学习、品德和行为的发展起着重要的作用。教师是学生最直接的学习与生活的模范和榜样。因此，教师要做到：①具备积极进步的思想和高尚的品德。②具备渊博的知识和良好的专业素养。③教学方法要具有启发性、循序渐进，使学生容易接受。④教师要平等待人，尊重学生的人格，关心和爱护学生。

(3)班级领导者

学校的教学活动大都是以班级的方式进行的，教师领导并指导着作为一个整体的班级，对他们施加影响。一方面，课堂教学是一个多因素的动态系统，起着主导作用的教师，要调动学生的积极性，发挥学生的主体性，就需要与学生进行积极的情感沟通；另一方面，良好的班集体气氛，有助于建立和谐的人际关系，使学生在班集体中受到良好的教育。

(4)心理保健医生

教师作为学生的心理保健医生的角色，日益受到教育界的重视。教师的根本任务是促进学生的全面发展，而全面发展的人应是身心两方面都得到健康、充分发展的人。因此，教育要促进学生的身心发展，就离不开心理健康教育。

(5)教育研究者

教师参加教育科研活动具有重要意义，原因是：①教师投入教育科研活动，能够认识并利用教育规律，提高教育理论水平，并对照自己的教育实践，做到理论联系实际，进而运用到教学实际工作中。②有助于了解当前教育发展的趋势和教育观念的更新。③进一步明确教育改革的实质，以科学的态度投入教改，更好地提高教育改革的质量。

3. 简述教师劳动的特点和价值。[浙江师范大学2015年研]

相关试题：

①简述教师劳动的特点。[华南师范大学2017年研；福建师范大学2017年研；西北师范大学2017年研；天津师范大学2016年研]

②简述教师劳动的价值。[华南师范大学2002年研]

③教师劳动的复杂性[名词解释，江苏师范大学2017年研]

答：(1)教师劳动的特点

①教师劳动的复杂性

a. 学生状况的复杂性决定着教师劳动的复杂性。

b. 教师任务的多样性制约着教师劳动的复杂性。

c. 影响学生发展因素的广泛性制约着教师劳动的复杂性。

②教师劳动的示范性

教师劳动与其他劳动的一个最大区别就在于，教师的劳动对象是未成熟而又相对独立的“人”，教师以自己的思想、学识、言行和人格，通过示范的方式去直接影响学生。

③教师劳动的创造性

教师工作是变动不居、最富有创造性的劳动，这主要是由教育对象的特殊性和教育情景的复杂性所决定的。

a. 教师的劳动对象——学生具有主观能动性，是自我教育的主体。

b. 在教育教学过程中，教师需要具有面对各种突发情况时做出及时反应、妥善处理的应变能力，即教育机智。

④教师劳动的专业性

教师劳动的专业性突出表现在教师对育人的崇高敬业精神和道德修养上，对教育教学专门化知识和技能的掌握以及教育活动的自主权上，而这一点在我国现阶段并未得到真正的贯彻落实。学历达标固然是一个亟待解决的问题，但它仅仅是教师劳动专业化的重要条件和基本内容之一，它并不能表明我国教师劳动专业性的诸多特点均已具备。在我国现阶段，还要防止把教师劳动的专业化仅仅理解为教师学科教育的训练和专业化的偏向。

(2)教师劳动的价值

①教师劳动的社会价值

从宏观上看，教师的劳动关系到人类社会的延续和发展。从微观上看，教师的劳动关系到年轻一代每一个人的发展和幸福。

②教师劳动的个人价值

教师劳动的个人价值首先在于这种劳动能够创造巨大的社会价值，因为个人价值的大小主要取决于他对社会的贡献。其次，教师劳动比一般劳动更具有自我实现的价值。教师在自己的劳动中能够充分发挥个人的才智，促进个人自身的完善和发展，满足个人较高层次的需要。

(3)一个称职的教师应该具备的素养

①文化素养与学科专业知识，包括所教学科全面扎实的专业知识技能、广博的文化科学知识与多方面的兴趣和才能。

②教育理论知识与技能，包括教育理论知识与实践能力、观察儿童能力和教研能力、教学组织能力和语言表达能力、教育机智。

4. 简论教师的地位和作用。[华中科技大学 2002 年研；北京师范大学 2001 年研]

答：教师是履行教育教学的专业人员，根据一定的社会要求，有计划、有组织地对学生施以影响，使之成为合格的社会成员。教师在社会、教育教学过程中具有非常重要的地位与作用，具体分析如下：

(1)教师的地位

①教师的社会地位。在人类社会发展的不同阶段，由于社会的生产力发展水平不同，政治经济制度的性质不同，文化背景不同，教师所处的地位、受人尊重的程度是不同的。一般来说，决定教师社会地位高低的主要因素有以下几个方面：

a. 教师的社会功能。教师的社会功能是指教师对一定社会发展所产生的实质性影响，它是教师社会地位的客观基础。一般来说，职业社会作用的大小与其地位高低呈正相关。教师职业对社会发展的作用是巨大的。

b. 教师的政治地位。教师职业的政治地位是指教师职业在国家或民族的政治生活中所处的地位和所起的作用，表现为教师政治身份的获得、教师自治组织的建立、政治参与度、政治影响力等。随着社会的发展，教育地位的提升，教师政治地位的提高成为提高教师职业社会地位的前提。

c. 教师的经济待遇。教师职业的经济待遇是指教师所得到的物质报酬，它包括工资、奖金及医疗、保险、退休金等福利，它是教师劳动的价值表现形式之一。教师的劳动属于复杂劳动、创造性劳动，因此，教师劳动具有较高的价值。教师的经济待遇不仅影响教师个体的生存和发展，也影响教师队伍的稳定和教师职业的专业化程度，它是教师社会地位的最直观表现。

d. 教师职业的权利。教师职业的权利主要是指法律赋予教师在履行职责时所享有的权利。教师的权利与责任、义务相联系，但在法律制度不健全、教师基本权利还没有得到应有保障的今天，教师合法权利的维护对教师职业的社会地位的稳定具有特殊意义。

②教师在学校教育过程中的地位。就教育过程的本质和教师的作用而言，教师应居于主导地位，这是由教育过程的规律决定的。

a. 教师是人类灵魂的工程师，在塑造学生思想品德方面起着重要的作用。教师在向学生传授知识、发展学生智力的同时，还把人类社会发展中形成的道德观念、行为准则传授给年轻一代，在实践中培养学生良好的行为习惯。

b. 教师是学生潜能的开发者，对人的智力发展起着重要作用。

(2)教师的作用

①教师的社会作用。教师的劳动具有巨大的社会价值。教师对于个体的成长，对于人类社会文明的延续、进步和发展起着无可替代的作用。教师的社会作用具体表现在以下三个方面：

a. 教师是人类文化的继承者与传递者。把世代创造和积累的文化财富继承和传递下去，并使之不断得到丰富和发展，这一工作主要是由教师完成的。教师的劳动对人类社会的延续与发展起着承前启后、继往开来的纽带和桥梁作用。

b. 教师是价值引导的实践者。教育是一种价值引导的工作，代表着一个社会的理想追求和前进方向。教师担负着人的潜能的开发和人的灵魂的塑造的重任。一个社会与民族进步程度的重要标志，就是物质文明与精神文明的发展水平。物质文明与精神文明的发展水平，取决于人的素质，而人的素质培养主要取决于教师的劳动。

c. 教师在参与社会生活与服务社会方面发挥着重要作用。教师是知识分子队伍的重要组成部分，他们运用自己的知识与才能为社会服务，不仅表现在校园内，也表现在社会上。教师是先进思想的创造者与宣传者。

②教师对青少年成长的作用。教师是人类灵魂的工程师，对青少年一代的成长起关键作用。教师的作用不仅仅是传递科学文化知识，使青少年一代富有智慧，而且还要培养青少年一代的思想品德，影响他们的情感和意志，引导他们的思想、信念、世界观等的正确形成，使他们学会做人，成为心理健康、品德高尚的一代新人。

③教师在教育工作中的作用。教师是教育工作的组织者、领导者，在教育过程中起主导作用，主要表现在：

a．教师是受一定社会的委托，以培养学生为职责的专门的教育工作者。他们代表的社会利益和价值观念，在学生的思想品德、政治方向等方面的形成和发展中起着导航的作用。

b．教育方针政策的落实，教育任务的完成，都要通过教师来实现。

c．教师是教育过程中教与学这对矛盾的主要方面。教师通过对学生进行“传道、授业、解惑”来影响学生，成为学生群体的领导者、学生学习活动的组织者和管理者。

d．教师是经过专门培训的专业人员。他们所具有的思想觉悟、业务水平、能力素质、价值观念，都对学生产生积极的影响。可以说一所学校能否卓有成效地完成培养人的教育任务，关键在教师，教师的素质在一定程度上决定着教育质量的高低。

四、论述题

1．论述教师专业素养及其培养途径。［扬州大学 2016 年研］

相关试题：

①结合各级各类《教师专业标准》谈谈教师专业素养的基本内容。［东北师范大学 2017 年研］

②论述教师的素养。［山东师范大学 2018 年研；浙江师范大学 2017 年研；华东师范大学 2015 年研；上海师范大学 2013 年研］

答：（1）教师专业素养

教师的专业素养是教师从事专业活动必须具备的专业品质。教师的专业素养主要包括以下四个方面的内容：

①高尚的师德

a．教师的道德首先表现在对教育事业的忠诚上。热爱教育事业，是搞好教育工作的基本前提。

b．热爱教育事业必须具体体现在热爱学生上。热爱学生是教师职业道德的核心。对学生冷漠、缺乏热情的教师绝不是一个好教师。

c．教师的道德还突出地表现在教师自身的道德修养上。教师劳动的示范性，决定了教师在思想、品德和作风上必须成为学生的表率。

②现代人的素质

教育要促使人的现代化，取决于许多条件，其中教师自身个性品质的现代化，就是一个至关重要的条件。教师自身个性品质的现代化，不仅是促使学生个性品质现代化的重要条件，同时也是搞好教育工作的必要条件。教师必须自觉加强这方面的修养，抛弃积淀在自己头脑中的陈腐落后的传统观念和思维方式，跟上时代精神的步伐。

③渊博的知识和多方面的才能

a．教师必须精通所教学科的基础知识，熟悉学科的基本结构和各部分知识之间的内在联系，了解学科的发展动向和最新研究成果。

b．教师还应具备一定的科研能力。教师要能对某一学科的发展有所建树，同时，也应有对他人成果进行分析、鉴别并提出个人见解的能力。

c．教师还应有比较广博的文化修养。因为各门学科的知识都不是孤立的，而且教师面对的是正在成长中的年轻一代，兴趣广泛，求知欲强，所以，教师应该广泛涉猎各种知识，形成比较完整的知识结构。

d. 教师还应具有多方面的兴趣和才能。学校的活动是丰富多彩的，教师应该是这些活动的组织者和参加者。如果教师在文艺、体育和劳动技术方面有某种特长，就更有条件接近和深入学生，赢得更多的教育机会。

④掌握教育科学和教育能力

掌握教育科学，不仅可以指导教师的教育教学工作，同时也是教师进行教育科学研究和提高教育能力所必需的。站在教育第一线的广大教育实际工作者应该成为教育科学研究的积极参加者，而且他们也最有条件进行教育科学研究。

(2)教师专业素养的培养途径

①努力践行终身学习的习惯

今天的教师身处改革的浪潮中，面对不断更新的新知识、新技术，要在变革中立于不败之地，必须坚持终身学习的习惯，明确自身的发展目标，找准实现人生价值的坐标。不断学习，孜孜以求，学贯中西，提升文化修养，提高辨识能力。

在不断地学习中，才能掌握学科的基础知识和相关技能，构建该学科的知识体系，在掌握本学科最新的研究动态和科研成果时，加深自己对专业知识的深层次理解，做好基本功，成为科学文化的传播者、学生知识的引领者。作为一名教师在专业的领域要优秀，在广泛的领域要通晓，才能有所专，有所长，有所精，用于教学才能使得知识不是死的、无生机的，而是活泼的、多样性的素材。

②坚持做好反思

优秀的教师要善于反思，进行“教学的反思”和“反思的教学”，“教学的反思”是教师反思自己的教学行为，对教学效果具有极大的启示，反思的深刻性决定教学的深度和高度。专业化的教师是反思的高手，在反思中提高，是成为专家型教师必经之路，是教师专业素养纵深发展的途径。“反思的教学”是全面探究教学的问题，由问及教，进行反思性的教学。

反思沟通了教学的理论和实践，养成反思的习惯对教育教学信念的形成具有极大的促进作用，有利于教师形成良好的教学风格，促进教师的专业成长。尤其是新教师，在由最初的适应成长阶段转变成具有自己教学风格的成熟阶段，只有通过不断的反思提高，才能慢慢去领会教学的真知灼见，发展自己的同时，提高分析问题、解决问题的能力。

③善于质疑和记录

教师要有自我专业发展的意识，经常对自己提问，这些问题包括学生可能产生的一系列疑问，目的在于把握课堂教学的节奏，不至于讲解过难或过易。要适应现代化的教学，适应现代化教学下的教学对象。当教师学会质疑，才能带动学生去思考问题，带着问题去学习，达到教学的目的。教师要勤于发问，要仔细思考前因后果，找出问题的关键，将问题归类，节约时间，提高效率。

不仅如此，在教学之余，教师要将自己的感悟和体会记录下来，常年累月，从量变到质变，加速自我的专业化成长。教研结合是一条不错的成长道路，在教学的同时，参与科学研究，将经验转化为可以推广的理论，提升专业层次，促进自身全面发展。科研之路不仅是教师不断体会成长的过程，也是加强自身知识层次的提高阶段。不断提升科研素质是教师专业化发展和朝向名师发展的必经之路。

④学会合作，体验职业幸福感

新课改要求学生学会合作，其实真正需要合作的是教师。会合作的教师，其教育方式中必然包括了合作学习的因素，成为学生学会合作的榜样。教师要学会合作，善于向老教师请教，善于和同事们交流，善于发现自身的问题，在集体中感受温暖，帮助他人的同时促进自身的提高。

职业幸福感来源于自己对所从事职业的热爱，在工作中不断取得激励自我前进的成绩，同时拥有良好的、健康的心态和信任他人的个性品质。教师的职业幸福感要靠自己不断维持，需要他人的支持、赞美、激励。在共同合作中体会温暖，共同找到解决问题的办法，减轻心理压力和负担，在共同的劳作中体会集体荣誉感，这些在客观上促进教师职业感的形成。

2. 论述教师角色冲突。[上海师范大学2015年研]

答：人们普遍认为，教师职业是角色冲突的一种典型情境。教师职业的最大特点就是角色的多样化，教师同时要承担多种角色，每种角色都对教师的行为提出了不同的要求，这些要求之间难免会产生矛盾，这就导致了教师角色的冲突。

(1)教师角色冲突的主要表现

①互不相容的多种角色行为规范和角色期待产生的角色冲突。

教师在实际的教育教学活动中，角色频频转换，常常扮演不同的角色。相对教育对象而言，教师是社会的代言人，是知识的传授者，是班集体的领导者，是社会的模范公民，是学生家长的代理人，是心理咨询者，是学生的知己和朋友；相对学校管理而言，教师是被领导者；相对同事而言，教师是合作者，也是竞争者。从教师扮演的角色中，我们会发现几种主要的互不相容的角色行为规范和角色期待：

a. 教师既是班集体的组织者和管理者，又是学生的知心朋友。

教师作为班级的管理者和组织者，代表着一定的权威，师生之间的基本关系是制度化的支配与从属关系。如果教师在教育中没有任何职业权威，盲目追求学生友谊，成为学生的哥们、姐们，放弃应有的原则，教育效果是不能保证的。实际上，教师很难既是一个具有权威的严格的管理者，又是一个朋友般被学生喜爱和亲近的人。

b. 教师既是被领导者，又是班级管理者。

教师站在校方立场发言，要传达、执行学校的各项制度、政策、规定。但是，学校的不少政策规定与学生意愿发生矛盾。教师处于校方与学生的中间，只能屈从于一方，结果往往是学生理解的要执行、学生不理解的也要执行，由此引发的师生矛盾使教师处于两难境地，从而产生角色冲突。

c. 教师既是社会和学校的代言人，又是学生和家长的代理人。

社会代言人身份要求教师以社会的价值标准进行判断，站在社会的立场发言；而学生和家长代理人身份则要求教师站在学生和家长的角度看问题社会、家长经常对工作中的教师同时提出不同的角色期待，这种不同甚至是相反的角色期待引起的左右为难感，是教师在工作中普遍遇到的角色冲突。如：在对待学生的作业量、寒暑假补课、课余补习问题上，家长、社会、教育行政部门总是各持己见。

②楷模角色与普通人的角色冲突

教师是备受关注的社会角色，每天都受到学生的高度关注，再加之社会对教师的规范期待，使得教师的角色受到周围人的关注，特别是来自学生的约束。同时，教师也是倍受苛求的角色，社会、家长和学生期待教师不仅是经师，还应是人师；不仅要做学生的榜样，而且要做社会的榜样。一个称职的教师应该时时处处以身作则、为人师表、诲人不倦、无私奉献，为学生的健康成长倾注全部的热情、爱心、才智。在个人行为的规范上，要求他们仪表整洁、衣着朴素、姿态优雅、态度安详、语言得体、行为端庄，等等。但是，教师又是一个个个性突出、情感复杂的自然人，在教育情境之外，教师更倾向于显露和表现真实的自我。有些行为表现在其他角色身上被社会视为当然，而表现在教师身上则会使人惊叹，被指责为“不合身份”。由此，不少教师深感当教师“活得太累”，没有真我，陷入模范公民与自由个体相冲突的境地。

③付出投入多与低社会支持的冲突

教育在社会、人的发展中的价值与作用，决定了教师及其职业应当具有较高的社会地位和经济待遇，而且教师对自己的工作价值一般有较高的估价，有较强的自尊。但是，教师，特别是青年教师经济收入的增长一直“举步维艰”，加上或明或暗的学校内部教师与行政人员的不平等性，以及教师职业所获得的社会评价的偏颇与悖谬等，均意味着社会并没有真正形成与教师职业价值相称的尊师重教的现实。教师付出的劳动不能为自己和家人带来世俗看重的所谓的权势、地位和金钱，甚至被戏称为“三无阶级”(无钱、无权、无用)。面对这种高付出与低回报的大落差的现实，教师会产生不公平的失落感，导致角色冲突加大。

④职业成果模糊与个人成就需要的冲突

教师的工作无论在时间、空间上都具有连续不断地扩张的性质，具有“无边界性”的特征。大多数教师或多或少都模糊地感觉到他们的工作是一个无底洞。教师的劳动成果具有隐含性和延时性。在教师职业中升迁机会非常少，教师为工作付出的精力与汗水、创造的价值需要很长时间才见分晓。比如：教师在改变学生兴趣、行为习惯、人生态度和思维能力等方面的教育成果都不是立竿见影的。这样，教师个人希望看到自己角色扮演的成果的需要与角色扮演中许多成果的无形性之间产生了矛盾。教师陷入角色成果模糊与自我价值难以实现的矛盾冲突中。

⑤现实的角色行为水平与理想的角色要求之间的冲突

教师角色要求教师有较高的能力水平和多方面的才能。但是，每个教师个体总有力不从心的时候。如面对一个班风很差的集体，面对调皮捣蛋的学生，需要教师有较强的组织管理能力和较高的教育艺术，有足够的耐力。不少教师虽然主观上很努力工作，也积极热情，但常带不好班，面对“后进生”往往束手无策，这种个人能力与角色需求之间的冲突导致教师内心的冲突和不安。

(2)教师角色冲突的解决办法

社会转型时期教师角色冲突的加剧，既与教师角色活动的外部环境，包括社会大环境与学校小环境的急剧变化有关，也与教师自身的角色认识不清及角色行为失范有关。

①社会应为教师创造宽松的环境

从社会方面讲，缓解教师角色冲突，要通过相应的社会改革，为教师角色活动提供必要的条件和创造良好的外部大环境；充分理解、合理评价、切实尊重教师的角色活动，增强教师角色行为的光荣感；通过多种途径指导人们正确认识教师角色的特定职能，营造支持教师职业威望的社会心理氛围；不过分夸大教师的作用而对教师产生过多的不切实际的角色期望；通过提高教师的实际社会地位，尤其是提高教师的劳动报酬，正视教师劳动的价值，以缓解由此而引起的教师心理冲突。

②学校应减轻教师的角色负担

从学校方面讲，教育管理者要为教师提供一个宽松民主的角色活动环境；抓好学校内部的管理体制改革，建立引导机制，强化激励机制，实现科学管理；对教学不横加干涉，不在学生面前公开指责、批评教师，让教师有教育教学的自主权；引导教师开展有组织的专题研究，培养教师的教学反思和自我发展能力。

③教师要增强角色适应能力

从教师本身讲，缓解角色冲突的关键在于主观努力，重视提高自身素质，增强角色适应能力；重视角色学习，不断提高自己的角色认知水平；建立角色系统，合理调整自己的角色行为；培养角色精神，有效抵制非本质角色行为的诱惑。

综上所述，要缓解教师角色冲突，必须从社会、学校与教师自身等三方面同时着手。

3. 什么是良好的师生关系？联系实际谈谈如何建立良好的师生关系？［华东理工大学 2006 年研］

相关试题：

①结合一个案例论述良好的师生关系对提高学生的学习兴趣和学习成绩的重要性。［首都师范大学 2018 年研］

②如何构建健康的师生关系？［简答题，河南大学 2018 年研］

③试述师生关系的类型有哪些，并说说你心中的理想师生关系是怎样的。［南京师范大学 2018 年研］

答：教师与学生是教育活动的主要承担者，是教育系统中两个最基本的要素。良好的师生关系是教育活动顺利进行和教育目标完成的基本保证，建立良好的师生关系是教育工作者的共同追求，又是教育规律的必然要求。

（1）良好师生关系的特征

良好的师生关系是师生主体间关系的优化，从其发生发展的过程及其结果来看，具有以下三个基本特征的师生关系才称得上良好的师生关系：

①尊师爱生，相互配合

尊师就是尊重教师，尊重教师的劳动和教师的人格与尊严，对教师要有礼貌，了解和认识教师工作的意义，理解教师的意愿和心情，主动支持和协助教师工作，虚心接受教师的指导；爱生就是爱护学生，它是教师热爱教育事业的重要体现，是教师对学生进行教育的感情基础，是教师的基本道德要求，也是培养学生热爱他人、热爱集体的道德情感基础。现代“尊师爱生”体现了新型师生关系，是师生交往与沟通的情感基础、道德基础，其目的主要是促进师生之间相互配合与合作，顺利开展教育活动。

②民主平等，和谐亲密

师生关系的民主平等体现了师生在教育过程中的相互尊重人格和权利、相互开放、平等对话、相互理解、相互接纳等关系。它要求教师能向学生学习、理解学生，发挥非权力性影响力，并一视同仁地与所有学生交往，善于倾听不同意见；也要求学生正确地表达自己的思想和行为，学会合作和共同学习。民主平等是师生在共同参与的过程中形成的。共同参与，意味着教师和学生以不同的主体地位和作用进入实际的教育生活，形成需要、智能、个性等方面的互补，发挥各自的积极性、主动性、创造性。民主平等、共同参与的结果是师生的融洽、协调。和谐亲密体现了师生的人际亲和力、心理融洽度。

③共享共创，教学相长

共享就是教师和学生共同体验和分享教育中的欢乐、成功、失望与不安，它是师生情感交流深化的表现；共创就是教师和学生在相互适应的基础上，相互启发，使师生的认识不断深化，共同生活的质量不断跃进。共享共创体现了师生关系的动态性和创造性，是师生关系的最高层次。共享共创的结果是教师和学生相互促进、共同发展，是学生的道德、思想、智慧、兴趣、人格等的全面生成，是教师专业自我的成熟过程。

(2)构建良好的师生关系的基本策略

就教育内部而言，建立良好的师生关系要靠双方共同努力。教师在师生关系建立与发展中占有重要地位，起着主导作用。所以要建立民主、和谐亲密、充满活力的师生关系，对教师来说，有以下几种策略：

①了解和研究学生。教师要与学生取得共同语言，使教育影响深入学生的内心世界，就必须了解和研究学生。了解和研究学生包括了解学生个体的思想意识、道德品质、兴趣、需要、知识水平、学习态度和方法、个性特点、身体状况和班集体的特点及其形成原因。了解和研究学生存在于教师教育生活的每一时空。

②树立正确的学生观。学生观就是教师对学生的基本看法，它影响教师对学生的认识及其态度与行为，进而影响学生的发展。正确的学生观包括：学生都有巨大的发展潜力；学生的不成熟性具有成长价值；学生具有主体性，特别是创造性；学生是责权主体，有正当的权利和利益；学生是一个整体的人，是知、情、意、行的统一体。正确的学生观来自教师对学生的观察和了解，来自教师向学生的学习和对自我的反思。

③热爱、尊重学生，公平对待学生。热爱学生包括热爱所有学生，对学生充满爱心，经常走到学生之中，忌讳挖苦、讽刺学生、粗暴对待学生。尊重学生特别要尊重学生的人格，保护学生的自尊心，维护学生的合法权益，避免师生对立。教师处理问题必须公正无私，使学生心悦诚服。

④主动与学生沟通，善于与学生交往。师生关系一般要经历生疏、接触、亲近、依赖、协调、默契阶段。在师生交往的初期，往往出现不和谐因素，如因为不了解而不敢交往或因误解而造成冲突等，这就要求教师掌握沟通与交往的主动性，经常与学生保持接触、交心；同时，教师还要掌握与学生交往的策略和技巧，如寻找共同的兴趣或话题、一起参加活动、邀请学生到家做客、通信联系等。

⑤努力提高自我修养，健全人格。教师的素质是影响师生关系的核心因素。教师的师德修养、知识能力、教育态度、个性心理品质无不对学生产生深刻的影响。教师要使师生关系和谐，就必须通过自己崇高的理想、科学的世界观和人生观、渊博的知识、严谨的治学态度、活泼开朗的性格、多方面的爱好与兴趣等来吸引学生。为此，教师必须：加强学

习和研究，使自己更加智慧；经常进行自我反思，正确评价自己，克服个人的偏见和定势；培养自己多方面的兴趣和积极向上的人生观；学会自我控制，培养耐心、豁达、宽容、理解等个性品质。

4. 为什么说教师职业是一种需要人文精神的专业性职业？其专业性表现在哪里？其人文精神又表现在哪里？

答：(1)教师职业是一种需要人文精神的专业性职业的原因

当前，教育追求教师专业化的呼声日益高涨，但人们对教师专业化的理解存在偏差，对人文教育的重要性认识不足，功利教育成为普遍的价值取向，势必导致教育本质的异化——培养人的终极目标的缺失。教师专业化必须以人文教育为基础，教师人文精神的培养应成为教师专业化的核心内涵。

具体而言，教师职业是一种需要人文精神的专业性职业的理由阐述如下：

①教师的人文精神是指教师在承担专业角色和处理师生等主要关系时应持有的正确的价值观和行为规范。教师的人文精神是教师专业伦理和专业素质中不可缺少的成分，也是教师专业自主发展的内在动力。

②教师人文教育应成为教师专业化的基础。专业化的教师是从事教育教学的专业人员，承担着构建和谐社会和促进学生全面发展的社会责任。这就要求教师自身必须接受人文教育，具有较高的人文素质，并在教育教学实践中不断丰富和发展自己的人文素质。从教师的教育教学实践来看，教师必须具有深厚的人文精神。首先，教师职业的文化传递功能要求其自身具有深厚的人文底蕴；其次，新一代的健康成长需要富含人文情怀的教师呵护；最后，教师良好形象的塑造及教师的专业发展需要人文精神为根基。

③教师人文精神应成为教师专业化的核心。教师人文教育就是要丰富教师的人文专业知识，提高专业化教育能力，形成专业化的人文精神。人文精神的实质是对人的关注，对人的生命的珍视，对人的精神世界的追求。人文精神是立身之本，教师人文精神应当贯穿于教师的全部专业活动的始终，应当成为教师专业化的核心。

(2)教师职业专业性的表现

教师专业化是指教师这种职业是需要经过专门的师范教育培训、掌握学科专业和技能、有较高的职业道德、有终身学习理念的进取心、最终通过培养人才来为社会服务的职业。具体而言，教师职业的专业性表现在以下几个方面：

①专业理想。专业理想是教师关于教育本质、目的、价值等的理想和信念，是教师在教育教学工作中的世界观和方法论，是教师专业行为的理性支点和专业自我的精神内核。

②专业知识。专业知识是教师从事教学教研所必须具备的学科专业知识、教育理论知识、教学实践经验和科学文化素养等。

③专业能力。专业能力是教师在教育教学活动中所形成的顺利完成某项任务的技能和本领，是教师综合素质的最突出的外在表现，也是评价教师专业性的核心因素。

④专业自我。专业自我是教师创造并体现符合自己志趣、能力与个性的独特的教育教学方式以及个体在职业生活中形成的观念、价值体系与教学风格。

(3)教师职业人文精神的表现

①敬业精神。首先，教师要尊重自己的职业选择，正确认定自己从事教师职业的人生

价值取向。其次，教师要在教育教学工作中尊重和热爱学生。再次，教师在教育教学工作中要有很好的工作态度，认真备课、上课，认真批改学生的作业。

②奉献精神。教师在教育教学工作中要有明确的目的，不仅要把教育教学工作当作一种职业，而且要把教育教学工作作为人生意义中的一种很好的事业；教师要能够处理好教师劳动价值与劳动报酬的关系；处理好教师劳动与教师地位和教师荣誉之间的关系。

③创新精神。教师在教育教学工作中大胆质疑，善于发现和解决问题，能够打破习惯势力和传统观念，能够在已有的知识基础上生成新知识，不断提高教育教学质量。此外，教师还要积极投身到教育科研中去，努力使自己早日成为专家型教师。

④合作精神。体现在与学校领导在教学业务方面的合作，体现在教师团队中的友好合作，体现在教师正确处理好教师与学生之间的教学关系，还体现在教师与学生家长和其他社会成员的积极合作，教师要善于调动和有效利用各方面有利于教师工作的积极因素，团结一切可以团结的教育力量，为实现教育的宏伟目标而努力奋斗。

⑤慎独精神。它是我国传统的师德精神，也是教师道德修养的最高境界，又是教师道德修养的基本方法。首先，体现在教师要注意把教师职业道德规范内化为教师的内心信念及道德行为品质，并且以此来支配教师的行为；其次，体现在教师不仅要在大是大非面前具有高尚的师德风范，而且在细微之处体现出职业道德精神；最后，教师的慎独精神体现在教师要在日常的教育教学工作中真正把握教师职业道德行为的底线，真正杜绝道德中的不作为现象，成为一个真正的有道德的人、一个让人民满意的教师。

第16章 学校管理

16.1 复习笔记

【知识框架(庖丁解牛)】

- 学校管理
  - 学校管理概述
    - 概念
    - 构成要素
    - 体制
  - 学校管理的目标与过程
    - 目标
    - 过程
  - 学校管理的内容和要求
    - 教学管理
    - 教师管理
    - 学生管理
    - 总务管理
  - 学校管理的发展趋势
    - 法治化
    - 人性化
    - 校本化
    - 信息化

【考点难点归纳(厚积薄发)】

考点一、学校管理概述

表16－1 学校管理概述

要点	具体内容	
概念	定义	通过一定的组织形式以实现学校教育目标的活动
	特性	教育性、服务性、文化性、创造性
构成要素	学校管理者(主体、主导地位)、学校管理对象(人、财、物、时间、空间和信息)、学校管理手段(组织机构、规章制度)	
体制	校长负责制	

【习题精选】

如何看待学校管理的特性?

答:学校管理具有以下特性:

(1)教育性：学校的基本功能是以育人为中心。

(2)服务性：为师生营造和谐的教育环境。

(3)文化性：形成良好的学校文化和办学特色。

(4)创造性：合理组合资源，恰当处理矛盾。

考点二、学校管理的目标与过程

表16-2　学校管理的目标与过程

要点	具体内容	
目标	特性	向量性、集合量性、预计量性
	作用	导向作用、激励作用、调控作用、评价作用
	定位	发挥学校效能，促进学生发展
	实施要求	①保持各种管理目标的协调一致。 ②建立高效率的管理组织系统。 ③组建一支高水平的学校管理队伍。 ④采取科学的管理方法和手段
过程	基本环节	计划、实施、检查、总结
	各环节的关系	互相联系、互相制约、循序渐进、首尾相连的有机整体

【习题精选】

如何实现学校管理目标？

答：发挥学校效能，促进学生发展，是学校管理的总体目标。实现学校管理目标，要求学校管理者做好以下几方面的工作：

(1)保持各种管理目标的协调一致。做到学校管理目标与学校教育目标、学校管理总目标与部门管理具体目标、学校管理者的目标与被管理者的三组目标的一致。

(2)建立高效率的管理组织系统。机构健全、职责明确、权责对称、分工合作、各司其职，发挥最佳的整体效能。

(3)组建一支高水平的学校管理队伍。干部配置合理，扬长避短。

(4)采取科学的管理方法和手段。从工作实际出发，贯彻以人为本的原则，实现管理系统的现代化。

考点三、学校管理的内容和要求

表16-3　学校管理的内容和要求

要点	具体内容	
教学管理	思想管理	学习先进的教学理论，树立正确的教学理念，明确最新的教育政策
	组织管理	抓好教导处、教研组的工作
	质量管理	评价、检测、调控与改进
教师管理	内容	选拔、任用、培养、考核
	要求(趋势)	职务聘任制；科学化、人性化和服务化

续表

要点		具体内容
学生管理	内容	思想品德、学习、健康、组织、课外活动
	要求	依法管理、科学管理、引导学生自我管理
总务管理	内容	财务、生活、校产、环境
	要求	深入基层，服务教学，节约廉洁

考点四、学校管理的发展趋势

表 16－4 学校管理的发展趋势

要点	具体内容
法治化	依法治教，维护权益
人性化	以人为本，重视服务
校本化	以校为本，自主决策
信息化	信息管理，提高效率

16.2 典型题(含考研真题)详解

一、单项选择题

1．关于学校管理的特性，下列说法不正确的是(　　)。

A．学校管理具有教育性　　B．学校管理具有服务性

C．学校管理具有文化性　　D．学校管理具有理想性

【答案】D

【解析】学校管理具有教育性、服务性、文化性和创造性，不具有理想性。因此答案选 D。

2．学校管理手段主要包括学校组织机构和(　　)。

A．学校规章制度　B．学校领导体制　C．学校管理方法　D．学校管理模式

【答案】A

【解析】要想管理好一所学校，学校管理者必须拥有一定的管理手段。学校管理手段主要包括学校的组织机构和规章制度。因此答案选 A。

3．(　　)是指校长受上级政府主管部门的委托，在党支部和教代会的监督下，对学校进行全面领导和负责的制度。

A．校长责任制　B．校长负责制　C．校务委员会制　D．校长分工负责制

【答案】B

【解析】我国现行的中小学管理体制是校长负责制，指的是校长负责处理学校的日常教学科研活动，完善学校的管理，校长全权代表学校并负责赋予校长决策权、指挥权、人事权和财务权，同时健全学校领导机构核心机制。因此答案选 B。

4. 教学管理的内容不包括(　　)。

A. 教学质量管理
B. 教学组织管理
C. 教学思想管理
D. 教师的选拔和录用

【答案】D

【解析】教学管理包括教学质量管理、教学组织管理和教学思想管理，不包括教师的选拔和录用。教师的选拔和录用是教师管理的内容。因此答案选D。

5. 教学质量管理的要求是(　　)。

A. 制订科学的教学质量标准
B. 坚持全过程教学质量管理
C. 对教学质量进行控制
D. 对教学质量进行检查和分析

【答案】B

【解析】教学质量管理的基本要求是坚持全面教学质量管理、坚持全过程教学质量管理、坚持全员教学质量管理、坚持全因素教学质量管理。因此答案选B。

6. 关于现代学校管理的发展趋势，下列说法不正确的是(　　)。

A. 学校管理制度化
B. 学校管理人性化
C. 学校管理校本化
D. 学校管理信息化

【答案】A

【解析】现代学校管理的发展趋势包括：学校管理信息化、学校管理校本化、学校管理人性化、学校管理法治化，不包括学校管理制度化。因此答案选A。

二、概念题

1. 学校管理[辽宁师范大学2017年研；北京师范大学2015年研；东北师范大学2015年研；华南师范大学2015年研]

答：学校管理是指学校对本校的教育、教学、科研、后勤和师生员工等各项工作进行计划、组织、协调和控制的活动。简言之，学校管理是管理者通过一定的组织形式和工作方式以实现学校教育目标的活动。它具有教育性、服务性、文化性与创造性等显著特征。具体而言，学校管理包括两部分：一是国家和政府所属的各级各类教育机构对学校的管理；二是学校自身的内部管理。学校管理过程由计划、实施、检查和总结四个基本环节构成。学校管理工作的水平，关系着学校的教育质量和发展前景。因此，我们应该重视研究学校管理，促进学校管理的科学化。根据政治体制的改革精神和现代管理的科学要求，当前我国的学校管理实行校长负责制。

2. 学校管理体制[辽宁师范大学2018年研；福建师范大学2016年研]

答：学校管理体制是指学校内部各种管理关系的体系和制度。它包括两个方面，一是学校领导的体系和制度，规定学校由谁决策和组织实施；二是学校组织机构的体系和制度，规定学校设置什么机构，各机构的职、责、权范围及相互关系等。我国目前主要实行的是校长负责制。学校管理体制的另一个重要方面是设置高效能的组织机构。学校的组织机构，包括行政组织机构和非行政组织机构两种。前者包括决策机构、咨询机构、执行机构和反馈机构。后者则指团队、学生会、工会以及学术组织等。建立科学合理、民主的学校管理体制是教育改革的目标。

3. 学校管理目标[上海师范大学 2017 年研]

答：学校管理目标是指学校管理主体进行管理活动所要达到的状态、标准、结果。换言之，就是学校管理者通过实施一系列的管理职能，希望把学校办成什么样子，沿着什么轨道发展，最终达到什么规格要求。学校管理目标有向量性、集合量性和预计量性三个方面的特性：①向量性是指目标方向正确，有具体的描述和评价的数量指标及对管理活动结果的判定。②集合量性是指目标不是单个孤立的量，而是由多个子目标构成的体系，可进行分解和综合。③预计量性指目标是一种期望值，是未来达到的期望成果，计划达到的预计量。学校管理目标在学校管理活动中占据重要地位，它既是学校管理活动的指南，也是衡量学校管理工作好坏的标尺。学校管理目标具有导向、激励、调控和评价的作用。

4. 校本管理

答：校本管理是指以学校为本位或以学校为基础的管理。它是一种以权力下放为中心的学校管理思想和模式，其核心就是强调教育管理重心的下移，强调教育行政部门给予学校更大的权力和自由，使中小学成为自我管理、自主发展的主体，可以根据自身的需要确定自己的发展目标和方向，从而提高学校管理的有效性，创办出更有效的学校。校本管理的特征主要有：①学校在财政、人事、课程与教学三个方面都享有一定的自主权。②强调校长、教师、学生以及学生家长和社区居民群策群力、共同参与有关的校本管理活动，包括经费使用、人员聘用、课程与教学改革的设计和实施等。

三、简答题

1. 简述校长负责制的内涵及需要注意的问题。[华东师范大学 2016 年研]

相关试题：

校长负责制[名词解释，北京师范大学 2016 研；华南师范大学 2011 年研；首都师范大学 2005 年研]

答：(1)内涵

校长负责制是中国学校管理的一种领导体制。校长是学校行政的最高负责人，是学校的法人代表，对外代表学校，对内全面领导教育、教学、科学研究和行政管理工作，包括全面贯彻执行国家的方针、政策，负责制定和组织实施学校的发展规划和年度工作计划，掌管学校的人事工作，加强教职员工的思想政治教育和队伍建设，合理安排教职工的工作等。校长对学校工作有决策权和指挥权。

(2)注意事项

①校长要正确处理同上级领导的关系。不论校长是上级任命的，或群众选举的，或部门招聘的，都必须接受上级机关领导，执行上级的指示。校长必须在上级机关领导下开展工作，不能我行我素，这是民主集中制原则所要求的，是在政治上同中央保持一致所要求的，也是由社会主义国家的性质所决定的。

②校长要正确处理同学校党组织的关系。不论校长是党员或非党员，他在思想作风、道德品质、执行制度、遵守法纪、联系群众等方面，都必须接受学校党组织的监督，认真

考虑党组织的意见和建议，这样才能鞭策校长尽职尽责，保证学校不致偏离社会主义方向，使学校成为建设社会主义精神文明的坚强阵地。

③校长要正确处理同教工代表大会的关系。教工代表大会是学校实行民主管理的一种重要形式，校长应该定期向教工代表大会报告工作，倾听代表的呼声，听取代表的意见和建议。这样做，是为了发挥教职工的集体智慧，有助于校长实行科学管理，减少决策中的失误。

④校长要正确处理同校务委员会的关系。校务委员会，是“审议机构”，既有“议”，还有“审”，这就意味着在某些重大问题上，校长的决策在某种程度上要受到校务委员会的影响和制约。

从学校内部来说，校长决策指挥，党委保证监督，教工民主管理，三者中起关键作用的是校长。党委必须保证校长的统一指挥，教工代表大会也有责任维护校长统一指挥的权威。

2. 结合实际谈谈你对教学管理工作的认识。

答：教学管理是运用管理科学和教学论的原理与方法，充分发挥计划、组织、协调、控制等管理职能，对教学过程各要素加以统筹，使之有序运行，提高效能的过程。教育行政部门和学校共同承担教学管理工作。教学管理涉及教学计划管理、教学组织管理、教学质量管理等基本环节。当前，随着教育教学改革的不断深入，要求教学管理主要做到以下几点：

(1)强化人本意识，实现教学管理工作的民主化

在学校管理的所有要素中，教师管理是第一要素，因此，学校管理应该做到“教师第一”，在“以人为本”中树立“以教师为本”的管理思想。教学管理体现“教师为本”的思想，其实质就是要重视教师的参与意识和创造意识，使教师的才能得到充分发挥，人性得到最完善的发展。这就要求学校管理者学会换位思考、学会尊重与信任、满足教师的成长需要。

(2)强化科研意识，实现教学管理工作的课题化

在学校教育竞争日趋激烈的今天，强化科研意识，提升教学管理工作的科研含量是一条必由之路。首先管理者要有较强的科研意识，用心去研究管理工作，向科研要质量；要有较强的科研能力，去引导教学研究活动的开展；要有较强的感召力，去引导教师积极参与教研活动，带动学校的教研工作，朝着课题化、科研化方向发展。其次，作为管理者要努力实行常规管理工作的课题化，使教学工作的各个环节运作提高到一个新的层次：拓宽常规管理的视野和范围；在严把静态要求关的基础上强化动态管理；在工作进程中逐步实施多层次分类别管理。由此来保证教学质量的提高，育人目标的实现。

(3)强化创新意识，实现教学管理工作的现代化

管理工作的创新，主要表现在意识和管理两个层面上。首先是意识创新。随着教育的迅速发展，随之而来的是教育的新问题、新情况、新变化，管理工作者就必须从长远的、发展的、创新的眼光去认识和理解新时期创新教育的内涵和外延，用以指导自己的教学实践。其次是管理创新。为了适应新的教育发展的需要，教学管理者在对新问题、新情况、新变化进行认识与思考的基础上，必须寻找和探索解决问题的新方法和新途径。新时期教师素质的要求、学生素质的评价、学校德育社会化、青年教师的培养、运用现代教育技术

与提高办学质量的关系、学校网络化管理等，都将成为教学管理工作的重点和热点问题，教学管理者必须站在教育发展的前沿阵地，勇于实践，勇于开拓创新，去实现教学管理工作的现代化。

3．既要坚持依法治校，又要发扬学校的自主性与创造性，应该怎样认识两者的关系？

答：对坚持依法治校和发扬学校的自主性与创造性的关系的认识如下：

（1）依法治校保障了学校自主性和创造性的发扬

计划经济体制下，学校和政府以及教育主管部门之间是一种单向的依附关系。政府和教育主管部门依靠行政命令的方式对学校进行管理，缺乏必要的法规，以致学校对师生员工的管理无法可依，往往统得过多、管得过死。随着依法治国方略的确立，依法治教成为党和政府管理教育的基本方针，把学校管理纳入法治轨道，依法对学校进行管理，将有效解决过去"统得过多""管的过死"的状况，为学校自主性和创造性的发扬提供保障。

（2）发扬学校的自主性和创造性要在依法治校的原则下进行

我国的学校管理长期以来主要靠"人治"，其最大特点是"权大于法"，因此学校管理中容易出现"以言代法""以官代法"的混乱、低效和腐败的局面。随着经济的发展，公民的权利意识逐步提高，教师、学生及其家长的各种维权活动将逐渐增多。为了减少纠纷，提高办学效益，贯彻依法治国的方略，学校自主性和创造性的发扬必须是在法治的轨道上进行，必须坚持依法治校的原则。

（3）两者都是为了更好地进行学校管理，实现学校发展目标

依法治校就是要严格按照教育法律的原则与规定，开展教育教学活动，尊重学生人格，维护学生合法权益，形成符合法治精神的育人环境，不断提高学校管理者、教师的法律素质，提高学校依法处理各种关系的能力。依法治校有利于理顺政府与学校的关系，推动教育行政部门进一步转变职能，严格依法办事，落实学校办学自主权；有利于完善学校各项民主管理制度，实现学校管理与运行的制度化、规范化、程序化，保障学校、教师、学生的合法权益。

学校管理是一种依靠人、通过人、为了人、促进人的发展的活动，发扬学校的自主性和创造性有利于学校根据自己的实际情况和需要自主确定适合学校自身发展目标和方向；有利于实现学校管理人性化，调动广大师生员工的工作热情和积极性；有利于学校自主地进行教育、教学和管理工作，促进学生的身心发展，给学校发展带来了源源不断的生机与活力。

总之，依法治校和发扬学校的自主性和创造性二者相互联系，相辅相成，共同指导学校管理，促进学校发展。

四、论述题

论述中小学管理中存在的主要问题及改进的建议。［深圳大学 2016 年研］

相关试题：

简析学校管理的趋势。［简答题，苏州大学 2016 年研］

答：（1）中小学管理中存在的主要问题

①学校管理的法制不够健全。这主要表现在学校的行政管理职能没有有效地转变；制

度建设不够健全；管理和监督机制不够完善；法制教育比较薄弱；教师和学生的权益没有得到依法维护。

②学校管理没有充分考虑到学生和教师的实际情况，没有考虑个体差异。

③学校管理没有依据本校的实际情况进行管理，而是按照上级的指令机械地执行，没有以学校的发展为本来进行管理。

④学校的管理不够信息化，学校对信息技术的开发和运用没有及时地运用到管理上，同时也没有对有关信息资源进行管理。

(2)改进的建议

①学校管理法治化

依法治校就是把学校管理纳入法治轨道，依法对学校进行管理。依法治校可以分为两个方面：一方面是政府及教育主管部门依法管理和规范学校行为；另一方面是学校管理者依法管理学校的各项内部事务。学校管理者应采取以下措施推进依法治校：

a. 转变行政管理职能，切实依法行政。

b. 加强制度建设，依法加强管理。完善学校的各项规章制度、管理条例，按照规章制度进行管理。

c. 推进民主建设，完善民主监督。切实发挥好职工代表大会的监督职能。

d. 加强法制教育，提高法律素质。做好全校师生的法制教育工作，开展法制宣传活动，增强全体师生的法律意识。

e. 严格教师管理，维护教师权益。切实保护好教师的权益，包括休息休假权、培训进修权、教育教学权等一系列权益。

f. 完善学校保护机制，依法保护学生权益。中小学生是身心尚未成熟的人，是祖国的花骨朵，需要细心呵护。管理者必须重视学生的安全，包括学生的身体健康、饮食安全、人身安全等，确保学生开开心心上学，平平安安回家。

②学校管理人性化

学校管理工作要以人为本，即尊重人的主体人格和地位，关注人的情感，满足人的需要，崇尚人的价值，开发人的潜能。实行人性化管理，要做好以下工作：

a. 要考虑人的因素，一切从人的实际出发。学生、教师都是一个个鲜活的生命，学校管理要从全体师生的需求出发，充分考虑人的因素。

b. 在分配工作任务时，要考虑人的个体差异。每个人都有自己擅长的一项，在学校管理过程中，充分考虑每个人的差异，发挥个人特长，将使得学校管理工作事半功倍。

c. 要强调人的内在价值，把满足需要作为工作的起点，通过激励的方式来提高工作效率。重视教师的内在价值，满足教师合理的个人诉求，使教师全心全意地投入到工作岗位中去。

d. 要努力构建一种充满尊重、理解和信任的人际环境，增强教职工和学生的集体归属感。教师要备课上课，要批改作业，还要进行学生教育和心理疏导，工作任务重，压力大，如果不能有一个和谐的工作交流氛围，教师会倍感压力与疲劳，充满信任理解的人际环境，较强的集体归属感会让教师感受到集体的力量，工作起来更加有动力。

e. 加强校园文化建设，充分发挥校园文化的管理和育人功能。营造和谐优美的校园环境，使全体师生在环境中得到感染熏陶。

f. 要转变管理观念，改变管理方式，贯彻"管理即育人、管理即服务"的思想。改变过去陈旧的管理观念，树立以人为本，为师生服务的管理观念。

③学校管理校本化

在国家教育方针与法规的指引下，教育行政部门通过权力下放实现学校自主管理和共同决策，从而提高学校效能。实施校本管理应做好以下工作：

a. 教育行政部门要简政放权。改变过去管得过多、过严、过死的现象，教育行政部门指导学校工作要尊重学校的主体性，自主性。

b. 倡导集体参与、共同决策。不能校长一人独断专权，要发挥教师在管理过程中的作用，共同参与，协商解决。

c. 开展校本研究，提高学校管理者的决策能力。学校管理者要对本校情况展开研究，熟悉本校的具体情况，针对本校的实际情况做决策，实事求是。

④学校管理信息化

依托计算机、网络、多媒体等现代技术，校园信息化系统将学校的师生、教学、行政、后勤、财务等组成了一个管理体系，从而助力学校管理者进行高效管理。信息化管理应做好以下工作：

a. 加强硬件投入与软件开发，为学校管理信息化提供物质基础。信息化管理首先需要学校具备这方面的物质条件，学校应该购置设备，吸纳这方面的专业技术人才。

b. 改进培训内容和方式，提高学校教职员工的信息管理素养。信息化管理需要学校教职工共同配合，因此，需要对教职工进行培训，使教职工掌握信息化管理的相关内容和技术。

c. 完善学校信息化管理的政策和规章制度。信息化管理相对学校之前的管理是新内容、新方式，完善各项规章制度，以制度管理，用制度规范。

此外，还应该注意：

①管理理念的特色化。校长的思想、理念是学校文化的精神内核。一般说来，可能在三个不同方面各有侧重：一是校长的教育哲学；二是在培养目标中校长深刻的理性思考；三是直接突出治校方略。

②管理制度的特色化。制度建设是管理的基础性建设之一，管理制度的特色主要体现在侧重了刚与柔、集权与分权、"计划"与"市场"等方面，这往往是校长办学理念的"物化"。比如有所学校的管理理念是"全心全意依靠教职工办学，把民主管理落到实处"，在制度建设方面，围绕"民主"做到思想认识到位、职责分工到位、制度落实到位。在管理过程中全面有效地坚持教代会制度，保证教代会职权落实；重视发挥工会组织作用，充分调动广大教职工的积极性；学校行政领导注重摆正位置，自觉接受教职工的民主监督。

③管理组织的特色化。组织创新是管理改革适应环境变化的重要措施。有的学校为了强化科研特色，专门成立学术委员会，以便解决对科研的评估和指导；有的学校为了体现"教者有其位"，建立首席教师制；有的学校建立并充分发挥董事会和各个班级家长委员会的作用，大大增强了组织的适应能力；有的学校对于原有组织赋予或强化某种职能，如强化教研中心的教学督导、评价的职能，强化教研组教学研究职能，强化年级组教育管理职

能等等，都体现了组织创新的特色。

④管理方法的特色化。管理的理念、制度在实践中会不会形成落差，关键在于方法是否得当。运用巧妙，有时还有一定的“附加值”。比如运用激励的方法，有所学校采用目标激励法，形成荣辱与共的命运共同体；采用榜样激励法，使之产生“群体互动”的效应；采用情感激励法，形成一种“感情的光环效应”；采用理念激励法，构建教师深层次人格动力结构，取得了很好的效果。

⑤管理风格的特色化。管理风格是由各具特色的地域文化，学校绵延数十年以至上百年的校园文化，特别是一代代执掌校柄的校长的管理文化逐步积淀并熔铸而成的。